韓国文化の昔と今

「何となく知りたい」から「もっと知りたい」へ！

宮内 彩希

三恵社

著 者

宮内 彩希

　北海道生まれ。北海道大学大学院文学研究科　博士（文学）。
韓国全北大学校、延世大学校に留学経験あり。

　著書に、『「迷信」論を通して見た帝国日本と植民地朝鮮
──植民地主義及び近代性の省察的再考』（韓国民俗苑、2021
年）、「三・一独立運動後の朝鮮民間信仰に対する認識・政策
の変容──崇神人組合の設立と活動を中心に──」（『朝鮮学
報』257 号、2021 年 6 月）などがある。

　現・広島修道大学　准教授。

《 まえがき 》

　本書は、韓国文化に関心を持ち、「何となく知りたい」と思い始めた読者のために書かれた入門書である。韓国への文化的関心が高まってきている昨今において、韓国に関連する書籍やマスメディア、インターネットの情報はありふれており、情報過多とも言える時代が到来した。まさに韓国語の新語であるTMI（Too Much Information）という言葉が相応しいかもしれない。そこで、知りたいけど何を読んでいいか分からないという方のために、歴史的な観点からの韓国文化入門書を執筆した。筆者は2016年頃から日韓文化比較や韓国文化の講義を担当しているが、「韓国文化」という専門分野がないために、学術的な入門書がさほど多くないことは痛感していた。とはいえ、特定の文化について書かれたものは専門書・研究書がほとんどで初学者にはハードルが高い。そうした専門書への橋渡し的な役割を意識して、本書を読み終えた後に「もっと知りたい」と思える構成を第一に心がけた。

　第二に、文化と言っても、「今」だけではなくその由来や歴史的変遷の経緯に重点を置いたのが本書の特徴である。なぜ、「今」の文化現象が韓国社会に存在しているのか、現状だけ見てもよく分からないことはたくさんある。「今」に至った過程を探り、韓国文化について理解をより深めてもらおうという趣旨である。ちなみに、文化事象によって歴史的に遡れる時代は様々である。衣服や住居のように朝鮮半島に人々が住み始めた頃から始まったものもあれば、現在食卓に並ぶ白菜キムチは100年前、K-POPという言葉の登場はわずか25年前である。歴史的根源は文化によって違うので、あえてタイトルは「昔」と曖昧な表現を使用した。

　第三に、文化を語るうえで、どういった用語が使用されているか、「言葉」にも着目した記述を心がけた。言葉はその言語を使用する社会や文化を反映した鏡のような存在である。いつ、どういった言葉が使われてきたのか、近年の新語も取り入れながら紹介する。

　本書で主に参考にする文献は、日韓の歴史学、民俗学、文化人類学などの研究蓄積である。特に、日本語でも読める韓国文化研究の翻訳書や日本語で書かれた書籍を紹介するようにした。日本語による韓国・朝鮮文化研究は、植民地期に本格的に始まり、解放以降は在日同胞の祖国文化へ眼差し、日本人研究者によるもの、など実に多種多様である。歴史的に見ると現代の韓国と北朝鮮の文化は同じルーツと言えるが、本書は「韓国文化」を念頭に置いているため、南北分断後の北側の文化については取り上げていないことを断っておく。本書では、韓国建国以降の韓国政府の文化政策、韓国学中央研究院、国立民俗博物館などの研究蓄積をベースにしている。また、1979–

2004年に韓国文化院が監修した『月刊韓国文化』はまさに本書の主旨と一致した月刊誌で文化に関する各界の動きや専門家による解説が掲載されているので、関心のある読者は手に取ってほしい。

　章構成については、まず第Ⅰ部で本書のフィールドである韓国の地域的特徴について概観した。第Ⅱ部は特別な日の文化として、1年の過ごし方、冠婚葬祭などを取り上げた。第Ⅲ部は、日常文化である衣食住についてである。最後の第Ⅳ部は、読者の中でも関心が高いであろう大学文化やエンタメ文化について取り上げた。前から順に読んでも良いし、自身が興味のある章から読み進めても良い。

　ちなみに、人名については漢字名が分かる場合は漢字で表記し、分からない場合や、芸能人はカタカナで表記した。また、韓国語を学習している読者も想定し、文化に関わる言葉はハングルも併記した。

《 参考資料：韓国・朝鮮歴史年表 》

時代区分	年号	国家	内容	国外情勢
先史			青銅器文化	
古代	B.C.2世紀頃	初期国家	鉄器文化の開始	
	B.C.108		古朝鮮　滅亡	漢の四郡設置
	B.C.1世紀		高句麗、百済、新羅建国	日本、弥生文化開始
	285	古代国家	百済の王仁が日本へ論語・千字文伝える	
	372		秦僧が高句麗に仏像と経文を伝える	
	520		新羅、律令を制定し百官の公服を制定	
	527		新羅、仏教を公認	
	538		百済、日本へ仏教を伝える	隋 (581-618)
	660		百済、新羅・唐連合軍に敗れて滅亡する	唐帝国建国 (618)
	668		高句麗、新羅・唐連合軍に敗れて滅亡する	白村江の戦い (663)
		南北国	統一新羅となる	
	698		大祚栄、震を建国（のちの渤海）	
	771		新羅、奉徳寺聖徳大王神鐘完成	
中世	918	高麗	王建、高麗を建国	唐滅亡 (907)
	935		新羅王が高麗に帰順、新羅滅亡	
	993-1018		契丹軍が高麗侵攻	
	1021		第一次大蔵経刊刻開始	
	1231-1257		蒙古軍の侵攻、内政干渉	日本へ二度の元寇 (1274, 1281)
	1351-		倭寇の侵入拡大	明朝 (1368-1644)
	1392		鄭夢周が殺害され、李成桂が即位、高麗滅亡	
近世	1393	朝鮮	国号を朝鮮とする	
	1394		首都を漢陽（現：ソウル）に遷都	
	1446		「訓民正音」頒布	
	1474		『経国大典』頒布	
	1592-1598		壬申倭乱・丁酉再乱（文禄・慶長の役）	
	1607-1811		朝鮮通信史が江戸を往来（全12回）	清朝 (1644-1912)
	1785		ソウルに天主教朝鮮教会創立	
	1860		崔済愚、東学を唱導	
近代	1875		江華島事件⇒翌年、釜山、元山、仁川開港	日朝修好条規 (1876)
	1885,86		メソジスト宣教師、培材学堂・梨花学堂設立	
	1894		東学農民軍　蜂起	
			日清戦争、甲午改革	
	1895		明成皇后（閔妃）暗殺（乙未事変）	
			太陽暦採用、断髪令敢行	
	1897	大韓帝国	高宗が皇帝即位式を行う	
	1905		保護条約調印	
	1906		統監府設置、初代統監・伊藤博文	
	1907		ハーグ密使派遣、高宗譲位	
	1910	植民地朝鮮	日韓併合条約の調印、朝鮮総督府設置	
	1919		三一独立運動、上海に大韓民国臨時政府樹立	
	1945		8・15　解放	
現代	1948	南北分断	済州島にて4・3事件起こる	
			大韓民国樹立	
			朝鮮民主主義人民共和国成立	
	1950		朝鮮戦争（韓国戦争）勃発	
	1953		板門店にて休戦協定調印	
	1972		朴正熙、維新体制導入	日韓国交正常化 (1965)
	1986		ソウルでアジア競技大会	
	1988		ソウル夏季オリンピック	
	2002		日韓共催ワールドカップ	

▌目　次

第I部

韓国という
フィールドの
概観

第1章

行政区分

　一口に韓国と言っても、複数の地域があり文化・経済なども一様ではない。まず本章では、韓国文化を理解するうえで必要な基本的な行政区分を把握することから始めたい。ただし、単純に地名などを紹介するのではなく、日本各地との関わりから見ることによって、日韓の地域同士のつながり、相互理解や友好のための取り組みを意識できるようにすることを意図している。

1. 現代の行政区分

1-1)「道」の歴史的変遷

　行政区分は、国家体制に大きな変更があった時以外にも、随時細かい統廃合や名称変更がなされるが、朝鮮半島の行政区分で最も大きな単位である「道」は、朝鮮王朝時代の行政区画に基づいている。朝鮮王朝初期にあたる1413年に朝鮮国土を8つの道に区分し、その後現代にいたるまで、追加はあるものの基本の道構成について大きな変更はない。朝鮮半島の国土の総称を表す「朝鮮八道（조선팔도）」という言葉はこの8つの道に由来し、現在でも朝鮮半島の各地、という意味合いで使われることがある。「八道」は、北から咸鏡・平安・黄海・江原・京畿・忠清・慶尚・全羅である。ちなみに、道の名前の由来は、京畿道を除いて、その地の代表的な2つの都市の頭文字をとったものである。例えば、江原道は江陵＋原州、慶尚道は慶州＋尚州、といった具合である。京畿道は、首都（京）を含む近郊の領域という意味である。

　朝鮮王朝末期の1896年には、咸鏡・平安・忠清・慶尚・全羅を南北で分割し、黄海・江原・京畿と合わせて13道制に変更となった。植民地期もこの13道制を引き継いでいる。植民地から解放され、1948年には南北で独立国家が成立し、韓国側の領土は、江原・京畿・忠清北・忠清南・慶尚北・慶尚南・全羅北・全羅南に済州道を追加して9道となった。一方、北朝鮮は、黄海道を南北に分割したうえに両江道・慈江道を新設し、既存の咸鏡北・咸鏡南・平安北・平安南・江原と合わせて9道制となった。38度線上に存在する江原道は南北どちらの行政区画にも存続する形である。

　このように、韓国・北朝鮮の基本の行政区分が「道」であることに加え、地域性（気

候、食べ物、方言など）を語る際には道単位で把握することが多いので、道について
は地図上の場所と名称をある程度頭に入れておくと便利であろう（13頁【図2】参照）。

1−2）現在の行政区分

　　現行の「地方自治法」によって、韓国では地方自治団体として広域自治団体と基礎
自治団体があり、その下位に自治権を持たない行政単位が存在する。以下、【図1】
を参照しながら読んでいただきたい。

【図1】韓国の行政区分（2023年10月現在、筆者作成）

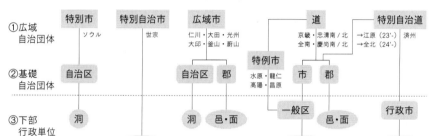

①広域自治団体：中央政府の直轄組織であり、管轄地域が広い地区、あるいは人口が
多い市などが制定されている。2023年10月現在、特別市1，特別自治市1，広域市6，
道7，特別自治道2で合計17団体ある。

　　まず、ソウルは首都行政を担っているということで唯一の「特別市」である。また、
首都機能の分散を目的として、2012年に世宗「特別自治市」が新設された。設置後、
国務総理室や文化体育観光部、国税庁など、中央行政機関なども順次移転している。
他の市のうち、原則的に人口100万人以上の大都市で、面積や地理的条件・周辺地
区との関係や財政的自立度などを総合的に判断し、適切とみとられた場合は「広域市」
となる。広域市は、道から分離して道と同等の自治権持つことができる。2023年現在、
仁川・大田・光州・大邱・蔚山・釜山の6つの都市が広域市指定されている。広域自
治団体に属す8つの市は、地図上で道の中に含まれていたとしても行政区分上独立し
ており道と同格である。一方、広域市と一般市の中間程度の行政区分として2022年
に導入されたのが「特例市」である。人口100万人以上の大都市で、道に属しなが
らも組織・人事・都市計画などの面で広域市と類似の自治権を駆使することができる。
京畿道の水原市・龍仁市・高陽市、慶尚南道の昌原市の4都市が特例市に認定されて

いる。

　「道」は元々、大韓民国設立時に京畿・江原・忠清北道・忠清南道・全羅北道・全羅南道・済州道・慶尚北道・慶尚南道の９つの道から出発した。済州道は解放後に全羅南道から分離する形で成立したのであるが、唯一の島であらゆる面で陸地とは環境が異なることもあり、国際自由都市として発展させるという目的で 2006 年に「特別自治道」に指定された。通常の道と違う措置として、例えば外国人誘致の奨励や、その一環として観光・文化・医療・教育・情報技術などに規定以上の投資を行った場合は税制が優遇される、などが明記された。同じく、道から変更になる形で、江原道が 2023 年から、全羅北道が 2024 年から特別自治道として再編されることとなった。これは、既にメガシティー圏域として発展している首都圏・釜山圏域・大邱圏域・光州圏域・忠清圏域から疎外されている済州・江原・全北を特別自治道として各地に見合った独自の自治権を付与し、開発の活性化を期したものである。ただし、江原と全北の下位行政区分については、従前通り、自治市・郡を置く予定である。

②基礎自治団体：広域自治団体の下部組織に属す、基礎自治団体は市・区・郡がある。2023 年 10 月現在、75 市、69 区、82 郡で合計 226 団体である。

　「市」は、原則的には人口５万人以上の都市である。「区」は、特別市・広域市に属す区で、自治権を持たない行政区と区別するために「自治区」と呼ぶことがある。「郡」は主に農村・漁村に設置された自治団体で、道や市の管轄である。前掲の「特例市」も基礎自治団体に属す。

③下部行政単位：自治権を持たない行政単位であり、洞・邑・面がある。「洞」は市・区の下部行政単位であり、現在 2,104 ほど存在する。ソウルの観光地でも「明洞」「仁寺洞」は著名であるが、「洞」という字はここから来ている。また、洞、あるいは洞ネ（ドンネ：동네）は「私たちの洞ネ」「ここの洞ネは飲食店が多い」などと、近隣の住宅街や集落、地元といった意味合いで使われることが多い。

　「邑」は市・郡の下部行政単位であり、人口２万人以上が設置の目安となる。2021 年の統計では全国に 233 単位が設置されていた。「面」も邑と同じ位置づけであるが、より小規模な行政単位である。2020 年現在で 1,181 単位が設置されていた。

　参考までに広域自治団体名が掲載されている地図を【図２】に挙げる。

【図 2】朝鮮半島地図（2023 年 10 月現在、白地図専門店）

２．日韓姉妹都市

2-1）提携自治団体の概要

　前節で、韓国に自治団体が 243 団体あることを確認したが、日本はこうした自治体とどのような関わりを持ってきただろうか。2023 年 10 月現在韓国の自治団体と姉妹（友好）提携を結んでいる自治体は 169 団体存在し、日本から見るとアメリカ、中国について韓国は 3 番目に多い。以下、長くはなるが全国の提携状況を【図 3】に掲載する。

【図3】日韓姉妹（友好）提携自治体の一覧（2023年10現在、自治体国際化協会の情報を基に筆者作成）

	都道府県	自治体	提携自治体	提携年度		都道府県	自治体	提携自治体	提携年度
1	北海道	北海道	ソウル特別市	2010	46	新潟県	新発田市	（京畿）漣川郡全谷邑	1999
2		北海道	釜山広域市	2005	47		新発田市	（京畿）議政府市	1989
3		北海道	慶尚南道	2006	48		上越市	（慶北）浦項市	1996
4		北海道	済州特別自治道	2016	49		津南町	（京畿）驪州郡	1999
5		札幌市	大田広域市	2010	50	富山県	立山町	ソウル特別市江北区	2005
6		函館市	（京畿）高陽特例市	2011	51	石川県	石川県	全羅北道	2001
7		小樽市	ソウル特別市江西区	2010	52		金沢市	（全北）全州市	2002
8		旭川市	（京畿）水原特例市	1989	53		七尾市	（慶北）金泉市	1975
9		北見市	（慶南）晋州市	1985	54		小松市	（慶南）昌寧郡	1996
10		赤平市	（江原）三陟市	1997	55	福井県	福井市	（京畿）水原特例市	2001
11	青森県	青森県	済州特別自治道	2011	56		敦賀市	（江原）東海市	1981
12		青森市	（京畿）平澤市	1995	57		小浜市	（慶北）慶州市	1977
13		黒石市	（慶北）永川市	1984	58		越前町	（慶北）盈徳郡	2002
14		七戸町	河東郡	1994	59		高浜町	（忠南）保寧市	2007
15		五戸町	（忠北）沃川郡	1997	60	山梨県	山梨県	忠清北道	1992
16		田子町	（忠南）瑞山市	2012	61		甲府市	（忠北）清州市	2002
17	宮城県	仙台市	光州広域市	2002	62		北杜市	（京畿）抱川市	2003
18		涌谷町	（忠南）扶餘郡林川面	2013	63	岐阜県	各務原市	（江原）春川市	2003
19	秋田県	由利本荘市	（慶南）梁山市	1998	64		大垣市	（慶南）昌原特例市	1988
20		大仙市	（忠北）唐津市	2007	65	静岡県	静岡県	忠清南道	2013
21	山形県	寒河江市	（慶北）安東市	1974	66		富士宮市	（慶北）栄州市	2012
22	茨城県	鹿嶋市	（済州）西帰浦市	2003	67		掛川市	（江原）横城郡	2011
23	埼玉県	秩父市	（江原）江陵市	1983	68		藤枝市	（京畿）楊州市	2012
24		所沢市	（京畿）安養市	1998	69		御前崎市	（慶北）蔚珍郡	2009
25		狭山市	（慶南）統営市	1973	70	愛知県	瀬戸市	（京畿）利川市	2006
26		日高市	（京畿）烏山市	1996	71		犬山市	（慶南）咸安郡	2014
27	千葉県	成田市	仁川広域市中区	1998	72		田原市	ソウル特別市銅雀区	2006
28		成田市	（全北）井邑市	2002	73		北名古屋市	（全南）務安郡	2008
29	東京都	東京都	ソウル特別市	1988	74	滋賀県	大津市	（慶北）亀尾市	1990
30		墨田区	ソウル特別市西大門区	2003	75		近江八幡市	（慶南）密陽市	1994
31		中野区	ソウル特別市陽川区	2010	76		守山市	（忠南）公州市	1991
32		杉並区	ソウル特別市瑞草区	1991	77		甲賀市	（京畿）利川市	2005
33		豊島区	ソウル特別市東大門区	2002	78		東近江市	（忠南）扶餘郡場岩面	1992
34		荒川区	（済州）済州市	2006	79		日野町	（忠南）扶餘郡恩山面	1990
35		葛飾区	ソウル特別市麻浦区	2015	80	京都府	城陽市	（慶北）慶山市	1991
36		八王子市	（京畿）始興市	2006	81	大阪府	岸和田市	ソウル特別市永登浦区	2002
37		目黒区	ソウル特別市中浪区	2019	82		枚方市	（全南）霊岩郡	2008
38		武蔵野市	ソウル特別市江東区	2000	83		泉佐野市	大邱広域市寿城区	2023
39	神奈川県	神奈川県	京畿道	1990					
40		川崎市	（京畿）富川市	1996					
41		藤沢市	（忠南）保寧市	2002					
42		秦野市	（京畿）坡州市	2005					
43		厚木市	（京畿）軍浦市	2005					
44		大和市	（京畿）光明市	2009					
45		湯河原町	（忠北）忠州市	1994					

	都道府県	自治体	提携自治体	提携年度
84	兵庫県	神戸市	仁川広域市	2010
85		姫路市	(慶南)昌原特例市	2000
86		豊岡市	(慶北)慶州市	1991
87		三田市	(済州)済州市	1997
88	奈良県	奈良県	忠清南道	2011
89		奈良市	(慶北)慶州市	1970
90		天理市	(忠南)瑞山市	1991
91		明日香村	(忠南)扶餘郡	1972
92	和歌山県	和歌山市	(済州)済州市	1987
93		紀の川市	(済州)西帰浦市	2007
94		白浜町	(京畿)果川市	2009
95		白浜町	(忠南)泰安郡	2017
96	鳥取県	鳥取県	江原特別自治道	1994
97		鳥取市	(忠北)清州市	1990
98		米子市	(江原)束草市	1995
99		倉吉市	(全羅)羅州市	1993
100		若桜町	(江原)平昌郡	2010
101		智頭町	(江原)楊口郡	1999
102		八頭町	(江原)横城郡	1997
103		琴浦町	(江原)麟蹄郡	1997
104		大山町	(江原)襄陽郡	2004
105	島根県	島根県	慶尚北道	1989
106		松江市	(慶南)晋州市	1999
107		大田市	大田広域市	1987
108		安来市	(慶南)密陽市	1990
109	岡山県	岡山県	慶尚南道	2009
110		岡山市	(京畿)富川市	2002
111		玉野市	(慶南)統営市	1981
112		備前市	蔚山広域市東区	2015
113		瀬戸内市	(慶南)密陽市	2005
114		笠岡市	(慶南)固城郡	2023
115	広島県	広島市	大邱広域市	1997
116		呉市	(慶南)昌原特例市	1999
117		尾道市	釜山広域市中区	2013
118		福山市	(慶北)浦項市	1979
119		三次市	(慶南)泗川市	2001
120	山口県	山口県	慶尚南道	1987
121		下関市	釜山広域市	1976
122		山口市	(慶南)昌原特例市	2009
123		山口市	(忠南)公州市	1993
124		萩市	(全南)霊岩郡徳津面	2003
125		萩市	蔚山広域市	1968
126		防府市	(江原)春川市	1991

	都道府県	自治体	提携自治体	提携年度
127	香川県	三豊市	(慶南)陝川郡	1996
128	愛媛県	松山市	(京畿)平澤市	2004
129	高知県	高知市	全羅南道	2016
130		四万十町	(全北)高敞郡	2012
131	福岡県	北九州市	仁川広域市	1988
132		福岡市	釜山広域市	1989
133		八女市	(慶南)巨済市	2012
134		宗像市	(済州)西帰浦市城山邑	1991
135		宗像市	(慶南)金海市	1992
136		太宰府市	(忠南)扶餘郡	2012
137		添田町	仁川広域市江華郡	1996
138	佐賀県	佐賀県	全羅南道	2011
139		佐賀市	釜山広域市蓮堤区	1988
140		唐津市	(済州)西帰浦市	1994
141		唐津市	(全南)麗水市	1982
142		鹿島市	(慶南)高興郡	1997
143		上峰町	(京畿)驪州市	2004
144		玄海町	釜山広域市機張郡	2009
145	長崎県	長崎市	釜山広域市	2014
146		佐世保市	(京畿)坡州市	2013
147		佐世保市	釜山広域市西区	2013
148		対馬市	釜山広域市影島区	1986
149		雲仙市	(全南)求礼郡	2007
150		波佐見町	(全南)康津郡	2010
151	熊本県	熊本県	忠清南道	1983
152		熊本市	蔚山広域市	2010
153	熊本県	菊池市	(全北)金堤市	2006
154		菊池市	(忠清)清原郡	2007
155		和水町	(忠南)公州市	1979
156	大分県	別府市	(済州)済州市	2003
157		別府市	(全南)木浦市	1984
158		宇佐市	(慶北)慶州市	1992
159		豊後大野市	釜山広域市機張郡長安邑	2003
160		豊後大野市	(全北)益山市	2005
161	宮崎県	宮崎市	(忠北)報恩郡	1993
162		綾町	(全北)鎮安郡	2011
163		美郷町	(忠南)扶餘郡扶餘邑	1991
164	鹿児島県	出水市	(全南)順天市	2012
165		薩摩川内市	(慶南)昌寧郡	2012
166		南九州市	(全北)淳昌郡	2003
167		伊佐市	(慶南)南海郡	1991
168		長島町	仁川広域市江華郡吉祥面	1994
169		徳之島3町	(慶北)清道郡	2003

表から分かることは、まず 169 団体のうち 70 団体が中国・九州地方の自治体であり、地理的・歴史的に深く関わりがある地方での提携が顕著である。都道府県別に見た提携数ランキングは【図 4】の通りである。首都である東京と、観光業などで人気のある北海道が 10 団体と最も提携数が多い。2 番目に多い鳥取県は、江原特別自治道との結びつきが強く、9 団体中 7 団体が江原特別自治道に属している。7, 6, 5 団体が提携している都道府県の大半は九州・中国地方であるが、神奈川、青森、滋賀、福井、静岡も含まれている。反対に、韓国の自治体と 1 つも提携を結んでいないのは、岩手、福島、群馬、長野、栃木、三重、徳島、沖縄であり、東北〜中部地方と、距離的に離れている地方が多く入っている。

　一方、年代別の新規提携数も【図 4】に挙げている。初めて提携したのは国交正常化した 1965 年から 3 年後の 1968 年で、山口県萩市と蔚山広域市である。国交正常化する以前の 1962 年に萩市長が山口県視察団として渡韓しており、日韓の間で蔚山と萩が最も至近距離にある、という理由で蔚山に提携の申し入れを行ったという。その後、1980 年代中盤頃までは 1 年に 1, 2 団体のペースで提携を結び、1980 年代後半から急増している。これは 1986 年にアジア競技大会、1988 年にオリンピックがソウルで開催されたことも大きいであろう。その後、1990 年代〜 2010 年代前半までは 1 年に 4-6 団体ペースでの提携が続く。特に日韓共催ワールドカップが開かれた 2002 年前後の増加が顕著である。しかし、2016 年以降は急減し、現在に至っている。これをどう見るべきかは様々な意見があると思われるが、現実問題として、2010 年代前半までに数多くの自治団体が提携を結ぶことによって、ある意味頭打ち状態に達したということもあるだろう。また、コロナ禍の影響は間違いなくあり、2020–2022 年の提携数はゼロである。2023 年には 2 つの団体が提携しているので、今後は徐々に新規提携が増えてくる可能性はある。

【図 4】都道府県別提携数（上）、年代別提携数推移（下）

提携数	都道府県名
10	北海道、東京
9	鳥取
7	神奈川、山口、佐賀、福岡
6	青森、滋賀、岡山、長崎、鹿児島
5	福井、静岡、広島、熊本、大分

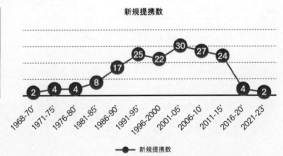

姉妹提携するにあたっての基準・条件などは明確に定められていないが、提携先の選定は、歴史・地理・自然環境などに共通項が見られたり、人的ネットワークがあったり、元々民間交流が盛んであったりする場合が大半である。例えば、千葉県成田市と仁川広域市中区は、ともに国際空港があり首都圏にある玄関口としての役割が共通している。また、東京都荒川区には植民地期から解放後の4・3事件の間に多くの済州島出身者が移住してきており、集住地区が存在する。そういった歴史的経緯を鑑みて、2006年に姉妹提携を結んでいる。ただし、元々深いつながりがあったわけではないが、今後活発な交流を行いたい、という理由で特定の自治団体にアプローチをかけ、提携に至ったケースもある。つまり、どちらか一方、あるいは双方に提携を結びたい、という意向があってこそ実現できることであり、どこの自治体にも提携可能性は存在しているということである。

　姉妹提携を結ぶことのメリットは、国際都市としての地位が上がる、提携先との活発な交流が可能になる、などのほかに、自治体から予算がつく、ということも大きいであろう。行政の金銭的支援を受けながら、地域交流を企図することができる。

2-2）地域間交流の事例

　実際に提携を結ぶと、どのような交流が想定されるだろうか。筆者の経験談も交えながら事例を紹介していきたい。

　まず、提携を結んだ自治体の行政交流が挙げられる。一方の職員が団体で提携先を訪問し、関連施設訪問、意見交換を行ったり、数週間の語学・文化教育プログラムを実施したりする自治体もある。例えば、全州市と金沢市は2002年に提携を結んでいるが、双方の職員を交流研修員として派遣し数か月単位で滞在させ、提携先や文化、社会へのより深い理解と密な交流を期すケースもある。行政同士の結びつきは地域間交流に欠かせないものなので、日韓の自治体間交流の中でも最も大きい比重を占めている。

　次に多いのが、教育交流である。小中高大で同年代の学生と交流を図ることが主であるが、場合によっては教員や職員もその対象となる。広島市は1997年に大邱広域市と姉妹都市提携を結んだのであるが、同年には両市に存在する広島修道大学と啓明大学校が協定を結び、以降、語学研修生や交換留学生の派遣・受け入れを行ってきた。次世代を担う学生たちが、相手国の学生と直接触れ合い交流を続けることは、日韓友好を深めるために重要であることは言うまでもない。

【写真1】啓明大学校　短期派遣プログラム（2023年、筆者撮影）

　文化交流は、イベントとしても実施しやすく、相手国・提携先に関心を持つきっかけとなりやすいため、教育交流と同様に盛んに行われている。釜山広域市と下関市は1976年に提携を結んでおり、交流の歴史も長い。両市は朝鮮通信使のルート上に位置するという共通点もあり、両国で朝鮮通信使関連のイベントがある際は互いに参加者を派遣している。下関側では、2004年から毎年夏に朝鮮通信使の行列再現イベントを行っているが、釜山広域市の副市長や市議会議員を行列の正使役として招待するほか、数多くの参加者が来日する。もちろん、日本側からも行列再現参加者を募集しており、本イベントは日韓の歴史のつながりを知るきっかけとなるだけではなく、相手国の人々と直接交流する機会となる。

　また、行政で姉妹（友好）提携を結んでいなくても、地域間での文化交流は可能である。例えば、北海道文化財団と光州文化財団は2011年に「交流協力に関する協定書」を締結し、芸術文化を通して交流活動を行っている。その一環として、隔年で交互に舞台公演などの演者を派遣し現地で公演を行っており、地域住民に相手国の文化や芸術を伝える好機会となっている。

　最後に、言語の壁を感じずに一緒に活動することができるスポーツ交流も各地で行われている。例えば、1999年から提携を結んでいる広島県呉市と慶尚南道の昌原特例市はこれまで、バドミントン選手とのバドミントン交流、剣道連盟の交流と大会参加などを実施している。スポーツは一体感や達成感も生まれやすく、交流や相互理解のきっかけとして最適である。

　以上のように、関心を持てば、様々な次元で日韓の地域交流が行われていることに気づく。日韓の友好関係には、国家間の政治的関係に左右されず、地道で持続的な地

域交流が必要である。また、姉妹提携数などの「量」にとらわれることなく、いかに長く・深く関わっていくか、という「質」が求められる。169団体の提携事例を細かく見てみると、行政レベル、あるいは有志で活発に交流を続けている自治体もあれば、提携が有名無実化してしまっている自治体もある。姉妹提携はあくまでも交流のきっかけに過ぎないものなので、官民がともに関心を持ち、働きかけを継続することが大切である。

【日本語の参考文献・サイト】

- 小田切督剛「26章　地方と地域格差」「27章　地方自治の成果」(石坂浩一、福島みのり　編『現代韓国を知るための60章 第2版』明石書店、2014年。
- 尹光鳳・権棒基・李東碩・羅星仁　共編『草の根の日韓21世紀共同体──文化・経済・環境からのアプローチ──』渓水社、2006年。
- 「日韓姉妹都市交流の今日的意義──異文化理解とグローバル人材育成の視点──」『IPP政策情報レポート』NO6、平和政策研究所、2021年4月。
- 呉市　https://www.city.kure.lg.jp/
- 公益財団法人　北海道文化財団　https://haf.jp/index.html
- 自治体国際化協会　https://www.clair.or.jp/
- 下関市　https://www.city.shimonoseki.lg.jp/
- 総務省統計局　https://www.stat.go.jp/

【韓国語の参考サイト】

- 行政安全部　https://www.mois.go.kr/

第2章　観光地

韓国を訪れることは、直接韓国文化を体験する絶好の機会となる。ただし、行きたいと思っても、情報や交通・宿泊施設などが整っていなければ実行するのは難しい。特に外国人は、韓国語以外の案内表示やサービスがないとハードルが一層高くなる。

そこで本章では、個人が行きたい、あるいは日本人に人気な観光地を紹介する、という記述法ではなく、これまで韓国政府や自治体が観光客誘致に向けてどのような取り組みを行ってきたのか、という観光資源提供側から見た観光地の変遷を取り上げることとする。

1. 観光政策の歴史

はじめに、韓国政府設立以降の観光政策について概観する。

1-1) 1950-70年代：観光政策導入、インバウンド重視期

朝鮮戦争の混乱期を経て、1954年に交通部管轄として観光課が設置された。1961年には観光事業振興法が成立し、外貨獲得や観光関連基盤施設拡充を目的とした政策が実施された。この年は「韓国訪問の年」にも指定されたが、当時はまだ外国人観光客は1万人程度であった。翌年には、政府傘下の国際観光公社（現：韓国観光公社）が設立され、観光振興・資源開発・研究・人材育成などを担うこととなった。

この時期に着手した事業は、まず海外観光客を受け入れるための観光ホテル建設支援である。韓国の観光ホテルは設置当初から外国人観光客を受け入れることを想定しており、ホテルも国際水準を意識し、人材の語学力養成などにも力を入れた。1970年にはホテルの等級制度を導入し、4等級の区分を設定した。

観光地開発としては、まず1967年に制定された「公園法」がある。国内の代表的な景勝地を保護し、自然・文化景観を慈しむ休養地として開発が行われた。1967年に智異山が最初に指定されて以来、現在まで22か所が国立公園となっている。大きく分類すると、山岳系（17か所）、海岸型（4か所）、史跡系（慶州のみ）となっており、ほとんどが山地にあることが分かる。また、国立公園に準ずる形で道立公園も

整備されている。また、国際観光区域として、1978年には慶州に普門観光団地、済州に中文観光団地が建設された。観光団地内には高級ホテルなどの宿泊施設やゴルフ場、ショッピングセンターなど各種文化施設などが建設され、区域内で旅行が完結する大型観光リゾート地が造成された。こうして、1972年には海外観光客37万人、1978年には100万人を突破し、わずか20年弱の間にインバウンド事業が急成長を遂げることに成功した。

1-2）1980-1990年代：観光地発展、「国民観光」開始期

　1980年代は観光開発の絶頂期であり、インバウンドの方は1986年のアジア競技大会、1988年のソウルオリンピックにより、ソウルの国際的知名度向上に伴いさらなる発展を遂げる。一方、従来観光事業は海外観光客がターゲットになっていたが、国民の生活力向上に伴い、「国民観光」時代に突入することになる。国際観光公社が1982年に「韓国観光公社」に名称を変更したことが象徴的である。韓国民に対しては、まず1981年に夜間通行禁止の解除が決定され、夜間も自由に往来することが可能になった。また「国民観光地」開発事業に着手し、国民を対象とした観光開発地域の選定を行った。選定基準は、自然景観、隣接観光資源、交通利便性、公有地比率などであった。ちなみに、韓国民の海外旅行は1989年に全面自律化に至っている。

　こうして、韓国人・外国人による韓国旅行の発展期を迎えつつも、観光産業の首都圏集中問題が1990年代以降取りざたされるようになった。そこで1990年代中盤以降、各地方団体が観光客の誘致に積極的に取り組み始めた。中央省庁も地域住民参与型、地方自治体主導の観光事業に方針をシフトしつつも、1998年には文化体育部が「文化観光部」に名称変更するなど、国家事業としての観光政策の重要性は増していった（2008年に文化体育観光部に名称変更）。

　この時期の観光地開発に関する最も大きな転機は、ユネスコ世界遺産への指定がなされたことである。韓国は1950年に既にユネスコに加入していたが、実際に韓国の観光地が世界遺産に指定されたのは1995年が初めてであった。ユネスコ世界遺産については次節で詳しく見るが、国際的に知名度のあるユネスコに指定されることによって、国内外の観光客にアピールできる強力なブランドを手に入れることに成功した。

1-3）2000年代以降：「観光大国」へ向けて

　1990年代後半以降、世界各地で韓流ブームが起きたことにより、韓国の知名度は飛躍的に上昇した。年間の海外観光客数も順調に増加し、2000年に500万人強であったのが、2012年に1000万人突破、コロナ前の2019年には1750万人を記録した。

ドラマの撮影地巡りやアイドルの事務所や行きつけのお店訪問のほかにも、ショッピングや家電製品購入のための旅行客も多い。現在、政府は 2027 年までに年間海外観光客数 3000 万人を目標に各種観光事業に着手している。

　しかしながら、国内では観光コンテンツの不十分さ、地域観光事業の力量不足、アクセスの不便さなどが課題として指摘されてきた。海外から観光客が押し寄せても受け入れる各地域での観光サービスが十分でなければ観光客の満足度も下がり元も子もない状況となるだろう。この好機を活かして現在以上の「観光大国」となるために、各分野で様々な取り組みが実施されている。

　その中でも一つだけ事例を挙げるとすれば、都市間を結ぶ高速鉄道の急成長である。元々、都市間を移動する際は一般鉄道、あるいは高速バスが主流であったが、2004 年に高速鉄道「KTX（Korea Train Express）」が開通した。当時の最高時速は時速 305km で、ソウル〜釜山間が 2 時間 40 分、ソウル〜木浦間が 2 時間 58 分と一般鉄道より 1 時間 3，40 分の短縮に成功した。以降、続々と各地に路線や新駅が建設され、各地へのアクセス、特に時間的な側面で飛躍的に利便性が向上した。例えば、光州からソウルまで行くには、高速バスで 3 時間半〜 4 時間かかっていたのが、2015 年に開通した高速鉄道で行けば最短 1 時間 50 分で行くことができる。旅行する上でアクセス利便性は非常に重要であるが、高速鉄道の開通によって地方旅行が格段と行きやすくなったと感じている。

2．ユネスコ世界遺産

　ここからは、具体的な各地の観光地について見ていきたい。まず本節では、韓国各地の観光地を国内外に宣伝する格好の機会となったユネスコ世界遺産である。1995 年以降、数年単位で新たな登録地が増え続けている。2023 年現在、文化遺産が 13 か所、自然遺産が 2 か所、世界記録遺産が 18 件あるが、世界記録遺産は観光地というよりは記録物の指定になるので、ここでは文化遺産と自然遺産を紹介したい。

【図1】韓国のユネスコ世界遺産（「ユネスコと遺産」から筆者作成、ユネスコ韓国委員会）

		名称	登録年	所在地区
文化遺産	1	海印寺蔵経板殿	1995	慶尚南道陝川郡
	2	宗廟		ソウル特別市
	3	石窟庵・仏国寺		慶尚北道慶州市
	4	昌徳宮	1997	ソウル特別市
	5	水原華城		京畿道水原市
	6	高敞・和順・江華支石墓遺跡	2000	全羅南道・京畿道
	7	慶州歴史地区		慶尚北道慶州市
	8	朝鮮王陵	2009	ソウル特別市・京畿道・江原道
	9	韓国の歴史村：河回と良洞	2010	慶尚北道安東市・慶州市
	10	南漢山城	2014	京畿道広州市
	11	百済歴史遺跡地区	2015	忠清南道公州市・扶余郡 全羅北道益山市
	12	山寺、韓国の山地僧院	2018	慶尚道・忠清道・全羅南道
	13	韓国の書院	2019	慶尚道・大邱市・全羅南道・忠清南道
自然遺産	1	済州火山島と溶岩洞窟	2007	済州特別自治道
	2	韓国の干潟	2021	南西海岸一帯

2-1）文化遺産

　まず、1990年代に指定された1-5の遺産については、新羅時代、高麗時代、朝鮮王朝時代の代表的な遺跡・遺物という共通点がある。新羅の仏教建築（3）、高麗の大蔵経板（1）は仏教との関わりから、歴代王・王妃の位牌を祀った宗廟（2）、庭園としても魅力的な王宮・昌徳宮（4）、計画的に整備された城郭・水原華城（5）は朝鮮王朝時代の建築物である。

　その後指定された文化遺産は、南漢山城（10）を除いて、特定の建築物というよりは複数の地区や建築物を一括りにして文化遺産登録となっている。まず、高敞・和順・江華支石墓遺跡（6）は先史時代の墓の一種で、一つの地域に数百基以上の支石墓（ドルメン）が集中的に分布しているのが世界的にも珍しいとされている。百済の遺跡は新羅に比べて残されているものが少ないが、首都であった3地域の遺跡をまとめて百済歴史遺跡地区（11）として指定した。遺跡からは周辺諸国との仏教交流の痕跡などが見られるということで登録された。また、山寺、韓国の山地僧院（12）も古代の建築物で、7-9世紀に建設された代表的な仏教の山寺7か所が指定されている。

　朝鮮王朝時代の文化遺産としては、歴代の王・王妃の王陵40基（8）と南漢山城（10）が王室関連の遺跡である。河回・良洞集落（9）は14-15世紀に形成された氏族村、書院（13）は16-17世紀に設立した性理学教育機関であり保存状態が比較的良い書院9か所がともに指定された。

　韓国の文化遺産は、概して歴史的建造物、特に仏教・儒教関連や王朝関連の施設が大半を占めていることが分かる。

2-2）自然遺産

　自然遺産は、2か所指定されている。済州火山島と溶岩洞窟は、漢拏山国立公園、城山日出峰、拒文オルム溶岩洞窟系がまとめて指定されている。標高1,950mの漢拏山は韓国最大の火山で、頂上には火口の周囲に300以上の側火山が分布している。城山日出峰は海底噴火によってできた巨大岩山で、全国的にも有名な景勝地である。さらに、噴火でできた洞窟は全長13キロ以上もあり世界最長の溶岩洞窟とも言われ、圧倒的な景観を誇る。

　2021年に指定された韓国の干潟は、南西海岸のうち、新安干潟、高敞干潟、宝城・順天干潟、舒川干潟の4地域によって構成されている。美しい景観はもとより、地質学的・海洋学的・生態学的な学術的価値も認められ登録に至ったという。

　以上はユネスコ世界遺産であるが、韓国独自で国家文化遺産の指定も行っている。

3．歴代「観光100選」から見る「旬」の観光スポット

　前節で見たユネスコ世界遺産は、後世に残すべき人類共通の遺産であり、「顕著な普遍的価値」を持つ建造物や遺産が指定される。しかし、無条件的に登録数を増やすことはできないし、実際に新規登録の申請は毎年上限が設定されている。本節では近年韓国政府や地方自治体が推薦する観光地の変遷について見てみたい。

3-1）「観光100選」

　文化体育観光部と韓国観光公社は2012年から隔年で韓国を代表する「観光100」リストを作成し、選定された観光地の広報や旅行情報提供などを行う事業を継続している。ユネスコ世界遺産や国家文化遺産のような恒久的な地位が与えられるわけではないが、選定条件は普遍的な価値や歴史性にこだわらずに、その時期のホットスポットや人々のニーズに合わせた広報活動が可能である。人々の関心は常に変化するものであるし、定期的にリストを総点検することになるので、「観光100選」事業は活発な観光開発を可能にした。2023年現在まで、全6回の選定が行われているので、まずはその変遷について概観する。

　①2012-2014年：2013年開始予定で新事業として2012年に立ち上がったが、当初の目的は地方観光の魅力を広報すること、国内旅行の雰囲気を醸成することであり、主に韓国人旅行者がターゲットとなっていた。また、125スポットを選定・公表して

から、ネチズン（ネットユーザー）に投票してもらうなどの方式を採用したところ、地方自治体間の熾烈な競争が起こるなどの問題が発生したため、次回への課題として残された。選定された100スポットは「韓国人が必ず行くべき国内観光地100」というタイトルでサイトに掲載された。

② **2015-2016年**：初回の課題を解決すべく、投票制度をやめ、一般人のブログやSNS、ネット検索語などのビッグデータを利用した選定方法を導入した。人々の関心度、実際に行った感想・満足度などを分析し、一時的な人気投票ではなく、日常的な国民の動向を考慮したものである。他にも、各地方自治体の推薦、観光客増加率、専門家の意見なども反映し、総合的に選定を行った。以降、この選定方法が踏襲される。

　2期目の100選の特徴は、江原・済州・慶南地域が多くランクインしていること、ショッピングやコーヒー通りなど、観光地が多様化したことなどが挙げられた。また、韓国人がテーマ旅行よりは地域旅行を好む傾向にあることも判明した。

③ **2017-2018年**：3期も、従来の誰でも知っている観光地、自然・生態観光地は一定数含まれている。一方で、既存の観光資源を新たに解釈してストーリー性を持たせた地域特化型スポットがランクインしていることが新しい。例えば、仁川は近代に開港場として発展し、チャイナタウンや近代建築物が有名な観光地であったが、老朽化した建物に世界童話の壁画やオブジェを設置し、2013年に「童話村」を造成した。以降、仁川の新たな観光コースとして再び注目が集まったという。

　また、若い世代が好むソウルの明洞・弘大・梨泰院・ロッテワールドや首都圏のスポットが急増したこと、また韓国らしさを感じられる伝統市場の比率も上昇した。

④ **2019-2020年**：2018年の報告書段階までは、内国人向けの観光100選をまず選定し、3回連続選ばれたら外国人向けの「名誉の殿堂」リストに掲載する、という計画が記されている。しかし2023年現在においても実施には至っていないのと、「観光100選」がそのまま日本語版サイトでも公開されているため、内国人・外国人を区別しない100選として現段階では推進しているようである。観光政策局長も100選は外国人にも紹介する価値があり、現地を訪れる際に役に立つ、と述べている。

　4期は初登場した観光地が21か所あり、自然を楽しみながらスリルも味わえる吊り橋やスカイウォークといった鑑賞型アクティビティがランクインしている。

⑤ **2021-2022年**：従来、自然観光資源の比率が多かったのに対し、5回目の選定

では、自然観光資源が 51 か所に対し、文化観光資源が 49 か所とバランスのとれた選定がなされたことが特徴である。また、この時期はコロナ禍で観光客が急減したことに伴い、2021 年末には日本語版で「安心安全リスト 125 選」を製作し、ソウル以外の地域で安心して訪れることのできる観光地の情報を提供した。

⑥ 2023-2024 年：本格的に観光客が往来することが予想される 6 回目の選定においては、全世界に「観光魅力国家」としてより積極的にマーケティングを行うことが明示された。また、メタバースプラットフォームである「ZEPETO」において韓国観光を仮想体験できる「トラベルハンターK」を製作することが発表された。若い世代に観光地の魅力を体験してもらい、実際に訪韓してもらうことが目的であるという。

観光 100 選については、6 回連続が 14 か所、初選定が 33 か所であり、前回に比べて文化観光資源が 61 か所と飛躍的に増加した。

以上、2012 年以降の「観光 100 選」を通した観光政策・開発について年度別に見てきたが、次からは具体的に地域別にどのような観光スポットが 100 選に選ばれているのか紹介したい。

3-2) 首都圏 (ソウル、仁川、京畿道)
【図 2】「観光 100 選」首都圏（韓国観光公社サイトより筆者作成、以下同様）

#	首都圏			2012-14	2015-16	2017-18	2019-20	2021-22	2023-24
1	ソウル	鐘路区	5大王宮	○	○	○	○	○	○
2			仁寺洞	○	○				
3			北村韓屋村		○	○			
4			広蔵市場			○	○		
5			東大門デザインプラザ		○	&東大門市場	○	○	○
6			益善洞				○	○	○
7			青瓦台前通り&西村						○
8		龍山区	Nソウルタワー	○		○	○	○	○
9			国立中央博物館	○					
10			梨泰院観光特区						
11		中区	明洞通り			○	○		
12			南大門市場		○				
13			ソウル路 7017				○		
14			ソウル市立美術館本館					○	
15			北漢山		○	○			
16		麻浦区	弘大通り			○	○	○	○
17		松坡区	ロッテワールド			○	○	○	&ソウルスカイ
18		江南区	COEX				○	○	
19		西大門区	西大門刑務所歴史館					○	
20		城東区	ソウルの森						○

	首都圏		2012-14	2015-16	2017-18	2019-20	2021-22	2023-24
21	仁川		チャイナタウン	○		＆松月洞童話村	○	開港場文化地区	開港場文化地区
22			江華島長花里干潟	○					
23			白翎島	○					大青島
24			蘇莱浦		○		○	○	
25			松島セントラルパーク			○	○	○	○
26			月尾島				○		
27			永宗島					○	
28			江華元都心ストーリーウォーク					○	○
29	京畿	水原市	華城	○	○	○	○	○	○
30		九里市	東九陵	○					
31		坡州市	臨津閣＆DMZ	臨津閣のみ		DMZのみ	DMZのみ	○	
32			ヘイリ芸術村		○	○		○	
33		安城市	男寺党公演	○					
34			ファームランド					○	
35		広州市	南漢山城	○			○		
36			和談の森				○	○	
37		抱川市	国立樹木園	○		○			
38			山井湖水	○					
39			ハーブアイランド		○				
40			アートバレー				○		
41		驪州市	英陵	○					
42		楊平郡	トゥムルモリ	○	○	○	○	○	○
43		加平郡	アチムゴヨ樹木園		○	○			
44			プチフランス		○				
45			チャラソム（スッポン島）						○
46		龍仁市	エバーランド		○	○	○	○	○
47			韓国民俗村			○	○	○	○
48		光明市	洞窟			○	○	○	○
49		漣川郡	漢灘江観光地			○	○		
50			才人滝公園						○
51		果川市	ソウルランド・ソウル大公園			○	公園のみ	○	○
52		華城市	済扶島					○	○

　12年間で全52スポット、うち6回連続（グレー背景）がソウルの五大王宮(1)、Nソウルタワー(8)、水原華城(29)、楊平郡のトムルモリ(42)の4か所、ユネスコ世界遺産（番号に下線）がソウルの五大王宮、水原華城、驪州市の英陵(41)の3か所である。

　楊平郡のトムルモリは、二つの川が出合う場所、という意味であるが、川辺の垂柳、渡し船や四季折々の風景が美しいてとして韓国人に人気のスポットである。ウェディングフォトの撮影やドラマ・映画の撮影地としても有名である。

　前述の通り、ソウルは外国人観光客がショッピング目的で訪れることもあり、多くのショッピングスポットが含まれている。京畿道はソウルに近く王宮関連の遺跡がある一方、自然も豊かで公園なども多くランクインしている。龍仁市のエバーランド(46)

と民俗村（47）もそれぞれ 5，4 回選定されており、韓国人・外国人問わず人気のスポットである。

3-3）江原道圏

【図3】「観光100選」江原道圏

			2012-14	2015-16	2017-18	2019-20	2021-22	2023-24
	江原特別自治道							
1	春川市	南怡島	○	○	○	○	○	○
2		ムルレキル		○				
3		三岳山湖水ケーブルカー						○
4	江陵市	正東津	○	○				
5		コーヒー通り		○	○	○	○	○
6		鏡浦台		○	○			
7		烏竹軒		○				
8		注文津				○	○	
9		大関嶺	○江陵	○平昌	○平昌	○平昌	○	○
10	平昌郡	月精寺	○モミ林の道	○五台山	○五台山	○五台山		
11		望祥オートキャンプ場	○					
12	東海市	湫岩海辺	○					
13		トチェビゴルスカイバレー&ヘラン展望台						○
14		武陵渓谷						○
15		太白山	○天祭壇	○				
16	三陟市	大耳里洞窟地帯			○	○		
17	寧越郡	東江	○					
18		5日市場	○					
19	旌善郡	三炭アートマイン		○				
20		ハイワン				○		
21		DMZ		○鉄原	○高城	○高城		
22	高城郡	統一展望台	○					
23	麟蹄郡	内麟川	○					
24		院垈里 白樺の森			○	○	○	○
25		雪嶽山		○権金城	○	○	○	○
26	襄陽郡	洛山寺		○				
27	原州市	ミュージアムSAN			○	○	○	○
28		小金山チュルロン橋				○	○	○
29	東草市	アバイ村		○				
30		東草ビーチ			○			
31	洪川郡	ビバルディパーク・オーションワールド			○		○	
32	鉄原郡	漢灘江ユネスコ世界地質公園					○	○

江原特別自治道は一つの道で 32 スポット採択されている観光資源が豊富な圏域である。6 回全て選定された南怡島（1）は「冬のソナタ」の撮影地で、自然の中でサイクリングや散策が楽しめるレジャースポットである。江原道にまたがる雪嶽山（25）は韓国で 3 番目に高く、国立公園指定されており、周辺に様々な観光施設が存在する。

また、鉄原郡の漢灘江ユネスコ世界地質公園（32）は「ユネスコ世界ジオパーク」に 2020 年に登録されており、50 万年前の火山活動による風景や非武装地帯（DMZ, 21）における生態系が保全されていることが認定理由であるという。

【写真 1】南怡島（左、2007 年筆者撮影）、雪嶽山（右、2012 年筆者撮影）

3-4）忠清道圏（大田広域市、世宗広域市、忠清北道、忠清南道）
【図 4】「観光 100 選」忠清道圏

	忠清道圏		2012-14	2015-16	2017-18	2019-20	2021-22	2023-24
1	大田	鶏足山ファントッキル		○	○	○	○	
2		長泰山自然休養林		○	○		○	
3		ハンバッ樹木園						○
4	世宗	世宗湖公園一帯					○	
5		国立世宗樹木園						○
6	忠州市	忠州湖	○					
7		中央塔史跡公園＆弾琴湖ムジゲ（虹）道						○
8	清川市	青南台	○		○	○		
9	報恩郡	俗離山法住寺	○	○				○テーマパーク
10	槐山郡	華陽渓谷	○					
11		サンマギイェッキル			○	○		
12	丹陽郡	丹陽八景	嶋潭三峰のみ	○	○	○		嶋潭三峰のみ
13		MANCHEONHA スカイウォーク				○	＆丹陽江桟道	＆丹陽江桟道
14	堤川市	義林池					○	
15		清風湖畔ケーブルカー					○	○
16	天安市	独立記念館	○					
17	公州市	百済遺跡地（公山城・武寧王陵）	○		○	○	○	○
18	大川市	大川海水浴場（保寧マッド祭り）	○					○
19	瑞山市	磨崖如来三尊像	○					
20		海美邑城		○	○			○

	忠清道圏		2012-14	2015-16	2017-18	2019-20	2021-22	2023-24
21	忠南		扶余百済遺跡地(宮南池、扶蘇山城、落花岩)	○	○		○	○	○
22			錦江河口堰	○					
23			千里浦樹木園	○					
24		泰安郡	安眠島	コッチビーチ	○	○	○	コッチビーチ	コッチビーチ
25			新斗里海岸砂丘					○	
26		舒川郡	国立生態園		○		○		
27		牙山市	外岩村					○	
28		礼山郡	コウノトリ公園					○	
29			礼唐湖吊橋(音楽噴水)					○	
30			修得寺						○

　忠清道圏では、百済の遺跡地(17)と安眠島(24)が6回連続で選定されており、百済遺跡と報恩郡の法住寺(9)がユネスコ遺産に認定されている。文化資源としては百済文化・仏教文化のスポットがあるが、都市部も含めて大部分が自然観光資源である。

3-5) 全羅道圏(全羅北道、光州広域市、全羅南道)

【図5】「観光100選」全羅道圏

	全羅道圏		2012-14	2015-16	2017-18	2019-20	2021-22	2023-24
1	全北	全州市	全州韓屋村	○	○	○	○	○	○
2			仙遊島	○					
3		群山市	近代文化遺産		○	○	○		
4			古群山群島						○
5		井邑市	内蔵山国立公園	○内蔵寺	○		○	○	○
6			玉井湖イワギクテーマ公園					○	
7		南原市	広寒楼苑	○					
8			市立金炳宗美術館						
9		金堤市	金堤地平線	○					
10			大屯山	○					
11		完州郡	参礼文化芸術村			○			
12		鎮安郡	馬耳山道立公園	○		○	○		
13		茂朱郡	徳裕山	○香積峰	○				
14			テコンドー園				○		&パンディランド
15		高敞郡	禅雲寺	○	○				
16			高敞支石墓・雲谷湿地村						○
17		扶安郡	採石江	○					
18			扶安辺山半島		○	○			
19		任実郡	チーズ村		○	○			
20		淳昌郡	叙筝山		○				
21		益山市	弥勒寺址					○	
22		益山市	王宮里遺跡						○

全羅道圏			2012-14	2015-16	2017-18	2019-20	2021-22	2023-24
23	光州	無等山	○	○		○	○	○
24		大仁芸術市場			○			
25		楊林洞歴史文化村				○	○	○
26		国立アジア文化殿堂					○	○
27		5·18記念公園						○
28	全南	麗水市	巨文島	○					
29			EXPO海洋公園		梧桐島のみ	○	○	○	&海上ケーブルカー
30			向日庵		○				
31		順天市	順天湾湿地	○	○	○	○	○	○
32			楽安邑城		○				
33		光陽市	蟾津江梅花村	○					
34		潭陽郡	瀟灑園	○					
35			竹緑苑		○	○	○	○	○
36		高興郡	羅老島	○					
37			スクソム（艾島）					○	
38		宝城郡	緑茶畑	○	○	○	○	○	
39		和順郡	支石墓	○					
40		康津郡	茶山草堂	○					
41			鴛牛島			○	○		
42		海南郡	タンクッ村	○	○				
43			美黄寺					○	
44		務安郡	回山白蓮池	○					
45		莞島郡	甫吉島洗然亭	○					
46			青山島	○		○			
47		珍島郡	雲林山房	○					
48		新安郡	紅島	○		○			
49			曾島	○	○				
50			パープル島					○	
51		谷城郡	蟾津江汽車村		○	○	○		○
52		長興郡	正南津土曜市場			○			
53		木浦市	海上ケーブルカー					○	近代歴史文化空間
54		求礼郡	共生の道&松林の道						○

　全羅道圏で6回連続選定されたのは全州の韓屋村（1）、順天湾湿地（31）であり、ユネスコ遺産の支柱石群も2か所（16,39）選定されている。全羅道は「芸術の故郷」とも言われており、南原市の金炳宗美術館（8）、完州郡の参礼文化芸術村（11）、光州（24,26）など多くの芸術文化関連施設がランクインしているのが特徴的である。

　また、南西海岸沿いは多くの島関連スポットがランクインしているほか、麗水（29）と木浦（53）は新しく開通した島を行き来する海上ケーブルカーを含めて観光スポットとして人気を得ている。

3-6) 慶尚道圏（大邱広域市、蔚山広域市、慶尚北道、釜山広域市、慶尚南道）

【図6】「観光100選」慶尚道圏

	慶尚道圏		2012-14	2015-16	2017-18	2019-20	2021-22	2023-24
1	大邱	近代路地	○	○	○	○		
2		防川市場、金光石キル		○	○	○		
3		アンジランコプチャン通り			○			
4		八公山				○	○	
5		西門市場				○	○	&東城路
6		寿城池					○	
7		アプ山公園						○
8	蔚山	盤亀台岩刻画	○	○			○	
9		長生浦クジラ文化特区		○				○
10		嶺南アルプス			○			
11		大王岩公園			○			
12		太和江十里竹林			○			
13		艮絶岬（カンジョルコッ）			○		○	
14	慶北 浦項市	虎尾岬	○					
15		浦項運河・竹島市場			○	○		
16		浦項スペースウォーク						○
17	慶州市	仏国寺&石窟庵	仏国寺のみ	○	○	○	仏国寺のみ	○
18		南山	○					
19		良洞村	○					
20		大陵園一帯(雁鴨池・瞻星台等)		○	○	○	○	&ファンニダンギル
21	安東市	河回村	○	○	○	○	○	
22		屏山書院					○	
23	栄州市	浮石寺			○	○		
24		白小山		○				○
25		紹修書院				○		
26	永川市	永川ビョルビッ村	○					
27	聞慶市	セジェ道立公園	○	○				
28		曹山モノレール						○
29	青松郡	周王山	○			○		
30	盈徳郡	ブルーロード	○		&ズワイガニ通り	&ズワイガニ通り		
31	蔚珍郡	仏影渓谷	○		○			
32		金剛松林の道			○	○		
33		竹辺海岸スカイレール						
34	鬱陵郡	鬱陵島待風吹	○					
35		鬱陵島&独島	独島のみ		○	○	独島のみ	○
36		白頭大幹峡谷列車			○			
37	高霊郡	大伽倻遺跡群			○			
38	釜山 海雲台区	海雲台・松亭海水浴場	海雲台のみ	海雲台のみ		海雲台のみ	○	○
39		X the SKY &海雲台グリーンレールウェイ						○
40		マリンシティー				○		
41	影島区	太宗台	○	○	○	○	○	○
42		ヒンヨウル文化村					○	
43	沙下区	甘川文化村		○	○	○		
44		多大浦 夢の夕日噴水・海水浴場					○	
45		元都心ストーリーツアー			○			

慶尚道圏			2012-14	2015-16	2017-18	2019-20	2021-22	2023-24
46	中区	国際市場・富平カントン市場			○			
47		チャガルチ市場・竜頭山観光特区				○	○	○
48	釜山 西区	松島海水浴場・龍宮吊橋				○	○	○
49	水栄区	広安里海辺 ＆ SUP ゾーン						○
50	機張郡	オシリア観光団地						○
51	昌原市	鎮海軍港祭	○					
52		余佐川（桜）						○
53	晋州市	晋州城	○	○	○	○		○
54		統営港	○					
55		閑麗水道眺望ケーブルカー		○				
56		トンピラン村		○	○			
57	統営市	長蛇島		○				
58		スカイラインリュージュ				○		
59		小毎勿島		○	○			
60		ディピラン						○
61		巨済島海金剛	○	○				
62	巨済市	巨済島　風の丘			○	○	○	
63	慶南	外島ボタニア				○		
64	昌寧郡	牛浦湿地	○	○		○	○	
65		錦山	○					
66	南海郡	タレンイ村		○				
67		ドイツ村		○	○	○	○	
68	河東郡	十里桜並木	○					
69		智異山	ドゥルレ道	○				
70	咸陽郡	上林						
71	陜川郡	海印寺	○	○	○	○	○	
72		黄梅山郡立公園					○	○
73	金海市	加耶テーマパーク						○
74	居昌郡	抗老化ヒーリングランド						○
75	固城郡	唐項浦						○

　慶尚道圏は大都市も多く、観光資源が非常に豊富である。歴史的な文化資源としては、新羅文化、朝鮮王朝時代の両班文化関連のスポットが際立つ。また朝鮮戦争という激動の現代史の痕跡を辿るスポットとして、釜山のヒンヨウル文化村（42）、甘川文化村（43）、国際市場（46）なども注目されている。各地方自治体では、自然景観を楽しみながらアトラクションに乗る「体験型造形物」を建設し新たなランドマークとする試みが2017年頃より行われているが、慶尚道圏には際立って多い（7,16,28,33,38,39,48,55,58,60）。一つのスポットで様々な体験ができるので、老若男女、国内外観光客問わず、今後も人気のスポットとして注目されるであろう。

【写真 2】釜山・松島海水浴場の海上ケーブルカーとスカイウォーク（2017 年筆者撮影）

3-7）済州道圏

【図 7】「観光 100 選」済州道圏

	済州特別自治道		2012-14	2015-16	2017-18	2019-20	2021-22	2023-24
1	済州市	牛島	○	○	○	○	○	○
2		巨文火山	○					
3		榧子林・サリョニ林道		○	○	○	○	○
4		サングムブリ		○				
5		チョルムル自然休養林			○	○		
6		石文化公園			○			○
7		地質トレール			○			
8		エコランドテーマパーク			○			
9	済州	漢拏山国立公園	白鹿潭のみ	○	○	○	○	○
10		オルレ道	○	○	○	○	○	○
11	西帰浦市	城山日出峰		○	○	○	○	○
12		中文観光団地		○				
13		ソプチコジ		○	○	○		
14		セソッカク		○	○			
15		金永甲ギャラリー(頭毛岳)		○				
16		毎日オルレ市場			○	○		
17		城邑民俗村				○		
18		天地淵滝					○	
19		カメリアヒル					○	

　済州島は火山島であるため、ユネスコ世界遺産にも指定されているように、自然観光資源が豊富である。6 回連続で選ばれているオルレ道（10）というのは、済州島の周りをぐるりと歩きながら見て回るコースで、2007 年に開発されて以降、現在まで 27 コースが整備されている。オルレは元々済州島の方言で細い路地、という意味合いである。

以上、韓国政府の時代別観光政策と、近年の地方自治体も一体となった観光開発について概観し、ごく一部の観光地についても紹介した。他の観光地については、他の章でも触れるので、一緒に参照していただきたい。韓国の観光政策は、現在デジタル技術も駆使し、国内外観光客のニーズも敏感にキャッチしながら、地方自治体と連携して開発を精力的に行っている。今後も新たな観光スタイルが期待される。

【日本語参考文献・サイト】
・兪弘濬 著、大野郁彦 訳『私の文化遺産踏査記 1』法政大学出版局、2000 年。
・兪弘濬 著、大野郁彦 訳『私の文化遺産踏査記 3』法政大学出版局、2005 年。
・「特集：「観光」にみる韓国」『月刊韓国文化』第 194 号、韓国文化院、1996 年 1 月。
・韓国観光公社　日本語版サイト　　http://japanese.visitkorea.or.kr/jpn/index.kto
・韓国観光公社「2021-2022 観光の安全・安心観光スポット 125 選」
　https://japanese1.visitkorea.or.kr/e_book/ecatalog5.jsp?Dir=859&catimage

【韓国語参考文献・サイト】
・ペク・ヒョン「韓国観光政策に関する考察―外国人観光客誘致拡大を中心に」『韓国観光政策』30 号、2007 年。
・韓国観光公社「大韓民国隅々」　　https://korean.visitkorea.or.kr/main/main.do
・文化体育観光部　＞「観光 100 選」発表　2012-2024 年分
　https://www.mcst.go.kr/kor/main.jsp
・ユネスコ韓国委員会「ユネスコと遺産」　　https://heritage.unesco.or.kr/

第II部

特別な日——非日常の文化

歳時風俗
—— 二大名節(正月、秋夕)を中心に

第 3 章

本章では、韓国政府樹立以前、古くから行われて来た年中行事（韓国語では歳時風俗とも言う）について詳しく見てみたい。朝鮮半島は長らく農耕社会であり、農業中心の生活を営んできた。よって、1年の過ごし方も農業と関連があることが分かるであろう。ここでは特に、現代韓国社会で「二大名節」として国民的行事となっている陰暦の1月1日（元旦）と8月15日（秋夕）について取り上げ、両者の歴史的由来と旧来の過ごし方について紹介する。

1．年中行事、歳時風俗、名節という用語について

1-1) 年中行事と歳時風俗

　韓国語で、毎年決まった時期に行う集団的・伝承的行事を「歳時風俗」と言う。この歳時風俗とほぼ同義と言われるのが、日本語で言うところの「年中行事」である。年中行事と歳時風俗という学術用語や研究史については、大石和世（2008）が詳しく論じているのでそちらを参照して頂きたいが、年中行事という用語が植民地期に朝鮮に入ったということもあり、韓国では定義づけなどにおいて複雑な変遷を辿っている。

　実質、歳時風俗は日本語の年中行事と同義であるとされてはいるものの、以下の2つの理由から、本書では歳時風俗という用語を用いることとする。1点目、1970年代の韓国で歳時風俗という分野の研究が定着してきた時期になされた定義で強調された「季節性」「（前近代からの）伝承性」という要素は現代においても一定程度有用であると思われる。つまり、日本語で年中行事と言うと卒業式や運動会、クリスマスなどを含めてもさほど違和感がないが、「季節性」「伝承性」といった要素を含まないこれらの行事は、韓国で歳時風俗と呼ぶことはあまりない。2点目、韓国語で年中行事という言葉は存在しても、韓国の一般社会においては歳時風俗ほど使用されることがないのが実情である。よって、本章の意図である、韓国政府樹立以前から民間において行われていた季節的行事を紹介するにあたって、年中行事をいうタイトルを用いてしまうと読者に誤解を与える恐れがあるため、少々イメージしづらくても、歳時風俗を用いたい。

1-2）韓国の代表的な歳時風俗

韓国の『韓民族文化大百科』に記載されている「歳時風俗」は表の通りである。

【図1】季節別歳時風俗　　※日付は陰暦（陰暦については次章を参照）

春（1-3月）	元旦（1/1）、立春（1月）、正月の満月（1/15）、寒食（冬至から105日目）、中和節（2/1）、釈奠（2月上丁日）、三辰日（3/3）
夏（4-6月）	お釈迦様の誕生日（4/8）、端午節（5/5）、流頭（6/15）、三伏（6-7月）
秋（7-9月）	七夕（7/7）、百中（7/15）、釈奠（8月上丁日）、秋夕（8/15）、重陽節（9/9）
冬（10~12月）	馬日（10月中）、時祭（10月）、冬至（11月）、臘日（12月）、晦日（12/30）

日本語で言う二十四節気にある立春、冬至のほかにも、自然変化を重視したため季節ごとに節目が設けられていた。3月3日、5月5日、7月7日、9月9日のような重日の節句は中国からの影響を受けて入ってきたと言われているが、5月5日の端午の節句を除いては歴史的に見ても庶民の間で重要視されることはなく、現代日本のようにひなまつり、七夕まつりといった盛大な行事を実施することはない。

朝鮮半島で重視されて来た日付としては15日がある（1/15, 6/15, 7/15, 8/15）。これは、陰暦の15日＝満月の日であり、望日の節句を特別視していた痕跡とされている。実際に、新羅の王は1月15日に産まれたという神話があり、村祭りなども15日に多く行われていたなどとの記録が残っているという。

しかし、上記に示した歳時風俗は、農業社会から工業社会への移行に伴い徐々に行われなくなってきており、全国民が大々的にお祝いするのは正月と秋夕に限られているという実状がある。そこで、次節では二大名節として現代でも文化を継承している正月と秋夕の過ごし方を詳しく見てみたい。

1-3）名節とは

歳時風俗の中でも、民俗行事として特に重要視されて来たのが「名節」である。その語源は、数多くある「節日」の中でも特にめでたい日を選んで様々な催しを行ったことから、それらの日を名節と呼ぶようになった。古くから慣習として行われてきた代表的な名節には、正月・陰暦1月の満月・寒食（春）、端午・流頭・（夏）、百中・秋夕（秋）、冬至（冬）などが挙げられるが、現代韓国では、正月・秋夕以外は全国民的な行事をすることもなくなっており、名節＝正月・秋夕という認識が一般的である。

これは、農耕社会から産業社会への移行による生活スタイルの変化、西欧的価値観やキリスト教の流入による新しい慣習の定着などによるものである。しかしながら、

農耕とは無関係に、昔ながらの慣習を大切にする、という観点から正月と秋夕は現在でも陰暦で祝い、カレンダー上も連休となっているので、帰省する人が多数派となっている。人々が一斉に都市部から地方へ移動するため、公共交通機関のチケットは数か月も前から予約しないと手に入らなかったり、自家用車で往来する人も多く深刻な交通渋滞が発生したりする。何時間も動かない高速道路の渋滞ニュースは、韓国名節の風物詩と言えよう。

2. 陰暦の正月

2-1) 正月の由来

　正月は、韓国語で「ソル（설）」あるいは「ソルラル（설날）」といい、「元旦」の意となる。朝鮮半島でいつから正月を名節として過ごしていたかは不明なことも多いが、7世紀の『隋書』には既に新羅が「元旦に王が宴会を開きお客をもてなし、日月神に拝礼する」と記録されていることから、三国時代から存在した風習であるとされている。正月は、新年の新しい出発という重要な日であり、従来、1年の豊年や村・家庭の平安を祈り、そのために祖先へのお参りや村祭り、安宅などを行った。同時に、家族や親戚と集まり、特別な料理や遊びを共にすることによって楽しむ休息の期間でもあった。

2-2) 祝日の歴史的変遷

　陽暦が導入される以前は、当然ながら陰暦で正月を過ごしており、1896年の陽暦導入時にも高宗王は陰暦の正月制度を維持したという。しかし、植民地期に入ると、陽暦の正月が慣行された。解放後も、植民地期の制度を受け継ぎ、陽暦の1月1日〜3日までを祝日としたが、一般社会では依然として陰暦で過ごす人も多く、「二重過歳」として批判を受けていた。1980年代の文献によると、公職に就く者は陽暦の1月3日まで休んで4日に新年の初出勤となるが、工場や商店などは陽暦の1日だけ休み、陰暦を3日間休業するのが一般的な実状であったという。また、暦上は陰暦の1日は祝日ではないが、ソウルの官公署でも、正月行事を済ませてから出勤する職員が遅刻などしても黙認していた、という記述も見られる。

　こうした混乱状況を受けて、1985年、政府は陰暦1月1日を「民俗の日」として祝日にすることとした。さらに、1989年には陰暦の正月を固有語の「ソルラル」に改称し、陽暦の正月を「新正」と命名したうえで、どちらの正月も3日ずつ祝日にし

た。それこそ「二重過歳」ではないか、ということで、1991 年には新正が 2 日に、1999 年には 1 日に短縮され、陽暦導入から約 100 年の時を経て、再び陰暦をメインに正月を過ごす時代に回帰したのである。

column

韓国は二通りの年齢がある？　数え年と満年齢

　日本では、日常的には満年齢を使うのが基本である。生まれた時が 0 歳で、誕生日が来る度に 1 歳ずつ歳を取るのが満年齢である。一方、数え年は厄年や長寿のお祝い、享年などごく一部の場面で用いられることがあるが、実生活ではほぼ使われないため、馴染みが薄いかもしれない。一方韓国では、基本的には数え年で言うのがスタンダードである。

　数え年とは、生まれた時点で 1 歳として数え、次は陰暦のお正月が来る度に歳を取る、という考え方である。つまり、1 月 1 日で全国民が一斉に 1 つ歳を取るのである。数え年の由来も様々言われているが、考え方としては、赤ちゃんがお腹に宿った時点から命は始まっているため 0 歳として人生がスタートし、生まれた段階で 1 歳、とするのが筆者個人としてはすんなり腑に落ちた。また、年齢はお正月に餅スープ（後述）を食べてこそ 1 つ歳を取る、と言われている。そのせいか分からないが、歳を取る、は韓国語では「歳を食べる（나이를 먹다）」と言う。

　韓国で年齢を言う時には、注意が必要である。満で言ってしまうと、数え年と捉えられる場合が多いので、実際の年齢より 1、2 歳若いのだと認識されてしまう。韓国では 1 歳でも年齢が違うとふるまい方や言葉遣いにも差が出てくるので、ここは正確に年齢を伝えたい。もし、日本の年齢で言いたいなら、「満で（만으로）○○歳です」とはっきり言う必要がある。相手の数え年に揃えるなら、「韓国の歳で（한국 나이로）○○歳です」「数え年で○○歳です」と言うようにしよう。

　ところが、陰暦・陽暦のダブルスタンダードが複雑なように、年齢についても不便さが指摘されていたのは想像に難くない。さらには、兵役や青少年保護法の規定中には、現在の年度から出生年度を引く「年・年齢」というのもあったりする。この混乱状況を解決しようと、何と 2023 年 6 月に韓国政府がいわゆる「満年齢統一法」を施行した。特別な規定がない限り、行政上の書類などは全て満年齢で記載することになったというわけである。長らく日常生活では数え年を使用してきたが、すんなりと日常でも満年齢が浸透するのか、行政面だけでの適用になるのか、今後に注目である。

2-3) ソルラルに行うこと

では、陰暦の正月に具体的にどういった行事があるだろうか。以下、慣習的に行われて来たことを項目別に紹介したい。

a. 正朝茶礼

茶礼とは、自宅で祖先の膳を準備して行う祭祀のことを言い、1年に数回行われる。本来、各節句、祖先の誕生日、毎月1日と15日に行っていたが、現在は徐々に回数が減少し、二大名節に集約される傾向がある。正月には、朝早くお供え物（料理・果物・お酒等）を用意して祭壇を設置し、4代先祖までにご挨拶するのが通例である。なお、茶礼は本家で行う。

茶礼の儀式は、朝鮮王朝時代に冠婚葬祭の規範であった『家礼』が基になっており、儒教式である。以下、儀式の流れは地域や家紋によって少々違いがあるが、大まかなものを簡略的に記す。（祭壇については第6章4節の写真5を参照）

【図2】茶礼の流れ（韓国民俗大百科事典より筆者作成）

祖先神を迎える	①焚香：祭主が御膳の前で跪き3回お香を焚いた後、二拝する。
	②降神：酒器に注がれたお酒を祭器に3回に分けて空け、二拝する。お香の煙、祭器に注がれたお酒を通して天と地から霊魂を呼ぶ。
	③参神：男性陣は二拝、女性陣は四拝し、祖先神にご挨拶する。
祖先神をもてなす	④進饌：暖かい料理を上の代の先祖の分から捧げる。
	⑤献酌：④と同様の順番でお酒を注ぎ、男性陣二拝、女性陣四拝する。
	⑥侑食：酒を注ぎ足し、祖先神が食事をする間の数分間、参列者は静かにひれ伏すかそばに立って待つ。
	⑦落匙箸：食事が終わったと思われる頃に、匙とはしを回収する。
祖先神をお返しする	⑧辞神：最後に男性陣二拝、女性陣四拝してお別れの挨拶をする。
	⑨納主：位牌などを元の保管場所に戻す。
	⑩撤饌：お膳を下げ、⑪の準備をする。
	⑪飲福：祭祀の料理を参列者で分け合いながら食べる。

b. 飲福（음복：飲食することにより福を得る）

茶礼の最後の手順である飲福は、祖先にお供えしたものをそのまま頂くことによって、参列者が祖先の徳を受け継ぐ、という重要な意味が込められている。これが元旦の朝食、ということになるが、料理（歳饌）とお酒（歳酒）は多めに用意しておき、この後訪問してくるであろう親戚や知人にも振る舞う。

c. 歳拝（세배：新年のご挨拶）

　年下の者が、年配の者に新年の挨拶を申し上げることを歳拝と言う。挨拶は年齢の順序が大切で、例えば、最年長の夫婦が歳拝を受ける側だとすると、夫婦の長男夫婦がまず歳拝をし、次に次男夫婦……、その代の歳拝が終わると今度は夫婦の孫に当たる世代が順番に最年長夫婦（＝祖父母）に歳拝をする、という具合である。歳拝を受けた側は、歳拝をした者に幸福や成功を祈る言葉や励ましの言葉をかけ（徳談）、歳饌や歳酒をごちそうする。相手が子供の場合、お菓子や果物、お年玉（세뱃돈：歳拝のお金）を与える。元旦当日に伺うことができない場合は、15日くらいまでを目安に歳拝を行う。

d. 挨拶の方法（第9章1節参照）

　茶礼の時や、歳拝の時に挨拶する動作をヂョルという。起立状態から両手を合わせたまま腰をかがめて跪き、頭を下げる。日本文化に親しんだ人が見ると、土下座をしているように見えるくらいオーバーアクションだが、目上の方に尊敬と感謝の心を表す基本的な動作である。茶礼やお正月の他にも、結婚式やお葬式などの冠婚葬祭でも見られる。

e. 省墓（성묘：お墓参り）

　韓国語で「お墓参り」は、お墓が良い状態で保存されているかを確認する、という意味で「省墓」という漢字語を用いる。正月は4代先祖までは自宅で茶礼を行うこと、気候的に野外は寒いことから、簡略的にお墓参りを行う。主に、お墓の手入れとお供え、拝礼（ヂョル）をする。

　近年は、必ずしも当日に全ての行事を終えなくても良く、15日までを目安に行う。また、以前は女性が中心となり家庭の平安と農業の豊年を祈るために自宅の家神に対して行う儀式＝安宅があったが、工業社会への移行と女性の社会進出に伴い、安宅を行う家はほとんどなくなってきている。

2-4）正月の食べ物

　基本的には、茶礼で用意した歳饌と歳酒を飲食することになるが、茶礼を行わない家でも必ずと言っていいほど食べるのが、トククク（떡국：餅スープ）である。カレトクという細長い筒状の白いお餅を薄切りにして、醤油をベースに煮込んだ料理である。他の材料は家々で少しずつ異なるが、キジ肉や鶏肉、最近では牛肉を入れて旨味を出し、錦糸卵やネギ、唐辛子などを最後にのせる。お餅を食べる理由については、

カレトゥが白く、丸く、長い、伸びることに由来する。白は清らかさ、丸は昔の銭＝富、長いのは長寿、伸びるのは幸せや健康が末永くつづくことをそれぞれ象徴していると言われる。

【写真1】トククク（民俗アーカイブ、2001年、国立民俗博物館）

2-5) 服装＝ソルビム（설빔）

昔から老若男女問わず、元旦には新しい服を新調して、新しい気持ちで新年を迎えた。ソルビムのソルはお正月、ビムは特別な日に着る服を指す。洋服が普及する以前は、民族衣装を新調していたが、現在では民族衣装を着る人はほとんどいない。唯一、子どもたちが色鮮やかな伝統衣装を着る程度である。

2-6) 伝統的な遊び・行事

正月に親戚や近所の人と集まって共に何かすることは、一家や村の団結心や協働性を高めるうえでも非常に重要な役割を果たしていた。しかし、現代ではそういった機能は徐々に失われ、各家庭や地域社会で自主的に行われることは少数となった。一方、伝統文化の保全という目的から、民俗村や博物館などでこうした遊びを楽しむ場を提供し継承に努める動きもある。以下は、その代表的なものを紹介する。

a. ユンノリ（윷놀이：ユッ遊び）

ユンノリは、ユッと呼ばれる4本の棒切れを投げて、表が出た本数によって駒を進める、日本の双六のような遊びである。室内・野外問わずできること、また老若男女問わず楽しめるので、古くから親しまれている代表的な正月の遊びである。また、個人で競うこともできるが、大体は複数人数が1組になってチーム戦をするため、多数参加者がいても可能である。朝鮮王朝時代には、農業の豊作を祈ったり、占ったりするという意味合いも大きかった。

【写真2】ユンノリセット（左）と遊ぶ人々（右：江陵、2001年、いずれも国立民俗博物館）

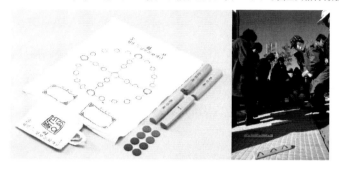

　日本の双六とは違い、ゴールまでの道筋は一通りではなく、近道ルートや遠道ルートがあり、途中でいくつかの分岐点がある。敵の駒に捕まらないように、ゲームの状況を見極めながら駒の進め方を工夫しなければならず、心理戦でもありチームの団結力が問われる遊びでもある。

　近年では、留学生向けの韓国語の授業や文化体験で取り入られることが多く、留学経験者であれば大体どこかで触れる機会がある。

b. 凧飛ばし（연날리기：凧揚げ）

　日本には正月の風物詩に凧揚げがあるが、韓国・朝鮮には凧飛ばしがある。朝鮮半島で使われる凧は、四角や丸、様々な形や模様も特徴的だが、それに「厄」「送厄」などと書いたのが古来の遊び方である。つまり、凧を飛ばし、遠くに送り出すことによってこれまでの厄を払い、新年は福を得たい、という願いを込めたものなのである。よって、凧はある程度の高さに届いたところで、糸を切ってしまう。大人でも子供でも、男性が中心となって遊んでいたと言われている。

c. 板跳び（널뛰기）

　一方、板跳びは女性が中心の遊びである。シーソーのような板の両端にそれぞれ人が立ち、交互に跳ねることによって、どんどん高く跳び上がることができる。新しいソルビムを着てふわふわ揺れるスカートが美しい。

2-7）陰暦の1月15日

　前述のように、満月になる毎月15日は特別な意味があるが、年が明けて最初の満月である1月15日は特に重要な意味を持っており、古来様々な行事が行われていた。

元旦には村や家庭に関するお願いをするのが主であるのに対し、15日は満月を見ながら個人的な願い事を祈ることが多かったという。

3．秋夕（陰暦 8 月 15 日）

3-1）歴史的由来と変遷

　秋夕に関する歴史的由来は、特に中韓の学界で長らく論争が続いており、統一的な定説はまだ出ていないように思う。これは古代文化に関する文献不足が遠因であるが、秋夕に限らず、韓国文化の由来を巡って、外来説と固有説の論争がしばしば巻き起こる。

　いずれにせよ、確実なことは、統一直前の 7 世紀、新羅で陰暦の 8 月 15 日に宮中で風流を楽しみ弓術の儀式を行う、という『隋書』の記録が残っている。また、遣唐使の日本人僧侶・円仁が 9 世紀に残した『入唐求法巡礼行記』にも、新羅には 8 月 15 日の前後 3 日間、名節としてお祝いをすると記録されている。具体的にどういうことをしたかは定かではないが、8 月 15 日の名節が新羅から始まったことは間違いない。「秋夕」という名称については、「秋の月が最も良い夜」という意味で、固有語では「ハンガウィ（한가위）」と呼び、「秋の真ん中」くらいの意味合いになる。

　新羅時代、陰暦 8 月 15 日に行っていた行事としては、先代王への祭祀、寺院での追善、月見、宴などが挙げられる。祖先への日頃の感謝、一年で最も綺麗な満月鑑賞、農事がひと段落した喜びなど、様々な意味が秋夕に込められるようになっていった。特に、農耕社会であったことから農業と関連づけて民衆にも浸透していったと思われる。高麗時代には 9 大俗節の一つとして、朝鮮王朝時代には 4 大名節の一つとして重んじられる慣習であった。大韓民国か建国された翌年の 1949 年に制定された公休日にも含まれており、現在に至っている。

3-2）当日行うこと

　農耕社会から都市工業社会に移行してからは、先祖に対する茶礼とお墓参りを中心に実施されている。この日は大半の人が故郷へ帰り、関連行事に参加する。まず、当日の朝は秋夕茶礼を行う。実施方法は正月の茶礼と同じなので省略するが、お供え物は収穫されたばかりの農作物など、旬の素材を準備する。また、お餅はお正月の餅スープでなく、ソンピョン（송편、後述）をお供えすることが多い。

　茶礼の後は、家族・親族でお墓参りに出かける。秋夕のお墓参りの際には、伸びきった雑草などを刈る伐草（벌초）を行う。また、帰省先の親戚や知人を訪問したり、

遠方にいて会えない人には秋夕の挨拶メッセージを送ったりしてゆったりと過ごす。

3-3）食べ物、服装

　秋夕の食べ物と言えば「ソンピョン」である。文献上では、朝鮮王朝時代には既に登場していたことが分かっている。作り方は、うるち米をお湯でこね、様々な具を入れて作る餅を指し、松の葉を敷いて蒸す。中の具にはゴマ、栗、緑豆、蜜、ナツメ、干し柿など、地域や家庭によって様々である。半月の形になるように成形するのが一般的であるが、花型のものもある。また、色も白やよもぎの緑が定番であるが、最近はかぼちゃなど色のつく食材を生地に練りこんでカラフルに仕上げるソンピョンも見かける。

　秋夕が近づくと、家族で一緒にソンピョンを作るのが風物詩であるが、奇麗な形に成形できると、未婚女性なら良い人に出会い、妊婦なら可愛い娘を産むという俗説があるために一生懸命こしらえる。また、蒸し足りないソンピョンをかじると娘を産み、よく蒸されたソンピョンをかじると息子を産む、という俗説もある。秋夕に大量のソンピョンを作らなければならない女性たちが、結婚運や子供運を祈って楽しみながらソンピョンをこしらえていたことが垣間見える風習である。

【写真3】風俗画（左）と蒸したソンピョン（右：忠北2012年、いずれも国立民俗博物館）

　服装については、正月のソルビムのように「秋夕ビム（추석빔）」という言葉がないわけではない。しかし、着用率は正月以上に低いという印象である。秋夕前後のテレビ番組では、芸能人が韓服を着て挨拶をしたり、大統領も韓服姿で国民に向けたメッセージを発信したりするが、一般社会ではほとんどの人が平服であり、子供がちらほら着ているくらいである。

3-4) 伝統的な遊び・行事

　「8月の満月」を鑑賞する行事(달맞이)は古くから行われている。日本だと中秋の名月にあたるこの日は、1月15日の満月と同様に1年で最も明るく丸い月として拝まれてきた。満月は生命力の象徴であり、農作物の豊凶を占う対象でもあったことから、この日に満月を見て願い事をする風習がある。

　遊びとしては、1年のうち最も天候に恵まれることから野外での活動が多い。例えば男性であれば、「シルム (씨름)」が代表的である。素手の状態で体をぶつけあい相手を倒す競技で、高句麗の壁画に描かれていることから古代には既に存在した遊びであった。特別な道具を必要とせず、体力を鍛えることができる遊びとして長らく親しまれてきた。2017年に国家無形文化遺産に指定され、2018年にはユネスコの人類無形文化遺産の代表目録に、北朝鮮と初めて「共同登載」されることになった。

　一方、「カンガンスルレ (강강술래)」は女性の遊びである。満月の夜、数十人の女性たちが手を取り合って円を描き、「カンガンスルレ〜」と歌いながら踊り続ける。由来については、古代馬韓の風習説と、壬申倭乱（文禄の役）の際に李舜臣将軍が使った戦法説がある。発祥地としては、全羅南道の海岸地域と言われている。夜間に女性たちが自由に外に出て踊ったり歌ったりできる絶好の機会として大切にされてきた風習であり、秋夕の満月に豊作・豊漁を祈る風俗として継承されてきた。こちらも1966年に国家無形文化遺産に指定された後、2009年にユネスコの人類無形文化遺産に登録されている。

【写真4】カンガンスルレ（国家文化遺産ポータル、文化財庁）

4. 現代の名節の風景

　朝鮮王朝時代に「四大名節」として過ごしていた正月・秋夕以外の名節は、寒食（冬至から 105 日目）と端午（5 月 5 日）がある。寒食は春先に該当する時期で、雨風が激しいことから一定期間火の使用を禁止し冷たい食事を取るという風習に由来する。しかし、近年これを実践する人はほぼいないと見られ、一部、この時期にお墓参りをする風習として残っている。また、5 月 5 日は 1 年のうち最も陽気が高まる時期として重要視され、本格的に暑くなる前の初夏に、暑気払い・厄除けを行ったり、豊穣を願ったりするという信仰的な意味合いが大きい名節である。端午は個々人での祈りのほかに、村単位での遊びや祭祀、各種宮中行事も執り行われる祝祭でもあった。現在では、江原道の「江陵端午祭」が全国的に有名であり、2008 年にユネスコ人類無形文化遺産に登録されている。

　これ以外の歳時風俗で、近年最も存在感があるのは、夏の「三伏（삼복）」ではないだろうか。夏至から数えて 3 番目の庚の日を「初伏」、4 番目を「中伏」、立秋後の最初の庚の日を「末伏」として、3 日合わせて「三伏」となる。夏の最も暑い時期にあたり、陽暦だとだいたい 7, 8 月の間に 10 日間隔ほどでやってくる。夏の暑さを屈伏させる、という意味で古代から犬肉のスープ（개장국, 보신탕）を食べる風習があった。現在では、犬肉は忌避され「参鶏湯（삼계탕）」を食べる日として浸透している。

　以上、正月と秋夕を中心に歳時風俗を見てきたが、農耕社会から都市社会に移行した現在においては、農業と関連付けた意味合いというよりは、先祖に感謝する日、家族・親族が集まって親睦を深める日として実践されていると言うことができる。伝統行事や遊びについても、多様な娯楽がある中であえて選択されることはなく、あくまでも伝統保存・継承の目的で各地方自治団体や民俗関連施設でイベント的に行われているものが大半である。

【日本語参考文献・サイト】

・林淑姫「韓国の年中行事」（片茂永編『韓国の社会と文化』岩田書院、2010 年）。
・大石和世「韓国民俗学における「歳時風俗」の概念について ――越境的民俗学史のために――」『総研大文化科学研究』第 4 号、総合研究大学院大学文化科学研究科、2008 年 3 月。

・金容権『韓国を知る事典』東海大学出版会、2002 年。
・国立国語院 編、趙 完済・三橋 広夫 訳『カラー日本語版 韓国伝統文化事典』教育出版、2006 年。
・張籌根、児玉仁夫 訳『韓国の歳時習俗』法政大学出版局、2003 年。

【韓国語参考文献・サイト】

・シン・ジョンウォンほか著『秋夕：無加無減似嘉俳』民俗苑、2023 年。
・河秀畖『名節の誕生：韓国名節の歴史と休日の変動研究』民俗苑、2016 年。
・韓国法制処 国家法令情報センター「法令（沿革）」
https://law.go.kr/lsSc.do?menuId=1&subMenuId=17&tabMenuId=93
・文化財庁「国家文化遺産ポータル」
https://www.heritage.go.kr/main/?v=1698390295562

第4章　祝日、記念日

　第3章で現代韓国における歳時風俗を見たが、これは昔ながらの風俗のうち現代に継承しているものが対象であった。一方、本章で見る祝日については、韓国政府が制定した国家的行事なので、大韓民国建国以降に新設されたものも見受けられる。記念日については国家が制定したものもあれば、社会的に生成されたものもあり、現在進行形で増え続けている。祝日や記念日は、国家やそこに住む人々が何を大切にしているのかが如実に現れるので、その国を理解するには格好の対象である。本章では、韓国の祝日・記念日の由来や意味、過ごし方などについて新・古を問わず「いま」の視点から紹介する。

【図1】2023年の韓国のカレンダー（筆者作成）　赤：法定公休日　二重枠：祝日　黄色背景：国慶日　★：陰暦

2023

1月
日	月	火	水	木	金	土
1	2	3	4	5	6 陰12.15	7
8	9	10	11	12	13	14
15	16	17	18	19	20	★21
★陰1.1 22	★23	★24	25	26	27	28
29	30	31				

2月
日	月	火	水	木	金	土
			1	2	3	4
5 陰1.15	6	7	8	9	10	11
12	13	14	15	16	17	18
19	20 陰2.1	21	22	23	24	25
26	27	28				

3月
日	月	火	水	木	金	土
			1	2	3	4
5	6 陰2.15	7	8	9	10	11
12	13	14	15	16	17	18
19	20	21	22 陰2.1	23	24	25
26	27	28	29	30	31	

4月
日	月	火	水	木	金	土
						1
2	3	4	5 陰2.15	6	7	8
9	10	11	12	13	14	15
16	17	18	19	20 陰3.1	21	22
23	24	25	26	27	28	29
30						

5月
日	月	火	水	木	金	土
	1	2	3	4 陰3.15	5	6
7	8	9	10	11	12	13
14	15	16	17	18	19	20 陰4.1
21	22	23	24	25	26	★27
28	★29	30	31			

6月
日	月	火	水	木	金	土
				1	2	3 陰4.15
4	5	6	7	8	9	10
11	12	13	14	15	16	17
18 陰5.1	19	20	21	22	23	24
25	26	27	28	29	30	

7月
日	月	火	水	木	金	土
						1
2 陰5.15	3	4	5	6	7	8
9	10	11	12	13	14	15
16	17	18 陰6.1	19	20	21	22
23	24	25	26	27	28	29
30	31					

8月
日	月	火	水	木	金	土
		1 陰6.15	2	3	4	5
6	7	8	9	10	11	12
13	14	15	16 陰7.1	17	18	19
20	21	22	23	24	25	26
27	28	29	30 陰7.15	31		

9月
日	月	火	水	木	金	土
					1	2
3	4	5	6	7	8	9
10	11	12	13	14	15 陰8.1	16
17	18	19	20	21	22	23
24	25	26	27	28	★陰8.15 29	30

10月
日	月	火	水	木	金	土
1	2	3	4	5	6	7
8	9	10	11	12	13	14
15 陰9.1	16	17	18	19	20	21
22	23	24	25	26	27	28
29 陰9.15	30	31				

11月
日	月	火	水	木	金	土
			1	2	3	4
5	6	7	8	9	10	11
12	13 陰10.1	14	15	16	17	18
19	20	21	22	23	24	25
26	27 陰10.15	28	29	30		

12月
日	月	火	水	木	金	土
					1	2
3	4	5	6	7	8	9
10	11	12	13 陰11.1	14	15	16
17	18	19	20	21	22	23
24	25	26	27 陰11.15	28	29	30
31						

1. 二つの暦

　まずカレンダーを見て気づくのは、月に2,3日、通常の日付とは別に「음○.○」などと数字が小さく入っている。「음」とは、漢字の「陰」のことである。韓国では（太）陽暦と（太）陰暦、二つの暦を用いており、陽暦のカレンダーを基本としつつも、陰暦の日にちを小さく併記している場合が多い。例示したカレンダーは、陰暦を毎日併記すると見づらいので、1日・15日のみ併記しているタイプである。

　陽暦とは、地球が太陽のまわりを一回転する時間を1年とする暦で、1年が365日ある（4年に一度閏年）。現代日本でも陽暦を用いているように、世界共通の暦として大多数の国が採用している暦である。一方、陰暦とは、月の満ち欠けを基準とし、月が地球のまわりを一周する時間をひと月（約29.5日）とする計算方法である。ひと月は29日と30日を交互に置き、1年12か月を354日とした。そうすると、陽暦と1年で11日の差が出るので、おおよそ3年に1回、「閏月」というのを設けて、1年を13か月にして調整する。2023年はまさにその年で、図の小さい数字をよく見ると陰暦の「윤（閏）2.1」がカレンダーの2月20日と3月22日にあり、2月が2回あることが分かる。

　陰暦は古来中国で発明され、日本や朝鮮半島など東アジアの国々で用いられていたが、日本は明治初期の1873年に太陽暦を採用、朝鮮半島では当時国王だった高宗が朝鮮王朝時代末期にあたる1896年から導入した。その後、日本では太陽暦による生活が浸透し、現在では一部地域のお盆関連行事などを除いて、旧暦（陰暦）を使うシーンはほぼ見られなくなった。一方、朝鮮半島では陽暦採用後も、それ以前から存在した伝統的な行事は依然として陰暦で行われており、その名残りで現在の韓国でも、陽暦と陰暦を併用しているわけである。

　陰暦を使うのは、農業にまつわること、宗教（仏教）にまつわること、自然にまつわることが大半である。いずれも、太陽暦採用以前から朝鮮半島社会に存在したもので、季節による自然・天候変化の把握には陰暦が便利だったため継続したと思われる。よって、これから見る祝日も、陽暦の場合と陰暦の場合があるので、どの祝日がどちらの暦で祝うのか、注意する必要がある。さらに言うと、陰暦で祝う場合、毎年その日にあたる陽暦の日付が異なるので、陰暦の祝日がその年では陽暦の何日にあたるのか、毎年確認する必要があるのである。

　祝日ではないがより身近な例として、自分の誕生日を陰暦で言う人が少なからずいる。この場合も、陽暦基準で見ると誕生日が毎年変わる、ということになるので、知り合いの人が誕生日を陽暦で言っているのか陰暦で言っているのか、注意しなければならない。

２．祝日

　韓国では「官公署の公休日に関する規定」によって、日曜日と各種祝日を「法定公休日」として定めている。公休日はカレンダーに赤く表記するため、俗に「赤い日（パルガンナル：빨간날）」とも呼ばれる。以下、日曜日以外の公休日を種類ごとに整理する。

2-1）国慶日

　国家にとってめでたい日として１年の中で５日を制定している。ただし、②の制憲節のみは2023年現在、平日となっており、それ以外が公休日である。

①３・１節（３月１日）

　1919年３月１日、日本の植民地支配に反対すべく発生した独立運動を記念した日。

②制憲節（７月17日）

　大韓民国が樹立される1948年の７月17日に憲法が制定・公布されたことを記念した日。朝鮮王朝の建国日が７月17日であったことに由来するそうである。2008年に公休日から除外された。

③光復節（８月15日）

　1945年８月15日に日本の植民地支配から解放されたことを記念し、また1948年同日に大韓民国政府が樹立されたことをお祝いする日。

④開天節（10月３日）

　民族の始祖・檀君が古朝鮮という国を建てた日を記念したとも、あるいは檀君の父・桓雄が天から地に降りて来た日を記念したとも言われる。

⑤ハングルの日（10月９日）

　朝鮮王朝時代の1446年に朝鮮の固有文字「訓民正音」が公布されたことを記念した日。当時の記録には「陰暦９月上旬」と記されていたことから、上旬の最終日＝９月10日を陽暦に換算し、解放直後の1946年から記念行事を行っている。

　以上のように、国慶日は民族や国家の根幹に関わるアイデンティティを象徴する日

が指定されていることが分かる。上記の公休日は、各個人が何かをする、というよりも、政府や地方自治体において様々な記念イベントが行われる。

2-2）公休日（日曜、2-1、2-3、2-4以外）

国慶日を除いた公休日を1月から順番に紹介しよう。ちなみに、★は陰暦のため、毎年陽暦のカレンダー上で日にちが変わる。

①新正（1月1日）

陽暦の新年最初の日のことで、日本では元旦という。ただし、現代韓国では陰暦のお正月を盛大にお祝いするため、公休日も1日だけである。

②★正月（陰暦1月1日＋前後2日）　※第3章参照

新正という名称に対して旧正という言葉が使われた時代もあったが、現在では固有語のお正月という表現「ソルラル」が一般化しており、多くの人が故郷に帰省する。

③★お釈迦様がいらっしゃった日（陰暦4月8日）

お釈迦様の誕生日、つまりこの世に生を受けたことを記念した日。元々「釈迦誕辰日」という漢字語を用いていたが、仏教界からの強い要望により、2018年に「부처님오신날（＝お釈迦様いらっしゃった日）」という固有語に名称変更された。この日が近づいてくると、寺院境内はもちろん、街頭にもズラリと提灯が飾られお祝いムードが醸成される。

【写真1】提灯で飾られたお寺（江原道原州市・観音寺、2012年筆者撮影）

④子どもの日（5月5日）

　1920 年代に国際的に子どもの人権を尊重する、という流れがあったこともあり、奇しくも日本・韓国では現在同じ日が子供の日となっている。韓国の方は、植民地期の 1923 年に子供たちの民族精神を鼓舞するという名目で 5 月 1 日を子供の日としたのが始まりである。解放後、5 月 5 日と定められ、子どもの成長を願う様々なイベントが行われている。

⑤顕忠日（6月6日）

　国土防衛のために命を捧げた人々の忠誠心を記念する日。1956 年の制定当初は、1950 年から 3 年間続いた 625 戦争（朝鮮戦争）で犠牲になった国軍と一般市民が追悼対象であったが、これ以外にも日本からの独立のために命を落とした者、殉職した警察官や軍人なども含まれるようになった。

　6 月 6 日に制定された由来は、昔から二十四節気のうちの芒種（6 月 6 日）の時期に祭祀を行ったという風習に基づく説や、625 戦争が起こった 6 月に関連づけて追悼しようとの意図による説などがある。この日、大統領をはじめとする政府要人たちは国立墓地の国立ソウル顕忠院へ参拝し追悼を行い、全国民は 10 時に鳴るサイレンとともに 1 分間の黙とうを捧げる。

⑥★秋夕（陰暦 8 月 15 日＋前後 2 日）　※第 3 章参照

　陰暦の 8 月 15 日のことで、日本で言うと中秋の名月の日にあたる。伝統的に農耕社会であったため、春・夏の農業を終え、無事に収穫することができたことを神や先祖に感謝する日として、最も盛大な民俗的行事であった。現在においても、この期間には帰省したり先祖のお墓参りに行ったりする人が多い。

⑦クリスマス（12月25日）

　イエス・キリストの生誕を祝う日。大韓民国の初代大統領であった李承晩がキリスト教信者ということもあり、1949 年に「基督誕生日」という名で公休日に指定されたのが始まりである。また、1945 年から 1981 年にあった夜間通行禁止の制度下においても、クリスマスイブだけは解除されたという歴史があり、それだけクリスマスは政府によって特別扱いを受けていたことが分かる。

　以上、国慶日の 4 種と、一般公休日の 7 種（11 日間）の合わせて 11 種（15 日間）が毎年必ずある祝日ということになる。そのうち正月、お釈迦様がいらっしゃった日、

秋夕が陰暦である。

　その他、任期満了に伴う選挙をはじめ、必要に応じて政府が制定する日も法定公休日として休日にすることができる。2023 年には該当日がなかったが、2022 年には第 20 代大統領選挙日の 3 月 9 日と全国同時地方選挙日の 6 月 1 日が公休日となった。

2-3) 代替公休日

　代替公休日とは、公休日が土日や他の公休日と重なる場合、次に来る平日が休みになる、という制度である。ただし、公休日のうち、新正（1 月 1 日）と顕忠日（6 月 6 日）は例外である。2023 年の場合、お釈迦様の誕生日が陽暦で 5 月 27 日の土曜日になったため、次の平日＝ 5 月 29 日の月曜日が代替公休日となった。（お釈迦様の誕生日とクリスマスは 2023 年から適用）

2-4) 臨時公休日

　上記公休日の他に、政府が臨時で必要に応じて制定する日であり、国会の審議と議決を通して決定される。近年の事例だと、任期満了によらない第 19 代大統領選挙日（2017 年 5 月 9 日）や光復節記念と兼ねたコロナ禍長期化からの経済回復（2020 年 8 月 17 日）が臨時公休日に指定された。臨時公休日に指定されると公的機関は休日となるが、一般企業は休日にする義務がないため、会社によって対応が異なる。

　以上が韓国の祝日であるが、日本の祝日と比較すると、いくつかの特徴が浮かび上がってくるだろう。まず、様々な歴史的苦難を乗り越えて国家が成立したという背景があるため、国家や民族にとって重要な意味を持つ日にちが圧倒的に多い。逆に言うと、日本の「みどりの日」「海の日」「山の日」といった自然名を冠する祝日は存在しない。一方、宗教人口比率が高いキリスト教と仏教関連の祝日があるのも日本と対照的である。

　また、3 連休を作りやすくするため、祝日を日にちで固定にせず月曜日に持ってくる日本の「ハッピーマンデー」制度のようなものも存在しない。連休になるのは、確率的には日本の方が圧倒的に多いだろう。ただ、韓国では選挙日が必ず祝日になるという点は日本と異なる。

3．記念日

　よく、「韓国人は記念日が好き」という言葉を耳にする。韓国ドラマで、記念日の
お祝いやイベントをするシーンを見たことがある読者もいるだろう。実際、韓国には
どのような記念日があるのだろうか。

3-1）法定記念日
　公休日と同様、「各種記念日等に関する規定」によって定められている国家記念日
と個別の法律によって別途指定されている記念日があり、いずれも法定記念日という
ことになる。国家記念日に指定されると政府が主幹となって記念式や関連イベントを
行うこととなり予算が発生する。2023 年現在、国家記念日は 1 年で 53 種ある。その
他に指定されている法定記念日は 97 種である（ただし、公休日・国慶日・記念日間
で重複あり）。累計 150 日間もある記念日うち、韓国ならではの特徴を持つ日を中心
に日付順で整理する。

a. 独立を記念したもの
　韓国政府が樹立する以前は日本による植民地支配が数十年間続いたため、民族独立
までの過程にあった様々な出来事が法廷記念日として制定されている。

①大韓民国臨時政府樹立記念日（4 月 11 日）
　日本植民地期である 1919 年に起こった独立運動後に上海で樹立した大韓民国臨時
政府の意義を評価し記念する日。元々は 4 月 13 日であったが、2018 年に 4 月 11 日
に変更した。

②東学農民革命記念日（5 月 11 日）
　1894 年、腐敗した封建制度の改革（第 1 次蜂起）と、日本の侵略からの国権死守（第
2 次蜂起）を掲げて展開された農民中心の革命を記念した日。5 月 11 日（陰暦 4 月 7 日）
は、官軍との初戦闘において勝利を収めた日である。2018 年に文化体育観光部が全国
の地方自治体に記念日の公募を行い、全羅北道井邑市（東学農民革命記念財団所在地）
が提案したこの日が選定され、翌 2019 年の法改正により国家記念日として制定された。

③義兵の日（6 月 1 日）
　韓国・朝鮮の歴史においては他民族からの度重なる侵略があったが、国家の危機に

陥った際に自発的に立ち上がった義兵たちの精神を称えて制定された日。6月1日という日付は、文禄の役（1592-1593）の際に郭再祐という人物が兵を起こした日に由来する。

　ちなみに、6月は「護国報勲の月」に制定されており、国家のために亡くなった人の追悼や感謝をする関連行事が政府主導で行われる。

④6・10万歳運動記念日（6月10日）

　6月10日は、1926年、高宗の息子・純宗の葬儀の日であり、ソウルで学生たちが独立万歳運動を開始した日である。その後、万歳運動は全国に広がったという。高宗の死去をきっかけとして起こった3・1独立運動ほどの歴史的評価を得られていないとして、学界を中心に記念日化の動きがあり、2020年に法廷記念日となることが議決された。この日は、植民地支配へ抵抗した殉国先烈の独立精神と犠牲精神を称え継承するための各種イベントが行われる。

⑤6・25戦争日（6月25日）

　日本では「朝鮮戦争」として知られるが、韓国では6・25戦争、あるいは韓国戦争と呼ぶ。これは厳密には独立のための出来事ではないが、日本からの独立後、朝鮮半島に成立した二国家間の戦争であり、無関係とは言えないだろう。6月25日は1950年に北朝鮮が韓国へ総攻撃を開始した日であるが、この戦争が終わったものではなく、現在はあくまで休戦中であるという事実を想起し、国民の安保意識を高めるための行事を実施する。

⑥学生独立運動記念日（11月3日）

　11月3日は、1929年に光州において日本・朝鮮の学生たちの衝突に伴う休校令が出された日で、これが起因となって起こった学生独立運動に由来する記念日である。植民地期においてはこの日に限らず断続的に学生独立運動が行われており、こうした精神を継承・発展させ学生たちに自律力量と愛国心を涵養するため学校・教育機関を中心に関連行事を実施する。

⑦殉国先烈の日（11月17日）

　国権回復のために献身した殉国烈士の独立精神と犠牲精神を後世に伝え、烈士の遺訓を記念する行事を行う。1939年当時、上海に樹立された大韓民国臨時政府が殉国先烈協働記念日を制定したことに由来するが、11月17日とは、1905年に「第二次

日韓協約」が締結された日で、この屈辱を忘れない、という意思表示をするためだったという。

b. 民主化を記念したもの

　1948 年に大韓民国が成立して以降、1980 年代までは独裁・軍事政権が政権を握っており、韓国社会では断続的に民主化運動が展開されてきた。民主化の過程で起こった出来事と関連させて後の政権によって法廷記念日に制定された。

① 2・28 民主運動記念日（2 月 28 日）

　1960 年 3 月に行われる大統領選挙前、当時の李承晩政権の独裁と不正に抗うため大邱の高校生たちが主導した民主化運動。2018 年に記念日指定。

② 3．8 民主義挙記念日（3 月 8 日）

　①の民主化運動と同じ理由で、1960 年大田の学生たちが中心となって起こした民主的抵抗運動。2018 年に記念日指定。

③ 3.15 義挙記念日（3 月 15 日）

　1960 年 3 月 15 日に行われた選挙が不正だとして、馬山で大規模に起こったデモ。このデモでは死傷者も発生し、後に全国的デモに発展することとなった。2010 年記念日指定。

④ 4・3 犠牲者追悼日（4 月 3 日）

　1948 年 4 月 3 日、南側による単独選挙反対や米軍撤収などを主張する武装隊による武力蜂起を契機として、済州島で繰り広げられた武力抗争と鎮圧過程において犠牲となった島民たちを追悼する日。2014 年記念日指定。

⑤ 4.19 革命記念日（4 月 19 日）

　1960 年、①～③の李承晩独裁政権と不正選挙へのデモが各地で続く中、4 月 19 日、「李承晩政権下野と独裁政権打倒」を掲げて全国的なデモにつながっていった。さらなる死傷者が出るも、大学教授陣による宣言文や市民による抵抗により、4 月 26 日、李承晩は大統領職を辞するに至った。大韓民国政府樹立以来の長期政権を市民の力で終息させた歴史的転換点として評価され、1973 年に記念日指定（当初は「革命」ではなく「義挙」記念日）。

⑥ 5・18民主化運動記念日（5月18日）

1980年光州で発生した民主化運動を記念し民主化精神を継承すべく制定された日。当時、軍事クーデターによって政権を掌握した全斗煥（新軍部）に対するデモが全国的に行われていたが、5月18日は光州でデモ隊と軍部が武力衝突した日である。

⑦ 6・10民主抗争記念日（6月10日）

全斗煥政権に対する反独裁・民主化のために全国的に行われた民主抗争を記念する日。1987年6月9日に延世大学校でデモに参加した大学生が催涙弾を受け負傷したこと（翌月死亡）、10日には野党と在野の民主勢力が全国で同時多発的に大会を開いたこと、また同日、次期大統領が間接選挙制によって盧泰愚が選出されたことを受け、直接選挙制を求めたデモが全国で行われたことなどから、6・10を民主抗争の起点としている。

⑧釜馬民主抗争記念日（10月16日）

1979年10月16日から5日間、朴正熙大統領の独裁政権に反対するために釜山・馬山を中心に行われた民主化運動を記念する日。なお、10月26日に朴正熙は側近に暗殺されている。

上記は日付順に紹介したが、年代順に整理し直すと①〜⑤は李承晩政権(1949–60年)、⑧は朴正熙政権（1963–79）、⑥⑦は全斗煥政権(1980–88)への反対デモ・民主化運動であったということになる。以降、大統領直接選挙制と単任制（再任不可）が導入され現在まで続いている。こうした多くの国民の犠牲を経て、現在の民主化が実現されたということは記憶するべきであろう。

c. 5月は「家庭の月」＆「青少年の月」—— 身近な人に感謝しお祝いする日

5月は家族に関する記念日が目白押しであり、社会的にも身近な人に感謝する機会として浸透しているので、以下に紹介したい。

①勤労者の日（5月1日）

日本ではメーデーとして知られる日であるが、韓国では会社によっては有給休日にしてくれるなど活用度が高い。代表的なのは、保育園、病院、銀行などである。

②こどもの日（5月5日）

⇒公休日（2-2④）　参照

③父母の日（5月8日）

　元々、アメリカのマザーズデイ（5月第2日曜日）が基になって1956年から母の日となったと言われている。その後、父の日の制定が議論されるようになり、1973年からは父と母を合わせて「父母（어버이）の日」とした。この日は、父母や祖父母に感謝を込めてカーネーションを贈るなどする家庭が多い。

【写真2】胸元につける花（左）と贈り物の花（右、いずれも全羅南道宝城、2023年）
花を贈るだけではなく、直接胸につけて差し上げ、尊敬・感謝の念を示す。

④ひとり親家族の日（5月10日）

　元々、⑤の養子の日が5月11日に制定されていたが、「本来の家庭で養育するのが養子に出すより優先事項」「養子の活性化より、元の家族への保護政策や子育てできる社会を作るのが先決」という思いを込めて、前日の5月10日に制定されたという。「ひとり親家族支援法」によって2018年に記念日に制定された。この日は、ひとり親家庭に対する理解と関心を得るための各種イベント行う。

⑤養子の日（5月11日）

　従来、韓国社会では血縁主義が根強く、養子を海外に出さざるを得ない、あるいは国内でも秘密裏に養子を出さなければいけないような世相であった。こうした考え方を克服し、国内における健全な養子文化の定着と国内養子縁組の活性化を目的として、2005年「入養促進及び手続に関する特例法」の改正によって法廷記念日となった。1つの家庭に1人の児童を迎えて新しい家庭を作る、という意味で11日が養子の日となったそうだ。

⑥恩師の日（5月15日）

　日本語では「先生／教師の日」と訳す教科書や文献が多いが、韓国語の「스승」は「師範、師匠、恩師」という言葉の方が的確であり、本書では「恩師の日」と表現した。5月15日は、韓民族共通の恩師・世宗大王（ハングル創始などの功績を残した朝鮮王朝第4代国王）の誕生日である。この日、小中高では授業を短縮して先生に感謝する集会の時間を設けることが多い。生徒たちはカーネーションや感謝の手紙などを先生に渡す。大学は通常通り講義を行う場合もあるが、教授によっては休講にして、先生を囲んでの食事会を行う。ちなみに同日は、「家庭の日」でもある。

⑦夫婦の日（5月21日）

　健全な家族文化の定着と家族「解体」予防のために制定された記念日である。2人が1つになる、という意味で21日に制定された。

⑧失踪児童の日（5月25日）

　元々1983年にアメリカで制定された日であるが、これに賛同したカナダやヨーロッパが続き、韓国は2007年に法廷記念日と制定した。「世界失踪児童の日」として世界的には有名であり、韓国ではこの日の前後には特に失踪児童への社会的喚起や予防の重要性をキャンペーンとして行っている。

⑨成年の日（5月第3月曜日）

　現代韓国では、満19歳（数え年で20歳）で成年になると定められているが、この日に特別な儀式を行うことはほぼない（第6章1節参照）。成年になった子供に親がプレゼントや外食を準備したり、友人同士でお祝いしたりする程度である。交際相手がいる場合、男性は女性に20輪のバラの花を贈る。

　以上、韓国の記念日として特徴的な独立・民主・家庭に関連する記念日を紹介したが、その他にも様々な記念日がある。日本では祝日になっている海の日（5月31日）、体育・スポーツの日（10月15日）、文化の日（10月第3土曜日）などは韓国では記念日になっている。他の韓国ならでの記念日としては、テコンドーの日（9月4日）、キムチの日（11月22日）など文化継承に関するものがいくつか見られる。

3-2）一般記念日

　記念日は、国家だけが制定するものではない。会社や学校ごとに「創立・開校記念

日」が設けられているし、 夫婦であれば「結婚記念日」なども家庭で祝うかもしれ
ない。付き合っているカップルは、100日、200日……と100日単位で記念日を祝う。
街中では、決まった記念日近くになるとお店や屋台で花束を売っていたりして、気軽
に花とちょっとしたグッズをプレゼントする文化が根付いている。このように、事あ
るごとにお祝いする風潮がある韓国であるが、以下は韓国社会で共通して行われてい
る記念日について興味深いものを紹介したい。

a. 毎月14日は〇〇デー？

　日本でも、バレンタインデーやホワイトデーはよく知られているが、韓国でも同じ
である。少し違うのは、3月14日はバレンタインのお返しではなく、男性が女性に
告白する日、そしてクッキーではなくキャンディをプレゼントするということである。
2月14日は女性が男性にチョコをあげるのは一緒だが、「義理チョコ」のような義務
感はなく、異性・同性限らず、あげたい人に気軽にプレゼントしている雰囲気である。
　さらに、どういうわけかここから派生して毎月14日はカップル関連の記念日とな
った。2, 3月に結ばれたカップルが毎月イベントを過ごしながら、仲を深めていく、
という主旨のようであるが、いつ、誰が定めたかは不明な点も多い。現実的には、バ
レンタインがそうであったように、特殊業界が仕掛け人となり、イベント化すること
によって売り上げを伸ばそうとする商業主義的な側面が強い。実際に12か月のうち、
9か月のイベントが経済活動を伴うものである。業界の思惑と記念日好きな韓国人の
趣向が相まって定着したのだろうか。

【図2】毎月14日の記念日一覧

1月	ダイアリーデー	2月	バレンタインデー	3月	ホワイトデー
	恋人が互いに日記を贈る		女性が好きな人にチョコを贈る		男性が好きな人にキャンディを贈る
4月	ブラックデー	5月	ローズデー	6月	キスデー
	シングルの人が一緒に黒いもの食べる		恋人にバラを贈る		恋人がキスを交わす日
7月	シルバーデー	8月	グリーンデー	9月	フォトデー
	恋人にシルバーアクセサリーを贈る		恋人が一緒に森林浴をする		恋人が一緒に記念写真を撮る
10月	ワインデー	11月	ムービーデー	12月	ハグデー
	恋人が一緒にワインを飲む		恋人が一緒に映画を見る日		恋人が互いにハグする

　イベントの大半が恋人関連のものであるが、4月14日は例外である。2, 3月でカ
ップル成立しなかった独り身たちが集まり、黒い服を身にまとって黒いもの（ジャー
ジャー麺が多い、他にはコーヒーも）を食べたり飲んだりする日である。

b.11 月 11 日はペペロデー（빼빼로데이）

　日本でもポッキーの日として定着し始めているが、実は韓国で先に始まったようであり、定着度も高いように思う。この日は、ロッテのポッキー商品である「ペペロ」を友だちや恋人、家族など身の回りの人にプレゼントする。11 月 11 日あたりになるとあちこちで様々なプレゼント用のペペロや花束が売られているのを見かける。そもそもの由来は諸説あるが、とある女子高生が「ポッキーみたいにスリムになりますように」と願をかけて友達同士で贈り合ったことが始まりではないかと言われている。1990 年代以降、これをロッテが宣伝に利用したというわけである。

　祝日や記念日を調べてみると、韓国政府や韓国の人々が何を重視して 1 年を過ごしているのかがよく分かる。社会の変化によって価値観も変わるので、今後も変更があると思われるが、なぜ、その日が祝日・記念日となるのか、その都度背景を探ると韓国の歴史や社会についてより深く理解することができるであろう。

【日本語参考文献】
・金容権『韓国を知る事典』、東海大学出版会、2005 年。

【韓国語参考文献・サイト】
・『韓国民族文化大百科事典』韓国精神文化研究院、1991 年。
・韓国行政安全部「国慶日・国家記念日」　https://www.mois.go.kr

第5章 通過儀礼

通過儀礼とは一般に、人の一生の中で節目となる時点を通過する際に行われる儀礼を指す。この用語は、フランスの民俗学者であるアルノルト・ファン・ヘネップによる提唱が起源とされているが、韓国ではこうした儀礼が家族中心に行われることが多いことから、「家庭儀礼」とも呼ばれる。代表的な事例としては、トルヂャンチ（1歳の誕生祝い）、婚礼、葬礼、祭礼、長寿祝いなどが挙げられる。日本の場合だと、七五三や成人式もあるだろう。また、学校へ入る際の入学式や、就職後会社で行われる入社式なども通過儀礼と捉えることがある。

通過儀礼及び家庭儀礼の定義や範疇は学問分野によってもまちまちであり、かつこれを論じることは本稿の主旨ではないので、ここでは、人が産まれてから死ぬまで、（韓国において）どの社会集団に属していても必ず通る節目＝誕生、1歳の誕生日、長寿のお祝いに焦点を当てて見ていくこととする。なお、冠婚葬祭は次章で扱うことにする。

1．誕生

1-1）現代の出産風景

人は、いかなる場合も10か月前後の胎児期間を経て母体を通してこの世に産まれてくるが、出産方法についてはいくつか考えられる。代表的に自然分娩、無痛分娩、帝王切開などがあるが、韓国の場合、日本に比べて帝王切開が驚くほど多い。統計庁の調査によると、2010年代後半に帝王切開を選択した産婦が半数を超え、2020年に54％、2021年に59％と年々増加している。これは、高齢出産をする女性が増加していることが最大の要因であるが、それと相まって自然分娩への不安から事前に帝王切開を希望する産婦が一定数いるためとされている。

さらに、自然分娩を選択した場合でも、多くの産婦は無痛分娩を希望し行っているのも日本とは大きく異なる。例えば、ソウルのとある病院で2015年に行った調査によると、自然分娩のうち94％の産婦が無痛分娩だったことが明らかになった。日本ではよほど事情がない限り自然の流れで出産をしようとする風潮があるが（そもそも産婦側に選択肢がない）、韓国ではさほど抵抗なく、帝王切開や無痛分娩が好まれて

いることが分かる。産婦の意思が出産方法の決定に大きく作用しているのも興味深い。

1-2) 従来の自宅における自然分娩

しかし、これらの出産方法は医療技術が発達した近年の傾向であり、また出産場所も現在の病院よりは自宅などで行う場合が圧倒的に多かった。まさに、出産は神頼み、かつ命がけの行為であり、新たな生命の誕生という家庭内での神秘的な出来事であった。民間信仰では、安産とその後の子の成長を祈る対象として、母体と産児を守ってくれる産神/三神信仰が存在する。特に出産後、この神が21日間産室に留まり母子を見守るという信仰から、わかめスープ、ごはん、井戸水などをお供えした。

同時に、この期間は不浄を避けるために門前に白い韓紙と炭をぶら下げたしめ縄（금줄【禁縄】）を張って人の出入りを禁じたのだが、男児が生まれた場合は唐辛子、女児が産まれた場合は松の枝葉（地域によって多少異なる）を一緒に縄に結び付け外部者に赤子の誕生を知らせたという。唐辛子は赤が邪鬼を追い払う色であること、男性器を象徴していることから、松の枝葉は青が陰暦・貞節の象徴ということと、先が尖っているので不浄を防げることから、結び付けるようになったとされている。こうして、不特定多数の人が出入りすることによって病気を持ち込むことを避け、特に不吉なことがあった人や喪中の家に行って来た人などの立ち入りは固く禁じた。

【写真1】わかめスープ（미역국：民俗アーカイブ、国立民俗博物館）
　　　　韓国では牛肉を入れるのが基本だが、産婦に与える際には醤油とごま油で味付けのみする。

1-3) 産後処理

産婦が出産後安静にして体調管理を行うことを韓国では産後処理（산후조리）という。安静期間は21日間が理想とされており、これは現代でも変わらない。21日というのは、前述の産神/三神が産室に留まる期間と一致しており、元々は7日間を3回

反復する、ということで三七日（삼칠일）と呼ばれる。7日ごとに産神/三神にお供えをし、それを産婦が頂く。この名残から、現代でも産婦は21日間外出もせず家事もせず、固い物や辛い物は食べずにわかめスープを毎日飲むのが理想の産後処理とされている。わかめにはマグネシウムやヨウ素、カルシウム、食物繊維など豊富な栄養素が含まれており、母乳の出をよくするとともに血液を浄化しいち早く健康回復させる機能があるということで非常に重要視されている。出産を終えた親戚や友人にわかめを贈る人も少なくない。なお、自分の誕生日の朝には必ずと言って良いほどわかめスープを食べるのも韓国ならではの文化である。わかめスープを食べながら、命がけで自分を産んでくれた母親に感謝する、という意味が込められている。

2．トルヂャンチ（1歳のお祝い）

ひと昔前までは乳児の死亡率が高く、この時期を乗り越え無事に成長したことをお祝いする行事が、100日目と1年目に行われた。文献記録上では、朝鮮王朝時代からこの風習が一般的に行われていたことが分かっており、18世紀に描かれた風俗画にもしっかりと残されている。16世紀前後に実在した文臣の一生をモチーフにしたとされる「慕堂平生図」には、誕生から死去までの通過儀礼が八場面にわたって描かれているが、その最初の場面がトルヂャンチ（돌잔치）である。トルとは「周年」を表す固有語であり、ヂャンチは「祝宴」の意味である。

【写真2】金弘道「初度弧筵」（慕堂洪履祥公平生図、1781年。国立中央博物館）

この風景画を見ると瓦屋根の屋敷の一室で主人公である幼子がお祝い膳の前に座り、その周囲に家族が座っているのが分かる。膳に置かれているものから、トルヂャビ（後述）の一場面であることが想像できる。部屋が見える庭にも婦女子が集まっており、さらには門の外からもトルヂャンチの様子を窺っている見物人が描かれているのが面白い。このように、危険な乳児期を乗り越え、初めて一人の人間として披露される場がトルヂャンチであったのであり、現代においても親戚・友人・知人を招いて盛大にお祝いする三大ヂャンチの一つとなっている。

ちなみに、トルヂャンチに先立ち、出生後100日をお祝いする百日ヂャンチを行う家庭もある。これも、一昔前までは100日を無事に乗り越えたことがめでたいという認識から行われていたが、意味や内容などはトルヂャンチとほぼ同様なので、100日の時は簡略的に済ませるか、省略してトルヂャンチのみお祝いすることも多い。

2-1）会場

前掲の風景画にもあったように、元々は自宅で執り行うのが一般的であったが、現代ではホテルや専用会場で行うことが主流となった。親戚や友人だけではなく、職場の関係者や大学時代の先輩後輩など、たくさんの人を招待するので、まさに結婚式の披露宴のような雰囲気で盛大に行われる。主人公と両親が式場に入場しいわゆる高砂のような席に座り、招待客たちと一緒に食事しながら主人公の1歳の誕生日をお祝いする。

一方、コロナ禍を前後して「セルフトルヂャンチ」と呼ばれる形態が定着してきていることにも注目である。盛大に会場でお祝いをするのではなく、近しい家族や友人だけで自宅でお祝いするスタイルが好まれるようになってきているのである。トルヂャンチに必要なお祝い膳や必要キット一式はインターネットでも簡単に注文できるようになってきており、準備も手軽でセルフで行うハードルが格段に下がってきている。

2-2）トロッ・トルビム（トルの際に着る晴れ着）

主人公の服装はトルオッ・トルビム（돌옷・돌빔）という特別な民族衣装である。オッ、ビムはいずれも「服」という意味の固有語である。男児と女児で色合いは異なるがチョゴリと呼ばれる上衣に男児はズボン（バヂ）、女児はスカート（チマ）を履き、腰にまわし帯、頭には帽子を被る。帽子やまわし帯には長寿や幸福を願う刺繍文字を縫ったりした。チョゴリは男女ともにセクトンというカラフルな縞模様を袖に入れる。セクトンは明るい色合いの晴れ着という意味合いと、悪いものを寄せ付けないという邪鬼の意味合いがあると言われている。

【写真3】女児のセクトンチョゴリ（색동저고리：国立民俗博物館、2009 年）

　他にも、近年ではタキシードやドレスなど洋装でお色直しをする子供もいる。まさに結婚式のお披露目のようである。また、両親も一緒に子供と合わせた洋装や民族衣装を着ることがほとんどである。参加者は特に決まったドレスコードはなく、カジュアルな服装で参列できる。

2-3）トルサン（お誕生日の祝い膳）

　トルサン（돌상）のサンは「床」という漢字で、「膳」の意味合いとなる。膳にはおめでたいとされる様々な料理・食材が並べられる。白飯とわかめスープ、各種焼物や果物、そうめん、お餅類が代表的である。特に、お餅には特別な意味が込められている。長寿と貞潔を願ったペクソルギ（백설기）という白い蒸し餅、赤で邪鬼を追い払う小豆のきび餅（수수팥떡）、中身のある子に育つようにと願ったソンピョン（송편）などが挙げられる。お餅は、参加者や近所の人に配って福を分け与える意味もあった。

【写真4】トルサン（民俗アーカイブ、1987 年。国立民俗博物館　）

2-4) トルヂャビ（選び取り）

恐らくトルヂャビ（돌잡이）がメインイベントであろう。ヂャビとは「つかみ」という意味で、赤ちゃんの目の前にたくさんのものを置き、赤ちゃんが何をつかむかによってその子の将来を占う行事である。【図1】は、トルヂャンチが定着した朝鮮王朝時代に主に置かれていたものである。

【図1】従来、トルヂャビで置かれていたもの

男児	女児	共通
紙・筆・本・墨 弓矢 馬牌	ハサミ・布・針・ものさし 包丁	米・お金 糸・そうめん ナツメ

　まず、男児の本や筆といった筆記用具類をつかむと、学問に秀でた文人になり、弓矢をつかむと勇敢な武人になるという意味があった。馬牌（마패）というのは、官吏が地方で馬を徴発する際に用いられた印籠のようなもので、公職や立身出世を意味するものである。一方、女児の場合は裁縫道具をつかめば器用な女性に、包丁をつかめば料理上手な女性になるというもので、良妻賢母が女性の理想とされていたことが分かる。共通のものとして、お金はそのままお金持ちになるという意味であるが、当時は農家が大半であったため、米もたくさん収穫できればお金持ちになれると解釈された。また、食べることに困らないという意味もあるであろう。糸やそうめんは白く細長いことから、健康に末永く生きることができるという長寿の意味を持っていた。ナツメは多産の象徴である。

　しかし、時代の変遷とともに、職業などにも多様性が見られるようになったし、女性も母・妻以外の社会的役割を獲得するようになってきた。都市工業化以降、上記以外にも、様々なものが置かれるようになってきている。近年、セルフヂャンチで用意できる基本のトルヂャビセットの中身を見てみよう。

【写真 5】トルヂャビセット（2021 年筆者撮影）
右下にある丸いものが馬牌

　ガベル（裁判で用いる木槌）、聴診器、サッカーボール、マイクが追加されていることが分かる。これは職業に直結する物なので、これらをつかむとどんな職業になるかは想像がつくであろう。公務員・教員の他に弁護士や検事、医者といった専門職、あるいはスポーツ選手や芸能人などのようなスターが韓国社会において人気があることが見事に反映されている。他にも親が置きたいものを自由に置くことができ、マウス、パスポート、飛行機のおもちゃ、電卓、金メダル、パレットなど実に多様になってきている。つまり、トルヂャビが将来本当にその子がつかんだものの通りになるかどうかと言うことよりも、親が子供にどんな職業について欲しいかということを強く反映したイベントであるということができる。置かれるものを世代ごとに調査すると、社会世相が反映されていて面白いかもしれない。

2-5）プレゼント

　参列客は、御馳走やお餅を受け取ったお返しを準備することになるが、現金や衣服といった日本でも考えられるプレゼントから、金の指輪や銀のスプーンなどといった一風変わったものも贈られる。純金は、韓国に贈られるプレゼントとしてはさほど珍しくなく、将来食べるのに困った時に換金するためといった現実主義的な意味がある。

column

新語：スプーン階級論と金のスプーン

　「スプーン階級論（수저계급론：直訳すると匙と箸階級論）」は 2015 年頃に登場した新語で、主にネットで使用される言葉である。裕福な家庭に生まれた子供は「金のス

プーン（匙と箸）」を最初から持っており、個人の能力ではなく両親の力や富によって良い環境で人生を過ごすことができるという意味である。反対に、家庭環境が芳しくない子供は「泥のスプーン」と揶揄されるようになった。その間には、「銀のスプーン」「銅のスプーン」もある。生まれながらにして階級が決まってしまっているというシビア、かつ絶望的な概念である。よってトルヂャンチでも、銀のスプーンより金のスプーンをプレゼントしようとする傾向があることがプレゼントサイトを閲覧していても分かるほどである。

3．長寿のお祝い

　人生も佳境に差し掛かり、無事にここまで健康に長生きできたことを祝うものとして、60歳の還暦がある。現在のように平均寿命がさほど高くなかった時代において、60歳まで生き長らえるというのは非常に喜ばしいことであった。参考までに、朝鮮王朝時代の歴代27人の王の平均寿命は46歳で60歳を超えたのはわずか6人であったし、一般庶民の平均寿命はさらに10歳ほど若かったとも言われている。

　また、60年には他にも特別な意味がある。元々、古代中国で発祥した時間や方位の順序を表す暦として、十干（甲、乙、丙……）と十二支（子、丑、寅……）を組み合わせた（六十）干支があるが、産まれてから、この干支が1周するのが60年後ということになるので、暦が還る→還暦となったのである。韓国語では、最初の「甲」に還る、という意味で「還甲（환갑）」あるいは「回甲（회갑）」と呼ぶ。

　還暦には、子孫たちが親戚や友人・知人を招待して当人の誕生日を盛大に祝った。現代でも、還甲ヂャンチはトルヂャンチ、結婚式と合わせて三大ヂャンチと言われている。

3-1）歴史的由来

　元々は中国の明の習慣が由来で、高麗末期から李朝初期に朝鮮半島でも始まったとされている。還暦を祝うことは、儒教の「孝」を人々に可視化する行為で、子や孫たちが盛大な祝宴を開くことが親孝行であるとされた。1692年の『朝鮮王朝実録』には、「来年は慈懿大妃の回甲の年となります。民間の卑賤な百姓も父母の回甲になるとお酒を造り食べ物を準備し、親戚を集めてお祝いするのに、人情の面からやらないわけにはいかないのです。」とある。当時既に庶民から王室まで、親のために長寿のお祝

いを盛大にすることが普遍化していたことが垣間見える記録である。

3-2）フェガプサン（회갑상：還暦のお祝い膳）

　還暦を迎える主人公の前に出されるお祝い膳は、高く積めば積むほど、孝行心を表しているとして重要視された。高く積み上げた様々な食べ物は、参列者や近隣の人に分けて一緒に食べた。並べられる食べ物は、季節の食材を中心に、めでたいとされるものが出される。まず、果物は桃やリンゴといった生ものから、ナツメ・くるみ・栗といった乾果が種類ごとに高く積み上げられる。また体に良いとされる薬果や強精といったお菓子類、多種多様なお餅も欠かせない。「ポ（포：脯）」と呼ばれる肉や魚の干物は、半永久的な保存食であることから、「永続」を表す縁起物として出された。食事類としては、「ジョク（적：炙）」と言われる魚や肉を串刺しにした料理や、「ヂョン（전：煎）」と言われる焼き物（日本ではチヂミとして知られる）も代表的なメニューである。

【写真6】回甲床（民俗アーカイブ、国立民俗博物館展示物）

3-3）当日の基本的な流れ

　長寿のお祝いも三大ヂャンチと言われているので、やはり私たちから見ると結婚式のように豪華なお祝いの場のように感じられる。ただし、規模は主催者である子や孫たちの経済状況などにも左右されるので、知人や職場関係の人など幅広く招待する場合から、近親者のみが集まって執り行われる場合もあり様々である。

　会場の真ん中中央に主人公夫妻が座る高砂が用意され、そこに様々な料理を並べる。還暦を迎える者の父母が健在している場合は、一緒に横に並ぶか別途お膳を設置し、まずは父母に還暦を迎える夫婦がお酒を注ぎクンヂョル（第9章1節で詳述）を行う。

その後、主人公夫婦が席につき、長男、次男……長女、次女と年齢・男女の順に夫婦で挨拶をする。ご挨拶に行く際、歌や踊りをするなどして主人公を楽しませる。

　しかしながら、1997年のIMF通貨危機以降、都市部を中心に盛大なヂャンチを行わずに、ビュッフェスタイルのレストランなどで親族を中心に集まり食事をしながらお祝いする形式に変わってきたという。加えて、近年は平均寿命が年々高くなり、60歳は容易に超えられる年齢になってきた。よってヂャンチを行うにしても70歳の古希や80歳の傘寿に行う家庭が増えてきた傾向にある。60，70，80歳の節目でヂャンチを開かない場合でも、子ども・孫たちは親孝行も兼ねて家族旅行や普段行けないような高級レストランでの食事をプレゼントし一緒にお祝いすることが多い。

　本章で扱った通過儀礼のうち、出産や幼児の成長については、予測不能な未来であることから平安・健康を祈る信仰的な側面による儀式や慣習が際立っていたのに対し、長寿のお祝いは年長者へのおもてなしということで儒教的側面が際立っていた。いずれにせよ、人間の人生過程で家族など周囲の人が節々でお祝いするために集まる、という文化が現代にも継承されている。

【日本語参考文献】
・韓東亀編著『韓国の冠婚葬祭：民俗学上よりみた今と昔』国書刊行会、1973年。
・金花子「韓国の人生儀礼」、片茂永『韓国の社会と文化』岩田書店、2010年。
・成話会　編『目でみる韓国の産礼・婚礼・還暦・祭礼』国書刊行会、1987年。
・若松實編著『韓国の冠婚葬祭』高麗書林、1982年。

【韓国語参考文献・サイト】
・国史編纂委員会　編著『韓国文化史9：服装と装いの変遷』東亜出版、2006年。
・国立民俗博物館　『韓国人生儀礼事典』2014年。
・「妊産婦94%、苦痛ない'無痛分娩'好む」『韓国日報』2016年11月28日。
　https://www.hankookilbo.com/News/Read/201611282012326879
・「慕堂洪履祥公平生図」国立中央博物館　所蔵。
　https://www.museum.go.kr/site/main/relic/search/view?relicId=1442
・国立民俗博物館「民俗アーカイブ」　　https://www.nfm.go.kr/paju/archive/search

第6章 冠婚葬祭

冠婚葬祭という用語は、元々古代中国の礼に関する書物『礼記』に初出されたものであり、儒教思想の影響を強く受けた儀礼を指している。具体的には四文字それぞれが、冠礼・婚礼・葬礼・祭礼を表す。これらの儀礼は、前章で見た通過儀礼という用語が近代になって西洋から朝鮮にも流入すると、通過儀礼の一部として扱われるようになった。よって両用語の使い分けが曖昧な場合が多い。

しかし、朝鮮半島の冠婚葬祭は高麗末期に流入した『朱子家礼』が由来となっており、その後「礼」に基づいた厳格な取り決めがなされたという大きな特徴・共通点がある。よって本章では朝鮮王朝時代に確立した「四礼」である冠婚葬祭について、その由来と形式を追っていきたい。

一方で、近代以降、従来の厳密な儀礼形式の簡略化が進み、現代においても年単位で劇的に変化を続ける文化、という側面も併せ持つ。現在は、儀礼に参加する家族の形態や家族観、儀礼の社会的意義が目まぐるしく変わる過渡期にあると言えるだろう。そこで、伝統的な儀礼を紹介しつつも、近年の冠婚葬祭の変容についても極力言及するようにしたい。

1. 冠礼

毎年5月の第3月曜日、韓国では「成年の日」に指定されている。これは、高麗時代の965年に王が世子（跡継ぎ）に元服を授けた「成年礼」が由来とされている。これが王室における儒教的冠礼の始まりであるが、高麗末期に『朱子家礼』が持ち込まれて以降、徐々に制度として整備されていった。成年礼は、朝鮮王朝時代には中流階級以上の家庭では一般的に行われる儀礼となっていた。ただ、王朝末期の20世紀前後より徐々に慣習として薄れていき、現代社会で行われることはほぼない。冠婚葬祭のうち、最も早くに衰退してしまった儀礼と見ることができる。実際に、現代の成年の日は日本のように祝日でもなければ、自治体が一律に執り行う「成人式」のような行事もない。

1-1）朝鮮王朝時代の成年礼

　まず、現代でも伝統成年礼として再現されている朝鮮王朝時代の成年礼について見てみたい。男子の場合は髷を結って冠を被る冠礼、女子の場合は髪を結って巻き上げかんざしを挿す笄礼を行うのだが、成人に相応しい服に着替えることによって、外見的に一人前の大人になったことを示す儀式であった。特に男子の場合は冠礼が子供と成人の厳格な区別基準になっており、冠礼を終えてようやく成人社会の一員として権利や責任を付与されることになった。

　朝鮮王朝初の法典である『経国大典』には、冠礼は中国の『朱子家礼』に倣うよう定められていた。男子は 15－20 歳の間に、女子は 15 歳までに行うよう規定されていたが、時代が下れば下るほど、成年礼の年齢も若年化し、男子の場合は 10 歳前後で行っていたとも言われている。これは婚礼と密接な関係がある。婚礼も一人前の大人と認められる儀式という側面があったため、婚礼が決まった段階でその 1 か月前くらいに冠礼を、女子の場合は、婚礼の当日に簡略的に笄礼を行うようになったのである。つまり、時代が下るとともに冠礼が婚礼に吸収される形となり、機能的役割を失っていったと捉えられる。

【図 1】冠礼・笄礼の流れ

手順		冠礼（男子）	笄礼（女子）
事前	日取り	占いにより吉日を選ぶ、3 日前に祠堂（先祖）へ報告	
	戒賓の選定	父兄の親友（徳望・学識有る者）	徳望・礼儀に明るい女性
当日	①三加礼	三度、冠と衣服を替える	かんざしを挿し、服を着替える
	②醮礼	戒賓に注いでもらった酒を地に数滴垂らした後、自身も口に含む	
	③「字」の授与	戒賓が通称である字を授ける 父と師を除き、周囲は本名ではなく字で呼ぶのがしきたり	
	④祠堂参拝	御先祖にご報告、近隣の年配者にも挨拶して回る	

　冠礼の場合は祖父や父が、笄礼の場合は母親が中心となって取り仕切った。戒賓は父母に近しい社会的に信頼のある人物から選ばれ、実際の成年礼を執り行う重要な役割を担う。当日の三加礼は父母や戒賓の助けを受けながら三度着替える複雑な手順がある。全体の流れを見ると、成年礼は大人になるための自身の覚悟を表明する他に、成人になることを亡くなった先祖や生きている年配者に報告し「大人」の仲間入りをするという意味合いも大きかったことが分かる。また、成人の証として、飲酒をすることになるがその作法を戒賓から学ぶ、という意義もある。

　しかしながら、朝鮮王朝末期にあたる 1894、95 年に国王の高宗が実施した甲午・乙巳改革によって、科挙制度・身分制度の廃止、断髪令、早婚の禁止などが行われた

ことにより、髷を結うこと、衣服制度を厳守することなどの重要性が徐々に薄れてい
くことになった。成年礼の衰退の最大要因を断髪令に見る研究者は多い。以降、成年
の礼の儀礼的意義も失われることになったが、植民地期に入るとその傾向はより大き
くなった。1934年に朝鮮総督府が発布した「儀礼準則」には、冠婚葬祭のうち婚葬
祭のみが儀礼として規定され、冠礼は正式な儀礼から除外されてしまったのである。

1−2)「成年の日」の変遷

　解放後、韓国政府は1973年に4月20日を「成年の日」として記念日指定し記念
行事を執り行ったが、1975年からは5月が「青少年の月」であることから5月6日
に変更された。さらに、1984年9月には5月の第3月曜日に変更になり、現在に至
っている。儀礼制度上では、1999年に「健全家庭儀礼準則」の中で成年式も規定され、
儀礼としての地位を65年振りに回復した。また、現在成年の年齢は民法で満19歳
(2013〜)と規定されているので、この年に満19歳になる若者が、5月の成年の日の
対象となっている。つまり、高校を卒業して、大半が大学1年生にあたる5月に経
験するイベントである。この日は、大学や職場などの各機関で記念イベントを行う、
とされているが社会的に浸透しているとは言い難い。ただ、一部の自治体や成均館大
学校などでは朝鮮王朝時代の成年礼を再現した記念行事が執り行われている。

1−3) 自治体や成均館大学校における成年礼の再現行事

　上記のような成年礼は社会の変化とともに実施されることはなくなったが、一部の
自治体や朝鮮王朝時代に国立高等教育機関として設立された成均館大学校では、伝統
行事の再現の一環で成年礼のイベントを行っている。例えば、ソウル特別市では「成
年の日」制定以降、毎年記念行事を開催しているが、近年は伝統成年礼の様子を動画
サイトでライブ配信している。2022年に行われた第50回の伝統成年礼の再現行事で
は、事前に男女50名を募集するとともに、成年となるアイドルグループのメンバー
数名が代表として参加した。限られた時間で成年男女が一斉に戒賓の介助によって成
年礼を行うので、一連の手順である三加礼・醮礼・字の授与が簡略的に実施される。
　このように、現代韓国の成年式は対象者を全員記念行事に招待するという形式では
なく、希望する者が任意で参加することができるイベント的な性格として実施されて
おり、伝統成年礼も伝統文化体験の一環として継承されているということができる。

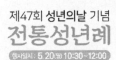

1-4)「成年の日」の一般的な過ごし方

　大半の成年者は、儀式的なお祝いに参加するのではなく、家族や友人・恋人など、身近な人と成年になったことをお祝いする。一緒に食事をしたり、花やプレゼントを贈ったりする場合が多い。花は、情熱・愛などの花言葉を持つ赤いバラを贈るのがお決まりになっており、プレゼントとしては香水が圧倒的に多い。由来は定かではないが、香水を使える大人になったという証、他の人にいい香りとして記憶に残るような大人になってほしいという望みから、などの説がある。

2. 婚礼

　婚礼も西欧文化が流入した近代以降、大きな変容が見られた儀礼である。しかし、現代の画一的な結婚式形態への否定的意見もあり、現在まで刻々と変化し続けている。現代に見られる結婚式形態について、時代背景を追いながら整理する。

2-1）婚礼儀式の変遷

　現在、「伝統婚礼」として行われているのは、朝鮮王朝時代の儒教式婚礼である。前述の『朱子家礼』のほか、朝鮮王朝時代に様々な儀礼書に基づいて行われていた。王室や両班階級から常民階級まで、費用面などで差はあったものの、総じて社会全体が同様の婚礼形態であった。

　ところが、朝鮮王朝後期にキリスト教が流入することによって、西欧式の結婚式を挙げる人々が登場するようになる。新聞記事で確認できる最初の事例は1890年で、ソウルの礼拝堂でキリスト教式によって行われたが、服装は古来の朝鮮式の礼服であったという。以降、男性は式に合わせて洋装が定着していったが、女性は韓服にベール・ブーケなどの姿で臨んでいたことも結婚写真から分かっている。これは女性より男性の方が早く洋装化が進んでいたためで、この過渡期の装いについては次章を参照していただきたい。

【写真2】植民地期の「新式婚礼」（朝鮮写真絵はがき、国際日本文化研究センター、山本俊介氏所蔵）
年代は不明であるがベールのかぶり方から推測すると1920年代頃と思われる。

　植民地期の1934年には朝鮮総督府から「儀礼準則」が出され、経費をかけない簡略化された婚礼が行われたり、合同結婚式が行われたりするようにもなった。また、場所は従来新郎・新婦の家で行われていたが、当時増加していた礼拝堂や教会、あるいは寺院や神社でも行えるようにし、婚礼形式に合わせて洋装・朝鮮服・和服を着用するよう規定した。

　解放後、1950年代には専用式場なども出現しウェディングドレスも普及していたが、式場で挙式を行った後、従来自宅で行っていた婚礼儀式を行うという「二重儀式」が批判されることもあった。そこで1960年代に登場したのが、折衷結婚式である。専用式場において西欧式で挙式を行った後、新婦が新郎の父母や親戚に挨拶する従来の「幣帛（폐백）」を別室にて行うというものであった。一日で、かつ同じ場所で全ての工程を終えることができるということで人気を博し、現在までスタンダードな婚礼形態として定着している。

　一方、韓国政府は1969年に朝鮮総統府の「儀礼準則」も参照し「家庭儀礼準則」を公布した。婚約から新婚旅行まで、合理化・経費節約が念頭に置かれ厳格に規定された。その後、1973年に改訂、1994年に「家庭儀礼に関する法律」が制定され、現在に至っている。1973年に改訂された際には、招待状の配布禁止や婚約式の禁止、当日の祝辞朗読や披露宴も禁止されるなど、制限が非常に多かったが、これを一般社会が文字通り遵守しているわけではなかった。他方で、婚礼業界が活性化し、結婚式の産業化・画一化が進んでいった。

　そんな折に登場したのが、「伝統婚礼」の復活である。1982年に韓国文化財保護協会（現：韓国文化財財団）がソウルの「韓国の家」で従来の儒教式に基づいて婚礼を実施したところ、注目を集め、その後定着した。ただし、ここで注意したいのは、朝

鮮王朝時代に行われていた形態をそのまま実施したのではなく、場所も新婦家ではなく専用会場で行い、前後の行事も省略され、当日の「核心」部分のみ「再現」された形であるということである。複数の研究者は、従来の婚礼と1980年代以降復活した婚礼を区別するために、前者を「旧式婚礼」「在来式婚礼」、後者を「伝統式婚礼」と名称も意識的に変えている。こうした点は、前節の成年式の再現とよく似た構造ということができる。

　他にも、信仰宗教がある場合は、教会や聖堂、寺院で行う人もいる。

2-2）現代行われている代表的な婚礼形態

　現代の結婚式の形態としては、信者であるか否かにかかわらず、西欧式で行う新郎新婦が最も高い比率を占めており、伝統式婚礼については1-2割にとどまっている。挙式はいずれかの方法で行うことが多いので、まずこの2つの挙式スタイルについて詳しく見ていきたい。

〇挙式
a. 西欧式ウェディング

　韓国ではキリスト教信者が3割以上いるため、信者はほとんどの場合、西欧式ウェディングを選択する。挙式場については、カトリック教信者の場合は教区の聖堂で行い、プロテスタント信者の場合、教会などで挙げるのが一般的である。その他にも専用式場があるので、信者ではない新郎新婦も自由に挙げることができる。

①挙式開始前

　韓国の結婚式は、基本招待制ではなく、自由に参加できるスタイルであるため、参列者はまず会場に着いたら受付で記名をしてからご祝儀を渡し、食券をもらう（後述）。その後、新婦の関係者は新婦待機室に向かう。新婦は挙式が始まる前まで新婦待機室におり、参列客が来たらそこで出迎えて挨拶を交わし記念写真を撮る。一方、新郎は受付近くでお客様をお迎えするので、自由に立ち話などをすることができる。挨拶が終わったら、参列客は会場に入り、開始を待つ。席は自由である。

②新郎新婦の母入場

　韓国の挙式で面白い点は、式開始の合図として、まず新郎新婦の母が手をつないで一緒に入場をすることである。新郎新婦の母は韓服を着ることが大半で、新郎母が青や緑などの寒色系の衣装を身に付け、新婦母は暖色系である赤やピンクの衣装を着る

のが慣例であるので、ひと目見てどちらが新郎新婦の母が分かるのと、手をつないで入ってくるので、両家の親密さをアピールするような演出効果がある。入場後2人の母は蝋燭に火を灯し開始を告げる。

③新郎新婦の入場

新郎は1人で入場する。そして式場の最前列に立ち新婦の到着を待つ。新婦は新婦の父と腕を組んで入場する。そして前まで進むと、新婦父は新郎に新婦を引き渡す。

④婚姻の誓い

新郎新婦の正面には、信者の場合神父か牧師、そうではない場合は主礼（주례）が見届け人として挙式の進行を担う。主礼は韓国独特の存在とも言えるが、一般的には新郎側の恩師や上司で、社会的にも人徳のある既婚者を事前に選定し、新郎新婦が依頼をする。主礼は婚姻の誓いを読み上げ成約宣言をし、新郎新婦は指輪の交換などを行う。続いて、主礼が祝辞を述べる。

⑤友人等からのお祝い・余興など

余興等は日本においては披露宴でやるのが普通であるが、韓国の場合挙式の中で行う。これは新郎新婦の意向に沿って色々なパターンがあるが、まず1つは新郎自身が歌を歌ったり力自慢をするイベントがある。力自慢として司会者に促されるままに新婦をお姫様抱っこしたり、おんぶしたままスクワットをしたり、一生支えていくという決意の証として、様々な「力」を見せてくれる。参列客から笑いが起こる楽しい時間である。他には、新郎新婦の友人が歌を歌ったり、ダンスをしたりすることもある。あるいは新郎新婦の出会いや、これまでの軌跡についてスライドショーで見せてくれる場合もある。

⑥記念写真撮影とブーケトス

公式的なスケジュールはここまでで終わりである。この後、新郎新婦と両親、家族、親戚、友人知人の順番で団体記念写真を撮影する。大概、友人知人との記念撮影の際にブーケトスが行われる。これも日本と違うことであるが、韓国の場合は誰がブーケをもらうか事前に決めておいて、受け取る女性が1人だけ前に出て、その1人に向けて新婦がトスするのが一般的である。これはブーケをもらってから6ヶ月以内に結婚しなければしばらくお嫁に行くことができないというジンクスのためである。お嫁に行けなくなることを心配しないように、既に結婚が決まっている友人にブーケを渡すのである。

【写真3】西欧式ウェディング（左：2015年　右：2006年、ソウルにて筆者撮影）

左：手をつないで入場する両家母、右：お姫様抱っこ＆スクワットする新郎、後ろは主礼

　ここまであっという間に挙式が終わってしまう。おそらく30分かかるかかからないか位であろう。結婚式場に行くと1日に何カップルもの予定が書かれており、30分ごとに入れ替えが起こるのでとても目まぐるしい結婚式で、「挙式工場」と揶揄されてしまう所以となっている。

b. 伝統式婚礼

　現在一般的に行われている在来式婚礼の再現、つまり伝統式婚礼について見ておきたい。ただし、在来式とどういった違いがあるのか、についてもできる限り言及する。伝統式婚礼は、伝統家屋など設備が整った場所で行う必要があることもあり、式場も西洋式会場ほど多くない。元々は新婦の家の庭で行い、その後新郎家に向かうのであるが、式場内で挙式場が新婦の家、幣帛室が新郎の家、と仮定して進行される。服装は、朝鮮王朝時代の王室における衣装が基になっている。伝統式婚礼の手順などは各会場が特別化を図るために様々な設定・オプションを用意しているが、ここでは筆者自身が体験したロッテワールド内の民俗館が執り行っている婚礼を紹介する。民俗館はソウルでほぼ唯一の室内挙式場であるが、伝統式婚礼は野外で実施する会場がほとんどである。

①挙式開始前、両家両親・新婦入場

　挙式開始前の新郎新婦の動きは西欧式と同一である。両家両親は既に入場しており、両家の母が華燭に火を灯すのが開始の合図である。新婦の母及び新婦は部屋の中に入る。

②奠雁礼

　新郎が一対の雁を持った友人と一緒に新婦の家に行き、新婦の母に捧げる儀式であ

る。昔は生きた雁を使用していたが、現在は木製の雁を使用する。雁が象徴するもの
は、愛の約束を一度すると、相手と離れ離れになっても１匹で過ごすことから永遠の
愛を守ると言われ、夫婦円満を祈るためである。新郎は、在来式では馬に乗ってやっ
てきたようであるが、現在では輿に担がれて入場する。部屋の前で輿から降り、新婦
側の男性親族に迎えられて、新婦の待つ部屋の前に行き、新婦の母に雁を捧げる。そ
の後、新婦が部屋から出てきて初対面し、順に庭へ移動する。

③醮礼（交拝礼・合巹礼）

　新婦家の庭に醮礼床（大礼床）を設置し行う。醮礼床には、燭台、花瓶、栗、なつ
め、酒、米、餅、雁などを置く。手を清めるために少量の水が入ったたらいを新郎新
婦両サイドに準備する。新郎新婦は水で手を清めた後、交拝礼を行う。まず新婦が２
回ヂョル（第９章１節で詳述）をすると、新郎が１度ヂョルを返す。次に、合巹礼
に移り、２つに割ったひょうたんを杯にして交互にお酒を飲み交わし、夫婦円満を誓う。

④新郎新婦の挨拶

　２人が両家両親の前まで行き、ヂョルを同時に行う。

⑤成婚宣言

　新郎新婦は舞台の中央にいる主礼の前に戻り、主礼が成婚宣言を行う。西欧式の場
合、新郎新婦の知人に主礼を依頼するが、伝統式婚礼の場合は、式順を熟知している
専門家が執り行う。主礼もそうであるが、醮礼床の設置や介添人なども全て式場側が
手配する。

⑥祝歌・祝辞

　西欧式ウェディング同様、ここで新郎新婦の意向に沿ったオリジナルの内容を入れ
ることができる。と言っても、友人による余興や新郎新婦の上司・恩師による祝辞、
伝統楽器演奏などのいずれかである。

⑦記念写真撮影

　こちらの手順も西欧式と同様で、両親、家族、親戚、友人知人の順番で団体記念写
真を撮影する。ブーケトスはあまり見られないが、希望すれば、新婦が手隠しに用い
た汗衫を投げることがある。

⑧新郎新婦退場

　在来式では、新郎が最初に新婦家に入ってきた際に参列客が灰を投げる風習があった。これは厄除けの意味を持っていたという。しかし現代では、退場の際に、新郎新婦に向けて、食べ物に困らず末永く幸せになるようにとの願いを込めて米を投げる。退場後は新郎宅と仮定した幣帛室に向かうことになるので、新婦は新郎友人たちが担ぐ籠に乗り、そちらに向かう。

　ここまで、伝統式婚礼の所要時間も 30–40 分とさほど長くない。西欧式でも伝統式でも、新郎新婦退場後、参列客と新婦親族は披露宴会場に移動し、それぞれ食事を楽しむ。原則、新郎新婦と新郎家族のみが幣帛室に移動し、幣帛を行う。

○幣帛（폐백）

　幣帛は在来式では、新婦家における醮礼後に新郎が新婦を家に連れ帰り、新郎の父母や親族に挨拶をする儀式である。新婦側は様々な食べ物を準備し舅・姑に進上する。現代の幣帛はこれを再現したもので、献上物は全て式場側が手配する。伝統式婚礼の場合は、挙式から着替えをせずにそのまま実施することができるが、西欧式の場合、洋装から韓服の大礼服に着替える必要がある。大礼服は新郎が朝鮮王朝時代の官吏の団領・女性が王妃の礼服（第７章参照）である。その下に通常の韓服を着用し、幣帛後は大礼服のみを脱いで披露宴に出席する。

　新郎新婦は、新郎の父母、親戚、兄弟姉妹の順番にヂョルをして挨拶する。ヂョルを受けた側は、徳談（お祝い・励ましの言葉）を送り夫婦の新しい門出を祝う。幣帛のメインイベントは、新郎の両親が新婦のチマ・あるいは汗衫にナツメと栗を投げる時間であろう。落とさずに受け取った数だけ、なつめなら男子、栗なら女子を産むという。多産の願いから生まれた慣習だと思われる。

　その後、在来式であれば新郎新婦は新房に入り２人で酒を飲み交わし初夜を迎えることになるが、現代の幣帛では、イベントとしてお酒を飲み交わしたり、新郎が新婦をおんぶしたりして束の間の夫婦団らんを演出する。

【写真４】伝統式婚礼と幣帛（2017 年、ソウル・ロッテワールド民俗館）

①大礼床　②サムルノリ演奏　③醮礼床の雁　④交拝礼　⑤幣帛でナツメと栗を投げる場面

○披露宴

　参列客は、式終了後併設された食事会場に行き、受付の際にもらった食券を提示し、食事をする。1960 年代頃までは専門式場もさほど多くなく、自宅で披露宴を行うという人が８割弱と圧倒的に多く、メニューとしては大半がククス（白い麺）であった。70 年代に入ると、高級志向でユッケジャンや牛肉のカルビ湯の割合が増加し、さらにビュッフェ形式が登場し、以降は結婚式のメインの飲食形態となっている。2013 年の調査によると、ビュッフェが 81.6％、韓食が 12.9％であったという。ビュッフェの場合も、定番のククスやカルビ湯はメニューに含まれる場合が多い。

　また、前述の「家庭儀礼準則」によって、披露宴では特別な式次第なしに、ただ食事だけをするというスタイルが定着した。座席も決まっておらず、開始も終了もないので、食べ終わった人から自由に帰宅する。参列客が食事をしている間、幣帛を終えた新郎新婦が韓服姿で登場し、テーブルを一つ一つ回りながら、感謝の意を述べる。日本のような披露宴のスタイルは、近年ごく一部の著名人の結婚式などで見られることもあるが、少数派である。

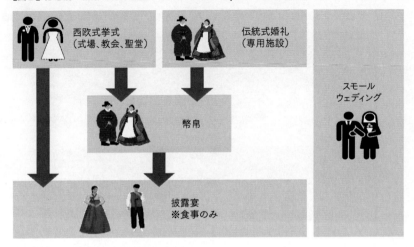

【図2】形態別の結婚式当日の流れ（アイコンはfreepickより筆者作成）

西欧式挙式
（式場、教会、聖堂）

伝統式婚礼
（専用施設）

スモール
ウェディング

幣帛

披露宴
※食事のみ

2-3）新たな婚礼スタイル：スモールウェディング

　以上のように、1970年代以降に固定化された西欧式ウェディングは、効率性など
を重視するあまり、画一化されてしまったことや莫大な費用がかかることから新郎新
婦にとって負担となり、新しい形態の婚礼スタイルが模索されるようになってきた。
経済的負担や親の体面にとらわれない、夫婦主導の結婚式が望まれるようになったの
である。こうした傾向は2010年代以降顕著となり、特に芸能人が新しいスタイルを
実践して社会的注目を集めた。代表的なのは、2013年に歌手イ・ヒョリとイ・サン
スンが済州島の別荘でごく少数の参列客を招待して野外ウェディングを行った例や、
2015年に俳優のウォンビンとイ・ナヨンが江原道の小麦畑で野外ウェディングを行
った例がある。

　こうした結婚式は、「小さい結婚式（작은 결혼식：スモールウェディング）」と名付
けられた。招待客も費用も最低限に抑える、というのが原則であるが、一部では規模
を小さくしてよりラグジュアリーにするという傾向もあるようである。いずれにせよ、
スモールウェディングというのは決まった型があるのではなく、夫婦主導で個性的な
結婚式を最小限の規模で行うのというのがポイントである。ブライダル業界でも敏感
に反応し、野外ウェディング、ハウスウエディング、チャペル型ウェディング、高級
ホテルウエディングなど、様々な商品を開発している。政府機関の女性家族部でも「小
さい結婚情報センター」なるものを運営し始めている。

　また、伝統式婚礼もスモールウエディング趣向の影響なのか、以前は国際結婚カッ

プルの割合が大半であったが、近年では韓国人カップルの比率が増加しているという。伝統式婚礼は、西欧式に比べて費用も安いうえに、若い世代が負担に感じる主礼も依頼する必要がない。さらには、ありきたりの結婚式ではなく、特別感を出す、という意味でも選択されるようになってきているという。

2-4）結婚観の変容

スモールウェディングを見ても分かる通り、結婚式や結婚に関する価値観は、明らかに変化してきている。参考までに、婚姻件数を見ておくと、2008年　32.7万件、2013年　32.2万件、2018年　25.7万件、2022年　19.1万件となっている。2013年以降の減り幅が著しいのが分かる。次に、国民の結婚に関する意識調査を2008年と2022年で比較しながら見てみよう。

【図3】結婚に関する見解（国家統計ポータルより筆者作成）

まず、目につくのは世代差である。両年とも、若い世代ほど結婚しなければならないという意識は薄く、年齢が上がるにつれ高くなる。2022年を見ると、10代は「結婚すべき」「した方がいい」を合わせると29.1％なのに対して、60歳以上は71.5％である。50代以上の半数は、やはり結婚はした方がいい、と考えていることが分かる。

2008年と2023年のグラフを比較して特に変化があったのは、2008年では全世代において「結婚した方がいい」と回答した人が最多であった。それに対して、2023年には、60歳以上を除いて、「どちらでもいい」が最多となったことである。特に、40代以下は半数以上が「どちらでもいい」と答えている。これは、結婚が必須ではなく、個人の状況に合わせて選択すればいい、という考えが定着してきていることを意味しているようである。また、若い世代ほど、「分からない」の増加率が高いこと

も分かる。自身の意思とは関係なく、まだまだ先のことは不透明、といった認識が垣間見える。

　最後に、2022年に実施した「結婚しない理由」について見てみたい。未婚者の回答を見てみると、「資金不足」が29.7％、「必要性を感じない」が18.7％、「結婚したい相手がいない」が11.6％、「無職、あるいは不安定雇用」が11％、「出産と養育の負担」が10.7％、「自由でいたい」が9.6％、「仕事と家庭の両立の困難」が6.6％の順であった。経済的不安や結婚後の生活への不安という意見が多い一方で、自身の人生を謳歌したいといった考えを持った割合も一定数いることが分かる。現代韓国社会において結婚は必ずしも通過儀礼ではなくなってしまった。

column

新語：非婚主義、3放世代

비혼：非婚、 비혼주의(자)：非婚主義（者）

　従来、日本でも韓国でも、結婚している人を「既婚（者）」、独身の人を「未婚（者）」と呼んでいたし、今でも普通に使われている言葉である。しかし、「未婚」と言ってしまうと、「結婚するのが当たり前だが、まだしていない」「したいけど、まだできていない」といったニュアンスが感じられるという理由で、自分の意志で結婚をしない人のことを「비혼(자)：非婚（者）」と呼ぶようになった。

　　この用語は、2000年代から既に一部メディアで使用されていた形跡はあるが、明確な意思を持って「비혼주의자：非婚主義者」であるというメッセージ性が込められた使用法は、2010年代中盤以降である。例えば、1970年代に日本でデビューし韓国のトロット（演歌）歌手として活躍するキム・ヨンジャが2013年に〈アモールパーティ（아모르 파티）〉という楽曲を発表すると、韓国内で世代問わずたちまち大ヒットした。サビの歌詞には「恋愛は必須、結婚は選択」という一句がある。結婚するもしないも自分の自由、ということをポップアップテンポの曲調で見事に表現している。

삼포세대：3放世代

　自分の意志で「結婚しない」という選択をする若者が増加する一方で、「したいけどできない」という若者が存在するもの事実である。「삼포세대（3放世代）」というのは2011年に登場した新語で、経済的不安等から「恋愛」「結婚」「出産」を諦めた若い世代のことを指す。「放」とは、「放棄」の頭文字である。若者の就職難や結婚費用の負担などがその原因と考えられる。

その後、3放＋「マイホーム」「人間関係」まで放棄した「오포세대（5放世代）」、5放＋「夢」「希望」まで放棄した「칠포세대（7放世代）」という言葉が相次いで登場し、2015年には、諦めなければならないものが数えられないほどある「N포세대（N放世代）」という言葉まで誕生してしまった。現代韓国の社会・経済状況は若者にとって辛い部分はあるかもしれないが、夢や希望を持って日々を生きてほしいと願ってやまない。

3. 葬礼

実は、「冠婚葬祭」という用語は韓国で「冠婚喪祭」と表記する。これは、本章の導入で紹介した『礼記』の表記にのっとったものである。「喪」は、人の死去から葬儀、その後の服喪期間までを規定しているため、本節では日本語で言う葬式を中心に扱いつつも、それ以降のこと（喪に服す、埋葬）も一緒に見てみたい。ちなみに、韓国では葬儀に関わる一連の儀礼を「葬礼」と呼び、日本語で言うところの葬式は「葬礼式」と呼んでいる。伝統的な喪礼の方法としては、やはり朝鮮王朝時代に普及した儒教式の『家礼』の影響が大きい。

3-1）喪礼の歴史的変遷

古代の喪礼については、文献記録が豊富にあるわけではないため、主に王族や貴族階級の古墳遺跡などを中心に研究が行われているのが実状である。有名なのは、高句麗の壁画古墳であろう。平壌や集安（中国吉林省）などの高句麗の都だった地域で現在まで90基ほど発見されているが、これらの壁画古墳群は2004年にユネスコの世界遺産にも登録された。時代によって描かれるものも変わっており、当時の支配階級の人々の死生観を垣間見ることができる。例えば、初期には墓主の肖像画と近親者・家来などの人物像や、日常生活・儀礼の場面などが多く描かれた。仏教が流入して以降の5世紀には、極楽浄土を願う蓮華の文様や礼仏図なども見られるようになった。6世紀に道教が入ってからは、青龍・白虎・朱雀・玄武の四神図が広く描かれるようになった。

朝鮮王朝時代に入り、儒教が国家理念として浸透していく中で、儒教式喪礼、そして祖先の墳墓を重視する傾向が高まる。基本的には墓制は高麗のもの踏襲しつつも、葬礼については『朱子家礼』を庶民にまで拡大させていき、仏式は全く姿を消すことになった。喪服制度についてはより厳格化され、父母が亡くなった場合などは3年間

喪に服すなどの規定が設けられた。

　近代以降、日本の植民地になる前後から、喪に服す期間が3年と長いことが社会生活に影響をきたすと問題視されていた。また、埋葬も土葬が大半であったため、土地不足問題の解消などを理由に、火葬が推進されることとなった。具体的に喪礼の簡略化に影響を与えたのは、1934年に朝鮮総督府が制定した「儀礼準則」である。準則では、服装の簡略化から葬礼日数の短縮、出棺の方法、喪中期間の短縮などが定められた。

　解放後も、葬礼の簡略化を主張する論調が維持され、1969年には韓国政府が「儀礼準則」にならった「家庭儀礼準則」を公布し、1973年にはこれを改定、「虚礼虚飾」行為が発見された場合は処罰対象になるなど、法的に国民の儀礼に規制をかける根拠となった。現代においては、自宅で行うのではなく、病院や葬礼施設で行うのが一般的である。

3-2）儒教式の葬礼式

　儒教式の喪礼は、近代以降、煩雑すぎる手順が批判の対象となってきたが、長い間、特に支配階級において遵守されてきたことは事実である。そこで、まず儒教式の葬礼式について概観する。朝鮮王朝時代後期に編纂された『四礼便覧』は冠婚葬祭の理論と実践を分かりやすく整理した書物で、後世にも参考にされる規範となったため、本書の内容に基づいて以下に手順を示す。

①1日目：臨終

　▶招魂：死者の上衣もって軒に上がり名前や官職をつけて「復」と3回呼ぶ

　▶使者飯（閻魔の使者）を準備し、大門の前に置く　　※「礼書」にはなし

　▶喪主、護喪などの役割決定

　▶始死奠：お祀りする場所や祭壇整え、霊前に食事をお供えする　　※『家礼』にはなし

　▶初喪：亡くなった人、葬儀の日時を知らせる

　▶斂：遺体を沐浴させ綺麗に洗い寿衣を着せる

　▶飯含：死者の口に米・銭・玉を含ませる

【図4】招魂：復（国立民俗博物館『韓国人生儀礼事典』第1巻、191頁）

②2日目

▶小斂：ご遺体を麻で包んで縛り、納棺の準備をする

③3日目

▶大斂：ご遺体をさらに包み、納棺する

④4日目

▶成服：細かい服装規定に従い喪服に着替える

▶喪服に着替えてからは、おかゆのみ食す

▶朝夕に霊前にお供えをする

▶弔問客を受け入れる　　※弔問客は白い服で参列する

⑤4日目以降

　喪期は、階級によって、7か月、5か月、3か月などと規定されており、この間に墓地選定などを行った。

▶遷棺：出棺の前日に祠堂のご先祖様に挨拶するために棺を移動させる

▶発引（出棺）：近親者が棺を持ち輿に載せ運搬し、喪家や弔問客はそれに続き行
　　　　　　　進する

▶及墓：墓地に到着し、各種葬事を行う

▶反哭：墓地から帰宅する

▶虞祭：葬事当日に1回、以降2回、順次行う

※以降、祭祀に移行するので、虞祭は非常に重要な儀式である。また、手順ごとに
　逐一慟哭をするが、これ以降はそれも控えることになる。

▶卒哭：それまでは随時やっていた慟哭を控え、朝夕のみ行う

- ▶祔祭：故人の位牌を祠堂に納めることを報告する儀式
- ▶小祥：亡くなって 13 か月目に行う祭祀。これ以降、喪主などは野菜と果物を食べることができる
- ▶大祥：亡くなって 25 か月目に行う祭祀。祭祀後、祠堂に位牌を納める
- ▶禫祭：27 か月目に行う祭祀で、通常時に戻ることを祈る
- ▶吉祭：27，28 か月目に行う葬礼としての最後の祭祀。

　以上、非常に簡略化した葬礼の流れを記したので、飲食や行動、服装など細かい規定について言及できなかったが、いずれにせよ喪家は 3 年弱という長い期間、喪に服すことになる。ただし、高麗末期に伝わった『朱子家礼』をその通りに実践していたというよりは、従来の慣習なども取り入れながら、朝鮮社会に合う形で変容していったことも分かる。ちなみに、1996 年に任権澤監督が手掛けた映画《祝祭》は儒教式葬礼の流れを事細かに描写し、教育的・芸術的な価値があるとして評価されているので、関心のある読者はぜひ鑑賞していただきたい。

3-3）現代の葬礼式

　現代では病院や葬礼施設で実施し、かつ特別な場合を除いては 3 日葬で済ませるのが一般的である。出棺されるまでの間、喪主は式場で寝泊まりし常に弔問客を出迎えできるようにスタンバイしており、弔問客は自身が駆け付けられるタイミングで駆け付けることができる。以下、「韓国葬礼文化振興院」が紹介している式場における流れについて概観する。

① 1 日目
- ▶臨終、棺を式場に運搬
- ▶収屍（衣服やご遺体を整える）、使者飯（閻魔の使者）の準備　※宗教によっては省略
- ▶式場にご遺体を安置
- ▶葬儀場の設置・準備
- ▶訃報を知らせる

② 2 日目
- ▶斂襲（体を消毒し布で覆う）、飯含（死者の口に米・銭・玉を含ませる）、入棺
- ▶喪服着用

►霊前に料理をお供えし、宗教にみあった祭礼を行う
►弔問客のお出迎え

③3日目
►告別式、発引（出棺）
►埋葬方法により、火葬場、あるいは直接墓地へ

　基本的には、儒教式の手順で進められるが、信仰宗教によって儀式の方法が異なったり、省略されたりすることがある。弔問客は、3日目の告別式は別にしても、日本のお通夜のように弔問すべき時間が定められているわけではないので、自身が駆け付けられるタイミングで弔問する。弔問の際には、まず芳名帳に記帳し香典を預けてから入室、霊前横にいる喪主に軽くお辞儀をする。その後、霊前で焼香・献花をした後、クンヂョル（最も丁重な拝礼）を2度行う。キリスト教徒であれば霊前でのヂョルや焼香を省略するなど、自身の信仰宗教に合わせた弔問が可能である。再び喪主の前に行き、互いに拝礼をする。弔問後は食事会場で自由に食事と飲酒をし、参列者と故人の思い出話などをしながら弔う。飲酒をする際に注意すべきことは、乾杯をしないこと、誰かにお酌をしてもらうのではなく手酌をすること、である。

3-4）埋葬方法
　従来、親の遺体を焼くこと（火葬）は儒教理念の「孝」に反する行為だとして人々から忌避されてきた。よって火葬は、事故死や突然死、若くして亡くなった場合など、非常に限られた埋葬方法であった。しかしながら、1990年代頃から自然環境保護のための市民運動や政府による火葬奨励政策により、特に2000年以降、急激にその割合が増加した。【図5】は、1970年以降の火葬率の推移である。

【図5】韓国の火葬率の推移（保健福祉部のデータから筆者が作成）

以前は、土葬（韓国語では土葬のことを埋葬と言う）が大半であり、1994年には火葬が約20%なのに対して80%近かったことが分かる。ところが、2004年には半数弱が火葬に、2021年には約90%が火葬を占めることになった。ここ50年弱で、土葬と火葬の割合が逆転した形になる。

　火葬への否定的イメージがある中、なぜこんなにも急速に変化したのだろうか。もちろん要因は複合的であるが、ここでは儒教的観念を逆用したと考えられる論理について言及する。まず、儒教における死の観念として「魂魄二元論」というものがある。魂は精神をつかさどる気（＝霊魂）、魄は肉体をつかさどる気であり、この二つが統合してこそ人間は生きることができる。逆に、肉体から霊魂が離れると死が訪れるわけである。人が死ぬと魂は天に昇り、魄は地に帰る。こうした考えから、祖先が亡くなった後も肉体を吉地に土葬し定期的に祭祀を行っていた。だが、実際肉体と言っても歳月の経過とともに皮と肉は朽ち果て、残るのは骨のみである。子孫が何かうまくいかないことがあると、祖先の墓を調べ、骨の状態を見たりもする。つまり、究極的に必要とされているのは骨であり、逆に骨さえあれば後年移葬する場合でも火葬の方が都合が良い、という考え方である。

　もう一つは、実際に1990年代に行われていた「火葬遺言運動」である。これは、親が生前、子どもに「死んだら火葬してほしい」と遺言を残すように積極的にキャンペーンを行ったものである。いざ親が亡くなった時、親の望み通りにする＝火葬することこそが「孝」である、と残された子孫の精神的負担を軽くするための発想の転換ということができる。

　ちなみに、火葬した遺骨は奉安堂（納骨堂）と呼ばれる施設に保管し、日本のような墓石は建てない。韓国映画やドラマではよく、墓参りの場面が登場する。饅頭型のお墓（土葬）に行ってござを敷き、お酒を飲みながら亡くなった両親に愚痴をこぼす主人公、それとは対照的に若くして亡くなった親友や初恋の人に会いに行く時には納骨堂、といったパターンが多かった。しかし今後は年代問わず、亡くなった方に会いに行くシーンはほとんど納骨堂、ということになってしまうかもしれない。

4．祭礼

　祭礼とは、祭祀にまつわる儀礼の意であり、亡くなった祖先のために毎年決められた時期に行う一連の行事である。祭祀も『朱子家礼』を厳格に遵守し行われてきたが、近代以降、葬礼同様その煩雑さが問題視されてきた。特に、葬礼は人が亡くなった時

に一度行うだけなのに対し、祭礼は毎年、年に何度も執り行わなければならないため、経済的負担や社会生活への支障が指摘された。よって、現代人の社会生活に合わせて急激に簡略化されてきた文化と言えるだろう。本節では、1年のうち特に重要視されてきた祭祀を概観しながら、現代における実施状況も合わせて記述したい。

4-1）祭祀の信仰的意義

　そもそも、祭祀を行う意図は何であろうか。祭祀は、基本的には亡くなった祖先に対して、子孫によって祀られるものである。特に、直系男子が引き継いでいく儀礼となるので、家父長制の強化・維持につながる慣習とみることもできる。よって、祭祀を執り行うのも儒教の「孝」の概念から説明されることが多い。つまり、死してもなお祖先には礼儀を尽くし、哀悼の意を内外に可視化する行為ということである。その前提として、死者の霊魂は不滅であり子孫を他界から見守っているという死生観の存在がある。

　加えて、そういった観念以上に重要な意味を持っているのが、祖霊が子孫の生活を左右するような超自然的な力を持った存在だと考えられている点である。祭祀は、御先祖様へ日頃のご加護の感謝をするとともに、これからも見守ってくださるようお祈りする儀式でもある。農耕社会の時代であれば豊穣や子孫繁栄を祈り、災いや病がふりかからないように祈祷した。これは、祖霊の超自然的な力の存在を認めているからこその行為であると言える。前項で見たお墓の場所や骨の状態を見るのもこうした観念によるものである。さらに言うと、自身や家族、子孫へのご利益を期待したという意味合いもあるということである。

column

ことわざ：うまくいけば自分のおかげ、うまくいかなければ祖先のせい

잘되면 제 탓, 못되면 조상[남] 탓

　うまくいった時は自分の手柄と考えるのに、うまくいかない時は祖先のせいにする、という自分に都合の良い考え方を表したことわざである。現在でこそ、「조상 탓（祖先のせい）」の部分を「남 탓（他人のせい）」にする、という言い方が定着してきているが、このことわざの由来は、まさに子孫に対する祖先の超自然的な影響力への信仰心から出たものである。うまくいかないことが続いたりすると、「祖先が何か気に食わないことがあるからだ」「祖先のお墓の位置が良くないからだ」「祭祀をちゃんとやっていないからだ」と先祖の悪感情が影響し、子孫に災いをもたらしていると考えたのである。祖霊は、守護神であると同時に、畏れの対象でもあった。

4-2）忌祭

　忌祭とは、先祖の忌日に行う祭祀という意味で、忌日祭、忌祭祀、とも呼ばれる。忌日は故人が亡くなった日のことで、日本だと命日という方が理解しやすいだろう。この日は、他のことをすることが忌み嫌われ、故人を偲び追慕するための祭祀が行われる。朝鮮王朝時代初期には、身分や階級によって、忌祭の対象が異なっていたが、18世紀頃からは、全ての人が「四代奉祀」を原則とした。つまり、父母・祖父母・曾祖父母・高祖父母までの8名の命日ごとに毎年祭祀を行うことになる。忌祭の度に宗家に集まるのは相当な負担があるので、現代では当人の命日の際に配偶者の忌祭も行う「合設」の形式をとったり、1年のある特定の日を定めて四代の忌祭をまとめて執り行う「合祀」の形式をとったりもする。そもそも「合設」は朝鮮時代から行われていた形式であるが、16世紀の有名な儒学者・李滉は、「礼の観点から見ると一人ずつそれぞれの忌日に行うのが正しいが、情から見ると合設にしても構わない」と述べたという。つまり、生前に夫婦は共に食事をしていたので、死後の祭祀の際も一緒に及びして食事を楽しんでもらおう、という主旨であった。

【図6】忌祭の手順

準備	①設位：神位（あるいは紙榜）をお迎えする場所を設置する。
	②陳器：食器準備。祝文と紙榜も作成する。
	③陳設：干物・酒器・果物・箸と匙など温度冷めても構わないものを並べる。
	④出主：神主を祠堂から取り出す。紙榜の場合は貼り付ける。
祖先神を迎える	⑤参神：参加者全員で神主に二拝する。
	⑥降神：祭主がお香を焚き酒器に注がれたお酒を祭器に3回に分けて空ける。二拝することもある。 ※紙榜の場合は、これを逆に行う。
祖先神をもてなす	⑦進饌：暖かい料理を上の代の先祖の分から捧げる。
	⑧初献：祭主が神位にお酒を捧げる。ご飯の蓋を開け、祝官が祝文読む。
	⑨亜献：祭主の妻か弟が2杯目のお酒を捧げる。
	⑩終献：賓客や婿、年長者が3杯目のお酒を捧げる。
	⑪侑食：酒を注ぎ足し、ご飯に匙をさし、男性陣二拝、女性陣四拝する。
	⑫闔門：屏風で覆い、9回匙と箸を使うほどの時間、参加者はひれ伏す。
	⑬啓門：屏風を取り去り、汁を水に替えてご飯を入れる（食後のおこげ）。参加者は身をかがめて祖先が食べ終わるのを待つ。
祖先神をお返しする	⑭辞神：最後に全員二拝してお別れの挨拶をする。
	⑮納主：神位を祠堂に戻す。紙榜は燃やす。
	⑯焚祝：祝文を燃やす。
	⑰撤：祭具などを片付ける。
	⑱餕：元々飲福はないが、慣行的にこれを行う。

祭祀を行う場所は奥の間、あるいはその前にある広い板の間である。以前は神位を保管する祠堂など専用の建物があったが、ない場合は神位ではなく、紙榜をその都度作成して用いる。「祖先神をもてなす」の部分では、お酒も3人の参加者が3杯捧げること（⑧〜⑩）、また祖先神が食される間は屏風で覆い（⑫）、食後のおこげを食べる時にも静かに待つ（⑬）ように、作法が厳格に決められている。また、忌祭で作成した紙榜や祝文は終了後すぐに燃やす。その後、捧げた料理も含めて、親戚知人に配ったり、たくさんの人に振る舞ったりする。

【写真5】祭祀床（祭祀の膳、2013年江原道鉄原郡の家庭で行われた忌祭、国立民俗博物館）

祭祀の膳は、各家庭によって様々であるが、大きめに、たくさん置くのが礼儀である。また、唐辛子やにんにくは霊を追い払うと言われているので使用禁止で、水キムチなど置く。また同様の理由で、小豆や桃もお供えしない。魚は、「チ(치)」で終わる名前の魚は絶対に置いてはいけないという。その理由は、「恥」「痴」と同じ音でご先祖様にお供えするのは望ましくないからという説などがある。例えば、さんま（ッコンチ）・カタクチイワシ（ミョルチ）、タチウオ（カルチ）などである。食材の並べ方も様々な決まりがあるが、その一例を示すと以下の通りである。

・北側（写真上）に神位を設置し、祖先神が食事をする位置になるので、ご飯や匙・箸を置く。
・その前列に肉、魚、串焼き、煎（チヂミ）などを置く。魚は東側、肉は西側へ陳列する（魚東肉西）。
・頭と尾が区別される食材は、東に頭、西に尾を持ってくる（東頭西尾）。

・一番手前に果物を置くが、赤みを帯びたものは東、白みを帯びたものは西に並べる（紅東白西）。

　ちなみに、写真で言うとスイカ・リンゴ・梨が上の部分だけ切り取った形でお供えされていることにも理由がある。これは、祖先神が目で見て味を感じてもらえるように上だけ切っているのである。しかしながら、現代社会では料理の準備にも相当な負担がかかり、かつ家々によって元々違いはあったので、一般的に言われているお供え物やお供え方を厳格に守る必要はない、と専門家も指摘している。さらに、忌祭も昔は命日当日の午前0時に行うことが正しいとされてきたが、深夜に親戚が集まるのは難しいので、命日近くの週末に行ったり、昼間に行ったり、参加者が集まりやすい日時に設定して行うことが多い。

4-3）茶礼

　茶礼は元々、名節など季節ごとに行われていたが、現代では陰暦の正月と秋夕に行う家庭が大半である。中国では節気ごとに祠堂へお茶を捧げる儀式があったことから「茶礼」となったようだが、朝鮮ではお茶ではなくお酒を献じる。名節の際に、生きている人々が楽しく過ごすのが祖先の方に申し訳ない、ということで準備された略式の祭祀であるという。よって手順も簡略化され、忌祭のように祝文を読み上げることもない。また、その季節の食材をお供えする、という点も特徴的である。

　具体的な手順は第3章で紹介しているのでここでは詳述を避けるが、【図6】忌祭の流れに下線を引いた部分が省略される。お酒も1度だけ献じる。

4-4）時祭

　四代前までの祖先については、自宅において随時祭祀を行うわけであるが、代替わりの際に祠堂にお祀りしていた神位はお墓に移すことになる。そこで五代以上前の祖先については、陰暦の寒食、あるいは10月に墓地において祭祀を行った。これを時祭という。祭主は長男が引き受け、当日多くの同族が集まる。悲しい祭祀というよりは、同族間の親和・親睦を深める行事という性格が強いという。

【写真6】時祭（忠清南道、1985年、国立民俗博物館）

　朝鮮王朝以降、儒教式で厳格な手続きをもって行われてきた冠婚葬祭は急激に変化した。冠礼や婚礼は伝統的儀式の「再現」という形で再び脚光を浴びつつあるが、葬礼や祭礼については簡略化の一途を辿っている。家族観・祖先観の変化がもたらした結果と見ることができるが、こうした冠婚葬祭が定着すると、家族の解体や祖先との紐帯感の弱化がさらに進行する可能性は否定できない。少子化に歯止めが利かない韓国において、今後の在り方について真剣に議論すべき時期である。

【日本語参考文献・サイト】

- 金奉鉉『朝鮮の通過儀礼』国書刊行会、1982年。
- 丁世絃「近代期の韓国における儒教儀礼の変化──「儀礼準則」を中心に」『東アジア文化交渉研究』7号、関西大学大学院東アジア文化研究科、2014年3月。
- 中村八重「現代韓国社会における火葬と「孝」の理念」『アジア社会文化研究』2号、アジア社会文化研究会、2001年3月。
- 国際日本文化研究センター「朝鮮写真絵はがきデータベース」
  https://kutsukake.nichibun.ac.jp/CHO/index.html?page=1

【韓国語参考文献・サイト】

- キム・シドク『韓国の葬礼文化：韓国儒教式葬礼の変化と持続』民俗苑、2012年。
- 周永河ほか著『2スタイルの韓国の結婚式：伝統と現代の二重奏』韓国学中央研究院出版部、2021年。
- 国立民俗博物館『韓国人生儀礼事典』第1巻、国立民俗博物館、2014年。

- 韓国葬礼文化振興院
  https://www.kfcpi.or.kr/portal/home/main/main.do
- 国家統計ポータル、「結婚に関する見解」統計庁
  https://kosis.kr/easyViewStatis/dynamicChartView.do?idx=7
- ソウル特別市「成年の日　伝統成年礼　2022 ソウル市成年の日記念行事」、2022
  年 5 月 16 日。
  https://www.youtube.com/watch?v=GGOEKdNA7MA
- （韓国）保健福祉部　　　https://www.mohw.go.kr/react/index.jsp

第III部

衣食住──日常の文化

第**7**章　　　　　衣文化

韓国の民族衣装である「韓服」は、文化体育観光部が選定する「韓国文化100」の一つでもあり、外国人の文化体験でも圧倒的な人気を誇る韓国文化の象徴的存在ということができる。一方、現代韓国社会において韓服を着る機会は非常に限定的であり、韓国人にとってもはや民族衣装は日常文化とはかけ離れた存在となっている。衣食住の中で、近代以降、最も変化があった文化と言えるだろう。

本章では、第一に、現代の衣文化に至るようになった歴史的背景について、民族衣装を中心に見ていくこととする。単純に見て綺麗、といった表層的理解だけではなく、どのような形態でどういった意味があるのかなど、衣服の役割や機能についてより深く理解することが目的である。第二に、現代における韓服の着用機会や日常文化としての普及努力についても紹介したい。

1．民族衣装の歴史的変遷

衣服は日常的に着用するだけあって、その国や民族の社会観や精神を反映した重要な生活文化ということができる。朝鮮半島においては、時代・階級によって様々なデザイン・色彩・素材を用いて衣服が製作・着用されてきた。ここでは、時代別に簡略的にその特徴を抑えていきたい。

1−1）古代：三国時代〜統一新羅時代の服飾

古代から着用されていた固有の衣服は、上衣（チョゴリ）、下衣（パヂ）、裳（チマ）、上着（袍）を基調とし、冠帽や帯などの装飾物を付けた北方胡服系統の服飾であったと言われる。胡服とは、北方遊牧騎馬民族が来ていた衣服で、騎馬や活動に便利な上下が分かれた衣服形態である。男女の区別は特になく、女性もパヂというズボンを履いていたのが大きな特徴である。裳という巻きスカートのようなチマは、中国や南方系から入った形態で、儀礼の際に女性が履くものとされたが、やはりその下にはパヂを履いていた。袍と呼ばれるコートのような長い上着も、当初は防寒対策として着られていたが、徐々に儀礼的な意味を持つようになった。

階級による服飾の違いについて文献で確認できるのは、5世紀末の高句麗に冠位十二階制度が導入されたことが分かっている。階級によって、冠色などを区別した。また、袖の長さや袖口につける文様や色でも区別をしていたという。ただし、こうした服飾制度は上流貴族にまずもたらされたが、一般民衆は古代から変わらない様式で衣服を着用していたとみられる。

【写真1】舞踊塚の壁画の中の踊り手（5世紀高句麗、東北ア歴史ネット、東北アジア財団）

　統一新羅の時代に入ると、唐の服制を官服として採用し、固有服と合わせて多様化していったという。しかし、支配層は階級による服飾が守られていない現状を問題視し、「人間には上下があり、衣服もそれに見合ったものを身に着けるべきである。国民が奢侈になってはいけない。」という趣旨で834年に服飾禁令を公布した。骨品制という身分制に基づき、真骨（王族）は紫、6頭品（王族の下）は緋色、5頭品（6頭品の下）は青、4頭品（5頭品の下）は黄、平人は白、のように規定を行った。衣服が社会的身分を示す役割を担っていたことになる。

1-2）高麗王朝時代の服飾

　高麗時代の服飾制度は絵画や彫刻などの視覚的資料が不足しており完全には明らかになっていないとはいえ、基本的に官服は新羅の服飾制度を踏襲していたという。ただし、高麗王朝は13世紀末にモンゴルの統制下に、14世紀には明朝との朝貢関係にあったため、貴族階級の服飾にも少なからず影響を与えた。例えば、官吏の朝服に明式の黒笠の使用命令が出されたが、この黒笠は朝鮮王朝時代の官吏の代表的な冠の形式となった。

　王服と官服は、階級の区別だけではなく、場面に合わせて、（祭祀を行う際に着る）祭服、（官吏や民衆の前で着る）朝服、（使臣の前で着る）公服、（通常の執務時に着る）

常服と区分し状況に合わせて衣服を身に着けた。

　民衆も含めた、この時期の衣服の大きな変化としては、後期にチョゴリの丈が短くなり、従来の腰帯の代わりに、チョゴリに結び紐（コルム）をつけるようになったことである。この形態は、現代の韓服まで維持されている。また、貴族や平民の女性は白いチョゴリに黄色のチマが基本であり、紅色のチマは王妃のみが許容されていた。朝鮮王朝時代の女子がよく着用した黄・黄緑のチョゴリに紅色のチマのスタイルは、高麗王妃の衣服に由来したのではないか、という説もある。服飾が階級による制限があるゆえ、身分の高い女性の衣服を真似して着たいという憧れの心理が表れているようである。

【写真2】高麗末期～李朝初期の文臣・趙胖と趙胖夫人（e-ミュージアム、国立中央博物館）

1-3）朝鮮王朝時代の服飾

　朝鮮王朝時代の特徴は何と言っても、建国初期に『経国大典』によって冠服制度が確立し、身分・階位・場面によって厳格で複雑な服飾規定がなされたことである。また、袖口や装身具の色などによって、未亡人であることや喪中であることを表すようにもなった。着用している人の社会的属性や家族状況を可視化するという機能が徹底されたと言える。このように規定が細分化した結果、特に王族や貴族階級の間で衣服や装身具がこれまで以上に多様化し、朝鮮史の中で最も服飾文化が発達した時期となった。この時代に具体的に衣服がどのような役割を果たしていたのか、については第3節で詳述したい。

　ただし、朝鮮王朝も500年と非常に長かったので、時代によってその形態は変遷している。例えば、女性のチョゴリは、初期のゆったりとしたスタイルから、徐々にピッタリとしたスタイルとなり、丈の長さもだんだんと短くなっていった。王朝初期には50-80センチあった丈は、20世紀初頭には19センチまで短くなったという。

さらに、装身具などにも流行があり、朝鮮王朝時代全体を一概に規定することはできない。しかしながら、現代の韓服は主に朝鮮王朝時代のスタイルを継承しているということは間違いない。

【写真3】戸曹郎官契会図（左、1550年頃）と梨園耆老会図（右、1730年）（e-ミュージアム、国立中央博物館）

1-4）近代の服飾 ——「韓服」の誕生

　近代に入り西洋文化が流入してくると衣文化にも劇的な変容が起こった。服飾制度としては、1894、95年の甲午・乙未改革の際に簡素化する規定を設けると同時に、官服について外国の制度を採用しても構わないという文言を盛り込んだ。この時に断髪令も強行している（第6章1節参照）。男性の袍については複雑な制度を周衣（トゥルマギ）に一本化したのだが、これが現代まで継承されている。また、これより少し前に入ってきた上着（マゴジャ）も、現代の男性韓服になくてはならないものとなった。マゴジャは、チョゴリの上に来る防寒服の一種であるが、高宗の父・大院君が幽閉生活を終えて清朝から帰国した1885年頃に持ち込んできた満州服であった。同様に、洋服の影響でチョッキも防寒服としてチョゴリの上に着るのが定番となった。朝鮮王朝時代にも、褙子という袖なしの上着は存在したが、この形態に、ポケットとボタンを付け、韓服と同じ素材で仕上げたのが韓国式チョッキであった。ちなみに、官服は1900年に完全に欧米式に変更され西欧化されることとなった。

　女性服の方は、すぐさま洋服に切り替わるのではなく、固有の衣服の改良が図られた。具体的には、キリスト教の伝導によって、社会運動に参加する信者女性が増え、外で活動することを求めていった。そこで、チョゴリは胸が見えないように長くし、袖や襟に色を入れない単色ものが登場するなど、当時は驚きを持って迎えられた形態であった。チマは、活動性を高めるために短くし、簡単に着脱ができるように肩紐をつけたものが新しく生まれた。新式の固有服は、従来の家庭の中における女性の役割に囚われない、社会における個人を表象することとなった。

【写真4】植民地期の女学生の制服（朝鮮写真絵はがき、国際日本文化研究センター、山本俊介氏所蔵）

　最も重要なのは、この時期に初めて朝鮮半島固有の衣服が「韓服」と名付けられたことである。それまでは、単純に「衣服」という名称で問題なかったものが、洋服が流入することによって、これと区別する必要が出てきたというわけである。ちなみに、1897年に朝鮮王朝の国号が「大韓帝国」となったので、この「韓」という文字をとったものと思われる。「韓服」は、名称の側面からも、近代生活に適応するという内実の面からも、1900年前後は固有服誕生以来の大変革期ということができるであろう。

1-5）チマ・チョゴリという名称について

　実はチマ・チョゴリという言葉は韓国語では一般的ではない。チマはスカート、チョゴリは上衣を指す単語なので、チマ・チョゴリと言ってしまうと女性の衣服のみを指すためである。男性の衣服構成をパヂ・チョゴリ、女性の衣服構成をチマ・チョゴリと説明する際に使用することはあっても、民族衣装の総称としては「韓服」が用いられる。

　日本でなぜこんなにもチマ・チョゴリという言葉が浸透したかについては、在日社会との関連があると思われる。戦後日本社会において、朝鮮学校の女子生徒の制服としてチマ・チョゴリ形式のものを採用したのが1960年代初頭である。採用当初は、「朝鮮服」などと呼んでいた記録もあるが、複数の新聞記事を調査してみると、1980年代後半にチマ・チョゴリという単語が多数出てくる。これは、朝鮮学校の学生に対する嫌がらせとして「チマ・チョゴリ切り裂き事件」が相次いだことに伴い、朝鮮半島の民族衣装＝チマ・チョゴリとして日本社会でも認識されていったのではないかと考える。他にも、ソウルで行われたアジア競技大会やオリンピックにおける女性の伝統衣装についてチマ・チョゴリと呼んでいる報道、近代の著名な詩人・金素雲の娘である金纓が1985年に『チマ・チョゴリの日本人』という本を出版したことなど、複合的な要素が出てきてその後定着していったのだろう。

ただし、厳密に言うとやはりチマ・チョゴリは女性の衣装であり男性の衣装を包括していないことには注意すべきであるし、北朝鮮では朝鮮服（조선옷）と呼んでいることからも、名称と民族的アイデンティティの関係は単なる服飾名称以上の複雑性を持っていることを自覚しておきたい。

2．韓服の基本構造

　以上のように、韓服と名付けられたのは比較的最近、せいぜい100年前のことであるが、現在韓国では近代以前の固有服も含めて韓服と呼んでいる。現代の基本スタイルは近代に改良されたスタイルがモデルとなっており、男女ともに脱ぎ着が比較的簡単な構造になっている。一方、デザインは朝鮮王朝時代後期、特に王室や両班階級の煌びやかな配色や紋様が施されているものが大部分であるが、当時の庶民階級の人々が着ていたスタイルを反映しているとは言えない。あくまでも、現代の人が気軽に、かつファッションとして楽しむことを念頭に置いて流通していると言っていいだろう。朝鮮王朝時代の服飾を見る前に、衣服のそれぞれの名称を確認しておきたい。

2-1）男性の韓服
　①チョゴリ（저고리）：上衣
　②チョッキ（조끼）：チョゴリの上に着る。ボタンやポケットが付いている。
　③パヂ（바지）：ゆったりしたスタイルで腰に紐がついている。また、足首にもデニムという紐がついているので、腰回りや脚の長さと関係なくフリーサイズで対応可能。
　④ペヂャ（배자【褙子】）：チョゴリの上に着る。
　⑤マゴヂャ（마고자）：チョゴリの上に羽織る防寒着。チョッキやペヂャと併用することも可能。
　⑥トゥルマギ（두루마기）：周囲を塞ぐ＝身体全体を包むコートの役割。外出時には羽織るのが礼儀。

　基本のスタイルは、①チョゴリに③パヂであるが、チョゴリの上に着るのは、季節に合わせて、②チョッキか④ペヂャ、さらにその上に⑤マゴヂャを組み合わせる。外出時には⑥トゥルマギを羽織る。朝鮮王朝時代においては、羽織物と帽子は身につけているのが礼儀とされており、訪問時には室内でも脱ぐことはなかった。

2-2) 女性の韓服

　①チョゴリ（저고리）
　②チマ（치마）：従来の巻きスカート型。③は近代に改良された肩紐型。

【写真6】女性の韓服セット（e-ミュージアム、国立民俗博物館）

　女性の場合もチョッキやマゴヂャを着ないわけではないが、儀礼では相応しくないとされている。またトゥルマギは男性のように決まりはなく、儀礼用というよりは秋冬用の防寒服として羽織ることがある。女性は、基本的に肌を見せないのが礼儀であり、袖口につけるコドゥルヂ(거들지)は、元々手を隠すための機能であった。

2-3）共通の特徴

　チョゴリやパヂ、チマの下にはそれぞれ肌着を身に着ける。また、ポソン（버선）と呼ばれる布製の足袋を履いてから、履物を履く。また、男女ともに、襟には基本的に白色のトンヂョン（동정）という掛け襟をつける。これは朝鮮王朝時代前期に登場したもので、汚れやすい襟部分だけを取り外して洗濯するための機能を持つ。また、襟とチョゴリを結ぶ紐は一体となっていて、コルム（고름）と呼ばれる。男女ともにチョゴリは右側を手前、左側をその上に重ねる構造で、右側のコルムが短くなっている。結び目は片方だけを輪にして左側に来るようにするため、左右の長さが異なっている。

　この他にも、被り物やかんざし、履き物やチュモニ（주머니）という巾着など様々な装身具があるが、本書では省略する。

3. 朝鮮王朝時代における衣服の階級別特徴

　それでは、現代でも文化体験でよく着られ、またドラマや映画でも度々登場するスタイルの韓服について、どういった意味があるのか、階級別に画像コンテンツから見てみよう。もちろん、ドラマや映画は映像美を重要視するため、当時の固有服の様式を忠実に再現しているというわけではないということは理解しておく必要がある。

3-1）王族

　服飾は場面や季節によって着用するものが異なり、高麗時代より一層厳格に規定されるようになった。場面については、朝服の中でも大礼服（即位式などの国家的行事）と小礼服（公的な宴など）があり、祭祀の際は祭服、公式的業務の際には公服、通常の執務時には常服と大別することができる。まず、礼服としては祭祀や国家的行事の際に着用する冕服（면복）が挙げられる。被り物の冕旒冠（면류관）と袞服（곤복）がその中心であるが、冕旒冠は丸い帽子の上に冕板を載せ、前後に細長い旒を垂らすのであるが、王なら9本に5色の玉、王世子なら8本に3色の玉、などと色と数が規定されていた。一番上に着る袞服も、文様の数と種類を区別し、色は黒と青に若干の赤を混ぜた玄色であった。

　王や王世子の常服は翼善冠（익선관）という被り物と袞龍袍（곤룡포）をパヂ・チョゴリの上に身に着けた。袞龍袍の色は、王が赤、王世子が黒である。色は基本色である五方色において、黄色が中心にあり、朝貢国である明朝の皇帝を象徴する色であった。そのため、朝鮮王朝は王族といえども皇帝色の黄色を使用することができず、

赤が最高位の色とされた。礼服・常服ともに、王族の象徴の文様は龍であった。袞龍袍の胸・背・両肩の4箇所には龍の紋章が刺繍され、これを補（보）と言った。王は龍の爪が5つ、王世子は4つ、など同じ龍でも区別がなされた。

【写真7】王の礼服（左）・常服（右）（映画《尚衣院》2014年、公式スチールカット、daum映画）

　王族の女性の礼服には、円衫（원삼）がある。前襟が丸く、袖口に白と他の色を施しているのが特徴である。王妃は紅円衫に黄・藍色の袖口、王世子妃や王の側室は赤紫円衫、王女は緑円衫に赤・黄色の袖口を付け、王族の象徴である龍紋を入れた。チマの紋章も、立場によって違うものを入れた。文様、モチーフ、素材、装飾品など、階位によって事細かく規定されていたことが分かる。王女の緑円衫は、のちに庶民でも婚礼用として着用することは認められたが、金箔を入れることなどは制限された。
　王族の女性は小礼服、あるいは常服としてよく身につけたのが唐衣（당의）である。脇のラインに切り込みが入っており、前身頃を左右で重ね、前の部分が丸く細長くなっているのが特徴である。この内側に手を置いて隠すのが礼儀とされていたため、礼節が厳格な王族の女性は普段から着用していた。両班階級の婦女子は礼服としての着用を許容されており、円衫同様、チョゴリの上から羽織っていた。色は黄緑色が最も一般的であったが、王族の女性が着るものには金織や金箔が施されていた。朝鮮後期以降、唐衣も庶民の婚礼服として許容されることになったが、金箔はやはり禁止であった。

【写真8】円衫（左）・唐衣（右）（映画《炎のように蝶のように》2009年、公式スチールカット、daum映画）

3-2）官吏、宮廷従事者

　男性官吏は、『経国大典』において1品から9品という階位によって、そして朝服や常服など、場面によっても冠服が細かく規定されたが、後に度々変更されていることもあって、混用している様子も伺える。ただ、基本的には団領（단령）と呼ばれる襟が丸い袍を着用した。色については、当初、普段執務をする際は1品〜正3品が赤、従3品〜6品が青、7-9品が緑、というように色が決められたが、1746年の『続大典』では3品以上が淡紅、3品以下が紅色となった。また、儀礼などの際には、団領は黒で統一する一方で文・武と階級を区別する胸背（흉배）をつけていた。王族が付ける龍の補は円形であるのに対し、官吏のつける胸背は四角形のもので、胸と背、2箇所に刺繍を施した。胸背は朝鮮王朝時代のみに存在した制度で、1454年に初めて制定されている。文官1品は孔雀、武官1品は虎、文官2品は鶴……といった具合で、時代によって少しずつ異なるが、大別すると文官は鳥類、武官は獣類であった。

　宮女については、だいたい5-600名程度が様々な部署に所属に配置されており、身分は大まかに経験年数により見習い内人→内人→尚宮という等級があった。早ければ4，5歳で入城するので、幼い内人は服装にさほど縛りがなかったが、正式に内人になると水色や黄緑のチョゴリに藍色のチマで勤務をした。

【写真9】官服の団領に鶴の胸背（左）、宮女の服装（右）（ドラマ《太陽を抱いた月》2012年　© MBC & iMBC）

3-3）両班階級

　男性は、日常では服飾制度で定められる礼服のようなはっきりとした色合いではなく、無彩色を基本的に着用した。パヂ・チョゴリの上に袍と被り物を身に着けるのが礼儀であるとされ、大体白の道袍と黒のカッ（갓）を被って外出した。道袍以外にも、季節や用途に合わせて多様な袍が生み出されたのがこの時期の特徴である。室内でも被り物を脱いだり、袍を脱いだりすることは礼節に反するとされていたので、常に身に着けるべきものとして発達したようである。

　身分の高い女性は、チョゴリの前部分に手を隠す部分がついている唐衣を着用した

が、王室の女性は日常的に使用していたのに対し、その他の両班階級の婦女子は礼服としての使用が許可されていた。また、朝鮮王朝で儒教が基本理念とされ女性の外出が制限されるようになると、中期以降、頭からすっぽりと被り顔を隠すためのスゲチマ（쓰개치마：被りスカート）やヂャンオッ（장옷：長衣）が普及した。当初、スゲチマがより格式高いものとして両班女性たちに使用されており、腰紐の部分の左右を顎下で重ねもって被った。履く用のチマより30センチほど短かったという。ヂャンオッは男性の袍を被り物に代用する形で登場し、主に庶民の女性が両腕の部分を持って被った。後に、持ちやすいようにコルムが付いたタイプが出たり、朝鮮後期に身分に関わらず両者が混用されるようになっていったが、近代に女性も外で活動するようになると、学校で禁止するなどした。

　チョゴリは、朝鮮王朝中期以降、回装といって、衣とは違う色で袖口・襟・コルム・脇下に当て布を当てる形式が流通した【写真6①】。4箇所全てに当て布をする3回装チョゴリは最も格式が高く、上流階級の婦女子のみ許可された。

【写真10】両班の外出時（道袍と長衣、映画《尚衣院》2014年、公式スチールカット、daum映画）

3-4）常民階級

　男女ともに、基本的には白か、染めやすい色を用いていた。男性であれば白、灰色、茶色、褐色などの地味目な色が大半であり、上下同色という場合も多かった。女性は、年齢によってかなり異なっていた。例えばチョゴリは、若い女性が薄紅や黄色、中年が紫や藍色、年長者は白、茶色のように、若いほど明るい色を好んで着ていた。黄色は皇帝の色なので使用禁止であったと前述したが、同じ黄色でも、松花色や梔子色は皇帝の色とは異なるので、女性のチョゴリに使用できたし、なかなか禁令が守られなかった時期もあったようである。婚礼の時だけは、男性は官吏服の団領、女性は円衫

が許可されたが、金箔ないもの、セクトンをつける、など王族とは区別するようにされていた。

【写真11】庶民の衣服（左：映画《王の男》2005年）とキーセンの衣服（右：映画《ファンジニ》2006年、いずれもdaum映画）　左の後ろの観客が庶民、手前は大道芸人

　その他、賤民階級があるが、特筆すべきなのはキーセン（기생【妓生】）である。身分的には賤民であるが、服飾は両班階級の婦女子と同等の権利が認められていた。例えば、1449年に出された服飾禁令でも、鞋に用いる材質について、紗・羅・綾・緞が両班婦女子と女妓以外の女子に禁止された。つまり、妓生は服飾について両班婦女子と同等の権利を有したことになる。

4．現代の韓服

　近代以降、都市工業化が進み、日常的に身につける衣服の価値観も徐々に変容していき、現代において韓服は特別な日にのみ着る「晴れ着」となってしまった。韓服を身につける機会といえば、結婚式のお色直し、そして新郎新婦の母くらい、といっても過言ではない。子供であればトルヂャンチや名節の際に着ることもある。そういった現状を受けて、現代韓国では韓国政府を中心に韓服普及のための様々な努力が行われている。

4-1）国家レベルでの取り組み

　まず、韓服着用を普及させるためには韓服研究の深化と教育機会の提供、商業化が必要ということで、韓国韓服振興センターを2014年に設立した。固有性を主張すると同時に、現代社会に調和する韓服の開発や流通なども積極的に展開している。また、初等教育の重要性を意識して、小学生向けの教材開発や出張講義なども行なっている。

一部の小学校では、1年に1、2回、韓服を着る週間がある学校もあるという。同様に、文化観光部では、職員たちが毎月最終水曜を韓服で出勤する日と定めており、仕事服としての適性を内外に示す努力を行なっている。

　近年の大きな動きとしては、2022年7月に「韓服生活」が国家無形文化財として指定されたことである。古くから着用し続けてきたという歴史性や、着用することによって礼節や格式などの慣習が守られてきたこと、家族共同体意識を強める役割を担っていたことなどが評価され認められたという。今後も、文化財庁主導で学術研究や伝承活性化プログラムが推進される見込みである。

4-2) 各団体における取り組み

　官民問わず、様々な団体で韓服普及のための取り組みが行われている。例えば、ソウルの景福宮では、韓服を着て来れば入場料無料となるサービスを行なっているほか、韓服文化週間に韓服を着れば映画が無料になるなどの特典を受けられる施設もある。韓服文化週間とは、「韓服の日」である毎年10月21日前後にある文化週間で、この期間には全国各地で韓服に関する様々なイベントが行われている。また、天候が暖かくなる4月頃にも実施される。

4-3) 制服として採用する学校

　韓服振興センターなどが中心となり、2019年頃から本格的に韓服を学生服として普及しようという事業が展開されている。韓服スタイルの学生服採用を希望する中学校・高校を全国から募集し、学生服としてデザインされた韓服の中から各学校に合わせて改善し、最終的に学生服として導入している。2020年に16校採用、2021年に35校が採用されている。学生服は夏服・冬服・運動服など用途に合わせた様々なデザインがあるほか、従来のピッタリとしたラインではなく、上衣の幅を広げたりスカートの裾を長くするなどして活動しやすいように工夫されている。

4-4) 現代社会に合うようアレンジされた韓服

　近代に適用するような韓服が生まれたように、現代社会においても様々な韓服が誕生している。そもそも活動性を重視するように近代から韓服の改良は始まっていたが、解放後、1970年代くらいまでの時期に開発された韓服を「改良韓服」と呼ぶ。この時期の特徴は、簡素化、画一化、実用化、礼服化などを念頭に「改良」がなされた。例えば、女性であれば肩紐付きのチマにはコルムを付けずにボタンで留められるようにしたことなどが挙げられる。しかし、この結果、礼服の側面が強調されたあまり、

日常ではますます韓服離れが進んでしまった。そこで、1980年代には日常生活でも気軽に着られることを目指した「生活韓服」が登場した。これも改良韓服の一種とみなすこともできるが、装飾物は最低限シンプルにし、生地も身につけやすいよう工夫されたもので、あくまでも日常で無理なく着用できることを意識した韓服である。また、結婚式やパーティで洋装のドレスを着たい女性が多いことから、韓服ドレス、フュージョン韓服なども開発されている。

　「伝統」とは何だろうか？　朝鮮半島の固有服にまつわる2000年の歴史を見ると、そう思わずにはいられない。そして、未来の韓服はどうなっているだろうか？　従来の韓服を着るのが結婚式だけではなく普段から道端でも見かけるようになっていくのか、あるいはフュージョン韓服のように形を変えながら着用されていくのか、韓服の未来が非常に興味深い。

【日本語の参考文献】
・禹那英 著，鄭銀志 翻訳『イラストでわかる伝統衣装 韓服・女性編』マール社、2020年。
・金文子著、金井塚良一訳『韓国服飾文化の源流』勉誠出版、1998年。
・金英淑 著，中村克哉 翻訳『韓国服飾文化事典』東方出版、2008年。
・杉本正年『韓国の服飾：服飾からみた日・韓比較文化論』文化出版局、1983年。
・張淑煥，原田美佳『朝鮮王朝の衣装と装身具』淡交社、2007年。
・韓東賢『チマ・チョゴリ制服の民族誌』双風舎、2006年。
・柳喜卿・朴京子『韓国服飾文化史』源流社、1983年。
・国際日本文化研究センター「朝鮮写真絵はがきデータベース」
　https://kutsukake.nichibun.ac.jp/CHO/index.html?page=1

【韓国語の参考文献・サイト】
・国史編纂委員会　編著『韓国文化史9：服装と装いの変遷』東亜出版、2006年。
・DAUM映画　https://movie.daum.net/main
・MBC　www.imbc.com
・韓国工芸・デザイン文化振興院　https://www.kcdf.or.kr/main
・国立中央博物館、「e-ミュージアム」　https://www.emuseum.go.kr/main
・東北アジア財団「東北ア歴史ネット」　http://contents.nahf.or.kr/

・文化財庁「国家文化遺産ポータル」 https://www.heritage.go.kr/main/

【映画作品】
・《王の男》（株）シネワールド製作、（株）シネマサービス配給、2005年。日本の配給は角川ヘラルド映画。
・《尚衣院》（株）映画社ビダンギル・（有）尚衣院文化産業専門製作、Showbox Inc.
・（株）ワウピクチャーズ配給、2014年。日本での発売・配給はクロックワークス。
・《ファンジニ》シネ2000製作、（株）シネマサービス配給、2007年。日本の配給はコムストック・グループ、トルネード・フィルム。
・《炎のように、蝶のように》サイダス製作、Showbox Inc. 配給、2009年。日本の配給は、AMGエンタテインメント。

第**8**章　　　　食文化

韓国文化の中で最も関心が高い分野の一つが韓国料理であろう。最近ではスーパーやコンビニでも韓国語の食品・飲料水が売られており、日本の日常生活にまで浸透し始めてきている。食への関心は出版界でも同様で、日韓問わず専門研究書から韓国料理紹介本、レシピ本まで実に多種多様な蓄積がある。

　よって本章では、韓国料理についてのいろはを紹介するというよりは、読者も知っているであろう様々なメニューを通して、その文化的背景を論じることとしたい。メニューごとに探っていくと、実は私たちが抱いている韓国料理のイメージとは違った側面が見えてくるかもしれない。

1．キムチ（김치）とキムヂャン（김장）

　韓国料理と言ってまず思い浮かぶのは「キムチ」あるいは「辛い」ではないだろうか。しかし、私たちが最もよく口にする辛い白菜キムチは、歴史を辿るとそんなに古くから存在していたわけではなかったということに気づく。また、辛いものだけがキムチではない。キムチは実に200種類もあると言われるほど多様なのである。

1–1）キムチの歴史

　キムチの語源は、「漬ける」という意味の朝鮮固有語であった「ディムチェ（딤채）」の発音が転訛した説、高麗時代の文献にある漢字語「沈菜（チムチェ：침채）」を固有語と併用した説がある。沈菜とは、新鮮な野菜を塩水に漬け、汁と一緒に食べることのできる漬物であった。つまり、そもそもは塩漬けの野菜を意味していたのである。この沈菜が登場する以前、三国時代に食べられていた漬物が調理法上のキムチの元祖とされている。この時代には、塩が手に入りづらかったことや新鮮な野菜の栽培が困難なことだったことから、塩と米、酒かす、食酢、醬などと混ぜて発酵させていた。それが時代を下るとともに用いる調味料や野菜が多様化していき、多種多様なキムチが生み出されたのである。

　キムチに唐辛子が使用されるようになったのは、朝鮮王朝時代後期とされている。

持ち込まれたのは、16世紀末、豊臣秀吉による壬辰倭乱（文禄の役）がきっかけとするのが通説で、当時の文献には、「倭」から入ってきたということで「倭芥子」と記されていたという。ただし、佐々木道雄（2009）が指摘するように、壬辰倭乱以前から既に朝鮮で栽培が始まっていたという文献もあるので、通説を鵜呑みにするのは早計である。また、唐辛子の流通についても、通説では唐辛子が流入してすぐさま唐辛子入りのキムチが作られるようになったわけではなく、100年以上後の18世紀中盤になってからとされている。しかしこの点も、佐々木によると文献は支配階級によるものなので、それ以前から庶民の食卓に用いられていたことも念頭に置くべきだと主張する。いずれにせよ、キムチが誕生してから長い間、香辛料系の山椒が用いられていたが、唐辛子の方が栽培や加工が容易ということで、朝鮮王朝時代後期に取って代わられていった、ということは間違いない。

　唐辛子と同様に、現在ではキムチの代表格である白菜キムチも発明されてまだ100年ほどである。元々使用されていた在来種の白菜は根に力がなく葉に隙間があったのだが、中国の清から19世紀末に結球白菜が輸入されるようになった。結球白菜は葉先までぎっしり重なり合っていてキムチづくりに最適というわけで国内栽培を開始し、現在まで主原料として用いられている。

1-2）キムチの地域性と季節性

　一口にキムチと言っても、地域によって天候がだいぶ異なるので味付けなどにも違いが出る。朝鮮半島の北部で作るキムチは、天候が寒冷なため腐敗の心配がなく、唐辛子はほとんど入れず汁気が多い。アクセントで切り刻んだ唐辛子をのせる程度で、調味料として塩水や牛肉のゆで汁を使うところもある。味はすっきりした中に酸味があるので飲料としての役割も大きい。トンチミ（동치미：塩水に浸した大根）や白キムチ（백김치）などが有名である。

　一方、全羅道や慶尚道などの温暖な南部地方では、腐敗を防ぐために水分はなく、唐辛子やニンニクをふんだんに使う。特に全羅道は複数の塩辛やもち米粉ののりも混ぜるため、赤くて濃い味になる。ソウルなどの中部地方は、辛味も水分も両者の中間程度、と見ることができるだろう。主材料以外の具や調味料も地域ごとに若干差が見られる。

　また、冬の間は野菜が採れないので白菜などをキムヂャン（後述）に使うが、春から秋にかけて採れる野菜を使って、浅漬けキムチ（겉절이）を作ることもある。その場合は塩辛を入れない、あるいは淡白なアミの塩辛を少し入れ、あっさりとした味付けにする。大根や白菜、きゅうりやニラなどが代表的である。漬けてすぐ食べられる

が、日持ちはあまりしないので家庭で少しずつ漬けるのが良いとされている。

1-3) キムチの種類

　上記のように、季節や地域によって様々なキムチが存在し、その数実に200種類以上と言われている。ここで全てのキムチを網羅することはできないが、歴史性・地域性に着目していくつか写真とともに紹介する。

【写真1】様々なキムチ（①③⑤韓国民俗大百科、②④⑥韓国民俗博物館）

①トンチミ（동치미）：三国時代には既に大根の栽培が始まっており、白菜が主流となる前は大根が主に使用されていた。トンチミは「冬（凍）沈」とも表記され、越冬用のキムチとして漬けられたのが始まりのようである。大根は丸ごと漬け時間をかけ発酵させる。塩水で漬けるのが基本であるが、地域によっては梨・ゆず・ネギ・生姜・唐辛子・蜜・ニンニクなども入れる。漬け汁も飲めるのが特徴である。

②ナバクキムチ（나박김치）：薄く四角く切った白菜と大根を塩漬けにしてネギ、生姜、ニンニクを入れ、唐辛子の粉をかけたキムチである。主原料は大根を薄く切ったことから、大根の漢字語「蘿蔔（ナボク）」の「ナ」と「薄（バク）」を合わせてナバクキムチになったという説がある。朝鮮王朝初期の文献には既に出ており、祭祀用のキムチとして広く用いられたとされている。よって、後世に唐辛子を入れるようになった後も、赤みが出ないようにガーゼに包んだり、上にのせたりする程度だった。また、トンチミが冬用のキムチなのに対して、ナバクキムチは1年中作れる即席キムチで、特に夏はスープとしての役割も大きい。

③カクテキ（깍두기）：18世紀中葉頃の調理書『謏聞事説』には既に、角切りにした大根にアミの塩辛、唐辛子の粉、ネギ、ニンニクを混ぜて作る「젓무（塩辛大根）」が登場しており、唐辛子がキムチに使われ始めてすぐに登場した料理ということが分かる。漢字語で「毒を無くす」という意味の「刻毒気」、あるいは「乱切りにするさま」という意味の固有語の「깍둑깍둑（ッカクットゥクッカクットゥク）」から今の名前になったのではないか、など複数の説がある。

④白菜キムチ（배추김치）：現代ではキムチと言えばコレであるが、前述のように、キムチの代表格となったのは20世紀に入ってからである。

⑤ニラキムチ（부추김치）：地域によって名称は違うが、ニラを使ったキムチである。ニラも既に高麗時代には漬物として使用されていた記録があるが、現在伝わっている調理法は、塩では漬けず汁気がまったくない。イワシの塩辛や生姜、ニンニク、唐辛子の粉などで和える。特に慶尚道で好んで食べられる。

⑥きゅうりの挟み漬け（오이소박이）：日本では「オイキムチ」として知られている。「소」は薬味などの具材、「박이」は詰めることを意味する。きゅうりに切り込みを入れ、そこに具材を詰めて漬け込んだキムチである。18世紀の文献に初登場し、朝鮮時代後期には、ネギ、ニンニク、唐辛子の粉を入れた現在と同様のレシピがあったことが分かっている。

　ちなみに、キムチは熟成度によっても味わいが全く異なり、発酵段階を意図的に調整し、その時期にあった食べ方が楽しめるのも大きな特徴である。熟成度による名前もそれぞれ、「겉절이（浅漬けキムチ）」、「새 김치（新しいキムチ）」、「익은 김치（熟したキムチ）」、「묵은지（熟成キムチ）」などと区別される。熟しすぎたキムチはご飯と混ぜて炒めたりチゲにしたりするなど他の料理にアレンジできるのも使い勝手が良いと言えるかもしれない。

1-4）キムチの効能
　発酵させる過程で乳酸菌やアミノ酸が作り出されるという。それらを摂取することによって、整腸作用、免疫力アップ、肥満予防、抗がん作用などの効果があるとの報告がなされている。また、どのキムチも野菜が主原料なので、食物繊維やビタミンなど野菜自体に含まれる栄養を効率よく摂取することができる。調味料として用いる生

姜、ニンニク、唐辛子などにもそれぞれ効能があるが、特に唐辛子はビタミンＣが豊富でダイエットや美容にも良いとされている。

　ちなみに、韓国政府はキムチの文化的重要性はもちろん、科学的効果を研究し世界的に広報するために、2010年に「世界キムチ研究所」を設立した。「味の故郷」と言われる全羅道地方の中心、光州広域市で研究事業と産業開発を行うとともに、隣接した「キムチタウン」で教育・文化体験も実施している。

1-5）キムヂャン文化

　2013年12月、キムヂャン文化がユネスコの無形世界文化遺産に登録された。キムヂャンとは、新鮮な野菜が採れない冬が来る前に数か月分まとめて漬ける貯蔵用のキムチのことである。漬ける時期は地域によって若干の差があるが、最低気温０度・平均気温４度ぐらいになる日（11月末〜12月初旬）を選び、家族・親戚が総出でキムヂャンを行う。各家庭が冬食べる分の大量のキムチを漬けるので、近隣住民とも協力しあい、「今日は○○さん家、明日は○○さん家」というように各家を回って一緒に漬けるということもある。そして、漬け終わったキムチは手伝ってくれた人や普段お世話になっている人、経済的に困っている人などに分け合うという。

【写真2】キムヂャン（2023年、全羅南道・宝城）
　　①白菜を2日ほど塩水に漬ける。②白菜を洗い流し、日干する。③調味料に入れるエビ、生姜、梨など。④白菜に調味料を練り込む。

このように、キムヂャン文化はキムチという食べ物のみならず、分かち合い・助け合いの精神が反映された良風であるという理由で文化遺産に登録されることになったという。ところが、実社会においてはキムヂャンを漬ける人は年々減少している。漬け方を知らない、という人の割合も年々増加している。その要因は様々であるが、集合住宅の増加や女性の社会進出により環境上困難になったこと、1995年にキムチ冷蔵庫が発売され1年中キムチの保存が容易になったこと、スーパーや市場でいつでも手軽にキムチを購入できるようになったことなどが挙げられる。特に、近年は中国からの輸入産の割合が高まり、韓国内でも国産キムチへの危惧が生じている。自治体や外国人向けのイベントとしてキムヂャン体験が各地で毎年12月に行われ、「伝統文化」の継承に力が入れられてはいるが、第6章で見た成年の日の「伝統成年礼」のような再現イベントのような役割に収まってしまうのではないか、今後の動向に注目である。

2. 韓国・朝鮮料理の特色

キムチもそうであるが、「韓国料理」と言われて思い浮かぶものは、当然ながら韓国という国が成立する以前から存在していた料理も多数ある。韓国では古くから存在した伝統的な料理を「韓食（한식）」として世界化に努めているが、本稿では、文脈によっては朝鮮半島の料理、という意味で「朝鮮料理」という用語も併記する。

2-1）3楪飯床（삼첩반상）

まず何と言っても、朝鮮料理の基本は主食が米で、それと対を成す形で汁物が添えられる。また、キムチも基本のおかずである。基本食材と一緒に並べられるのが「楪」で、これはおかずを入れる器の意である。楪の数は基本奇数で、朝鮮王朝時代には階級によって定められており、庶民は3-5楪、上流階級は7-9楪という具合であった。宮中は偶数が原則で王と王妃には12楪（＝水刺床）が出された。楪を定めることで、調理方法と食材が重複しない膳をつくることができた。3楪飯床でも十分栄養バランスのよい食事が工夫されており現在でも韓食の基本とされている。お客を家庭に迎える際には、7，9種類のおかずを並べたくさんの品でおもてなしするようにする。

【写真3】昼食の膳（全羅南道宝城、2019年筆者撮影）

【図1】飯床ごとの中身（「膳の種類」全北飲食文化プラザ、より筆者作成）

	基本		ナムル	焼き物煮物	煎	干物醤油漬塩辛	刺身茹で肉	半熟卵
3楪	ご飯汁キムチ調味料		1	1		1		
5楪			1	2	1	1		
7楪		蒸し物	2	2	1	1	1	
9楪			2	2	1	3	1	
12楪			2	3	1	3	2	1

　また、これらのおかずとキムチは一緒に食事をする人と共有するのが一般的である。朝鮮王朝時代の王室や両班男性は1人用の膳で食事するのが基本であったが、現代社会においては、自分専用のご飯と汁物が手前にあり、真ん中にあるおかずをみんなで一緒に食べるスタイルが浸透した。さらに日本と違うのは、ご飯と汁物は匙で、おかずを箸で食べるということである。韓国料理屋に行くと匙もセットで出されるのはこのためである。また、厳密に言うと、匙が左側、箸が右側になるように置く。

2-2）薬食同源（약식동원）

　朝鮮料理の中心的な思想であり、簡単に言うと「薬と食べ物はその根源が同じである」という意味である。つまり口にするものによって健康を改善することもできるし、逆に悪化させてしまうこともあるということで、食事によって健康を維持することが非常に重要視されてきた。「薬飯（약밥）」「薬果（약과）」「薬酒（약주）」など、「薬」を冠する料理名もあるほどである。

　最近、日本でも流通し始めた「ヤンニョムチキン」はご存じだろうか。このヤンニ

ョムの由来は「薬念（약념）」で、「食べることで薬のように体に効くことを念じる」という意味が込められていた（一部料理家は「薬念」説を否定している）。つまり、食材を調理する際に欠かせない味付けも、健康を念頭において作られていたのである。ヤンニョムは実に多様であり、効能などを考慮して調合させて用いられる。よって「ヤンニョムチキン」のような甘辛味がヤンニョムなのではなく、「合わせ調味料／薬味」くらいに考える方が良さそうである。

【図2】代表的なヤンニョムの材料

発酵系	加工調味料	植物由来	魚介類
醤油・味噌・コチュジャン・酢	塩・砂糖・黒砂糖・水飴・ごま油	生姜・にんにく・ネギ・柑橘類・唐辛子の粉・胡椒・芥子・ごま・蜂蜜	塩辛

　また、西洋医学が朝鮮半島に流入する以前は長らく東洋医学により治療・予防を行っていた。日本では「漢方」として知られるが、韓国においては、1986年に韓国独自の東洋医学という意味を込めて「韓医学」「韓方」「韓薬」などと使用漢字が改められた（韓も漢も発音はハン）。近代に西洋医学が流入し、植民地期に序列化がなされたが、解放後、東洋医と西洋医の共存が掲げられ、二元化が進められた。現在、韓方による医療費は国民健康保険も適用され、国民は上手く使い分けて利用しているようである。2010年によるある調査によると、韓方医院を訪問する前に西洋医学の医療機関を訪問した人は67.9％であったという。つまり、西洋医学によって診断を受け、治療についてはより効果的な韓方を選択する、あるいは併用する人が半数以上であったということである。

　このように、韓国では韓方へ健康効果を期待する人々は非常に多い。両親や目上の方へのプレゼントを準備する際にも、韓薬や栄養剤を贈ることがあり、病気予防という意味でも生活に深く根付いていると言える。韓薬としては、様々な植物の根・実・樹皮などを材料とし、料理に混ぜたりお茶として煎じて飲食する。最も有名なのは、高麗人参（朝鮮人参）であろう。韓国語では、同じ朝鮮人参でも、「人参（인삼）」「紅参（홍삼）」「水参（수삼）」「山参（산삼）」など多様な名称がある。高麗人参は「万病の霊薬」として今でも重宝されている。

2-3）五味五色

　薬食同源の考え方に加え、陰陽五行説の思想に基づき、料理も「五」の調和が非常に重要視されている。以下の図は、五味五色の内容である。五色は「五方色」として

方角も定められており、衣服や住居にも重要な影響を及ぼす。

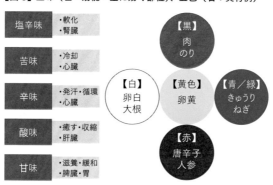

【図3】五味（左：効能・主に効く部位）、五色（右：具材例）

塩辛味　・軟化　・腎臓

苦味　・冷却　・心臓

辛味　・発汗・循環　・心臓

酸味　・癒す・収縮　・肝臓

甘味　・滋養・緩和　・脾臓・胃

【黒】肉 のり

【白】卵白 大根

【黄色】卵黄

【青／緑】きゅうり ねぎ

【赤】唐辛子 人参

　味は効能なども参考にしながら調味料などで調整し、五色は特に王宮料理などで色のバランスを整えた。8種の色とりどりの具材と白い薄皮を容器に盛った王宮料理の「九節板（구절판）」がその代表である。私たちがよく知るメニューとしては、「ビビンパ（비빔밥）」が挙げられる。色とりどりの華やかさから、昔は「花飯」とも呼ばれていた。

2-4）様々な食べ方
　日本ではあまり見られない特徴的な食べ方をいくつか挙げておく。日本食の作法からすると行儀が悪いと思われるかもしれないが、韓国料理では一般的である。

①混ぜて食べる（비벼 먹다）
　ビビンパの「ビビム」は、「混ぜること」という意味で、直訳すると「混ぜご飯」ということになる。盛り付けた美しい「花飯」はぐちゃぐちゃに混ぜて食べるのが正解である。様々な具材と調味料を混ぜて調和させて美味しさがさらに引き出される。他にもデザートで有名な「パッピンス（팥빙수）」も、氷や果物・ソースをこれでもか、と混ぜて食べる姿を韓国ではよく目にする。

②包んで食べる（싸 먹다）
　「ッサム」とは、「包むこと」という意味で、具材を野菜で包んで食べることを指す。昔、正月の満月の日に「福を包んで食べる」＝「福包（복쌈）」という風習があり1年の願いを祈ったと言われている。現在料理名に見られるのは、茹でた豚肉をサンチ

ュなどに包む「ポッサム（보쌈）」、葉野菜にご飯を包む「サムパプ（쌈밥）」などがある。また、焼き肉屋でも肉を野菜に包むのは基本であるし、刺身なども包んで食べる。包む野菜はサンチュ、えごまの葉、白菜などの葉野菜で、ニンニクやコチュジャン、サムヂャン（쌈장：サム用の合わせみそ）など調味料ものせて口にほおばる。

③ご飯を汁に入れて食べる（말아 먹다）

　元々、朝鮮料理のメインはご飯と汁物であったが、それを混ぜて一緒に食べることを「マラ　モクタ」という。汁物にご飯を入れるので、日本で言うと「ねこまんま」のように見えて行儀が悪いと思う人もいるかもしれない。しかし、韓国にはクッパ（국밥）という料理があるほど、一緒に食べるのは一般的な食べ方である。朝鮮王朝時代には、祭祀の際に弔問客にクッパを出すことが多く、作る側も食べる側も便利であった。急いで食事を済ませたい人には最も手軽な料理であろう。クッパでなくても、食事の後半に残ったご飯をスープに入れて食べるという人は珍しくない。

3．料理名から理解する韓国・朝鮮料理

　上記のように、料理一つ一つに登場した背景や親しまれるようになった歴史があるし、実に多種多様な料理が存在するので、ここで網羅的に紹介することはできない。そこで、本節ではいくつかの具体的な料理名を紹介し、韓国・朝鮮料理の理解に役立てることとしたい。

3-1）汁物 ── クク・タン・チゲ・ヂョンゴル

　汁物は、白米とともになくてはならない韓国・朝鮮料理の主役である。ご飯を食べる時は、必ずその横に汁物がある。古代、農耕文化の開始とともに汁物が存在し、食品や調理方法の発展により細分化されていった。よって、同じ汁物でも**クク・タン・チゲ・ヂョンゴル**と名称も色々ある。

　まず、比較的汁気が多い汁物をクク（국）とタン（탕）と呼び、ククは固有語で「汁」の意味、タンは漢字語で「湯」と表記する。ククとタンの違いについては研究者によって見解が異なり、一般的にも境界が曖昧である。恐らく、汁物を意味する朝鮮王朝時代の文献に見られる「羹（갱）」「臛（확）」「湯」という漢字語が、当時材料や用途によって細かく区分されていたものが、固有語である「クク」と混用され明確な定義がないまま現在のククとタンに固定化されていったのではないかと思う。民俗大百科

事典には、ククは一般的な用語で、タンは薬用、あるいは長時間煮込んだクク、としている。汁物の中でも、タンは薬食同源に基づいて考案されたか長時間煮込んだメニューに付けられる名称というのが特徴と言える。

　共に煮込む材料は野菜・肉・魚介・海藻など様々で、味付けも塩・しょうゆ・塩辛・味噌などさまざまである。ククは「미역국（わかめスープ）」「된장국（味噌スープ）」「떡국（餅スープ）」「콩나물국（豆もやしスープ）」などが、タンは「매운탕（メウンタン）」「설렁탕（ソルロンタン）」「곰탕（コムタン）」「감자탕（カムジャタン）」「갈비탕（カルビタン）」などがある。ククの場合は調味料や素材がそのまま名称となっているのでイメージしやすいが、タンは名称だけだとよく分からないものも多い。メウンタンは「辛い湯」という意味だが、コチュジャンを入れるのが特徴で、メインで魚を入れ、豆腐や野菜などとともに煮込んだ料理である。ソルロンタン、コムタン、カルビタンは全て牛肉を煮込んだものだがソルロンタンは様々な部位の骨をふんだんに入れ、コムタンは骨や肉の他に内臓も入れ、カルビタンはあばら骨を入れている。カムジャタンは豚の背骨とジャガイモ（カムジャ）を長時間煮込み味噌や唐辛子粉など香辛料をたくさん入れた濃厚な料理である。

　一方、チゲ（찌개）とヂョンゴル（전골）は汁気が少な目で具材が中心の料理である。いずれも日本語の「鍋物」と思って差し支えない。具体的には、材料名を冠して「된장찌개（みそ鍋）」「김치찌개（キムチ鍋）」「순두부찌개（豆腐鍋）」「쇠고기전골（牛肉の寄せ鍋）」「닭고기전골（鶏肉の寄せ鍋）」「두부전골（豆腐の寄せ鍋）」などがある。チゲは具材を煮込んでから提供し味付けも濃厚なのが特徴なのに対し、ヂョンゴルは食材を鍋に入れた状態で提供し、目の前で火を入れながら食べる即席料理という違いもある。

【写真3】カルビタン（左：2016年、釜山）とキムチチゲ（右：2013年、ソウル）

3-2）麺類 ── ミョン・ククス

　麺類も韓国人に愛されるメニューであり、主食として、あるいは間食として、様々

なシーンで食されている。麺類を表す料理名としては、固有語の「ククス（국수）」と漢字語の「麺（면）」があり、加工方法、原料、調理方法によって分類することができる。文献上確認できるのは、高麗王朝時代、上流階級の祭祀や宴会の時に出されるメニューとして普及していたことが分かっている。これは朝鮮王朝時代にも引き継がれた傾向であり、一度に大勢のお客さんに提供することができるという利便性の他に、麺が白く細長いことから「清く末永く幸福が続く」縁起物として重宝された。現代でも結婚式やトルヂャンチ、還暦祝いにも「ヂャンチククス（잔치국수）」として提供される。ここから転じて、結婚式に参列するという意味で「ククスを食べる」という比喩表現が生まれ、「いつククス食べさせてくれるの？」と聞くことは「いつ結婚するの？」と同義になった。

　今では韓国料理の代表麺食となっている冷麺（냉면）は、元々北部地方、それも冬に食べられていた料理であった。蕎麦粉で作った麺をトンチミの汁に入れ、茹で肉、キュウリや梨、ゆで卵などをのせる。すっきり爽やかな味わいがある。朝鮮王朝時代後期には、国王の高宗や首都・漢城の官吏たちにも食されていたという記録がある。甲午改革によって、それまで王朝が管理していた氷が民間会社で製氷・貯氷することが可能になり、夏でも冷たい冷麺が食べられるようになった。植民地期には、ソウルに平壌冷麺（평양냉면）として多くの冷麺屋が並び、大衆化が進んだという。

　一方、咸鏡道では、朝鮮王朝後期以降盛んになったジャガイモ栽培を契機に、蕎麦粉とジャガイモ澱粉を混ぜて製麺するようになった。これを植民地期に流行していた平壌冷麺に対比させる形で咸興冷麺（함흥냉면）と名付け南部地方にも浸透させていった。韓国人は、咸興冷麺と聞くと、ビビム冷麺（비빔냉면）を想像するそうであるが、厳密に言うと誤りであるという。ビビム冷麺は、スープがない混ぜ冷麺のことで、肉や刺身をのせて、ヤンニョムで混ぜて食べる。この咸興式の冷麺をビビム冷麺と言っているが、咸興には平壌のようにスープを入れた冷麺もある。ちなみに、スープに入っている冷麺のことを水冷麺（물냉면）という。また、現在韓国で出されている咸興冷麺は、ジャガイモよりサツマイモの方がよく採れるので蕎麦粉とサツマイモ澱粉を使用した麺が主流である。

　このように、麺の原料に使われるのは蕎麦粉が主流であったが、解放後、アメリカとの協定により余剰生産物として小麦粉が大量に輸入されるようになって以降、小麦麺が台頭していく。例えば、釜山に移住した北部からの避難民は、現地で元々食されていた小麦粉麺で冷麺をつくり、「ミルミョン（밀면）」を開発した。ミルとは、小麦の意である。ミルミョンは釜山のご当地料理としてすっかり一般化している。

　小麦粉の流入により、製パン業成長や粉食（小麦粉で作った料理）店の登場など、

食文化への影響は様々であったが、その中でも特にインスタントラーメンの普及は目覚ましい。インスタントラーメンは、1958 年に日清食品が「チキンラーメン」を発売したのが世界初の商品であるが、日本の即席ラーメン技術を導入し 1963 年に韓国で初めて発売されたのが三養食品の「三養ラーメン（삼양라면）」である。三養食品の会長が当時の食糧難を解決するために開発したという。しかし、発売当初、韓国人は米食が主流でインスタントラーメンにはさほど関心を示さなかったと言われている。そんな中、朴正熙政権による粉食奨励運動やロッテ工業（現：農心）の「ロッテラーメン（롯데라면）」発売が追い風となり、急成長を遂げた。農心の商品でかの有名な「辛ラーメン（신라면）」は 1986 年の発売である。以降、インスタントラーメンは韓国人が好んで食べるソウルフードの一つとしての地位まで登りつめた。韓国で「ラーメン」と言えばインスタントラーメンであり、粉食店などで「ラーメン」を注文しても、インスタントラーメンが出てくるほど浸透している。2022 年の調査データによると、世界でのインスタントラーメン消費国ランキングで日本は 5 位、韓国は 8 位にランクインしているが、国民 1 人当たりの消費量は消費量 3 位のベトナムと並んで、圧倒的 1 位である。1 年間に韓国人は 80 食、4，5 日に 1 回はインスタントラーメンを食べている計算になる。

【写真 5】冷麺製麺機（左）と蕎麦粉の冷麺（右、いずれも全羅南道宝城、2019 年筆者撮影）

3-3）肉類

　肉も古くから食べられてきた記録が残っているが、仏教伝来以降はしばしば殺生禁止令が出されていた。肉食タブーが解けたのは朝鮮王朝に入ってからで、料理法も多様化し、また食す部位も頭から足まで、無駄なく使用されるようになった。ただし、朝鮮王朝時代の肉料理は高級料理として扱われ、一般においては冠婚葬祭など特別な時に出されるご馳走としての側面が強かった。また、肉を食してしまうということは、家畜用の頭数が減少することを意味するため、健康な家畜を食用目的でさばいたりす

る行為は朝鮮王朝によって禁止あるいは統制されていた。韓国料理と言えば私たちもたくさんの肉料理を思い浮かべることができるが、実は近代に入ってから、特に解放前後に一般化したメニューがほとんどなのである。肉といっても色々な動物肉を使用した料理があるが、ここでは代表的な牛・鶏・豚を使ったメニューを簡単に紹介したい。

　朝鮮王朝時代に最も愛されたのは牛肉（소고기）である。従って、「肉」と言えば牛肉のことを指す場合が多かった。例えば、カルビ（갈비）は、胸あたりの骨とそれについた肉を呼ぶ言葉として日本でも定着しているが、「カルビ」と言えば牛肉カルビであり、豚肉カルビは「トェジカルビ（돼지갈비）」、鶏肉カルビは「タッカルビ（닭갈비）」と頭に「豚」「鶏」を付けて区別するのである。ただし、面白いのは、（ソ）カルビやトェジカルビと言うと、その部位の肉、あるいはその部位を使った肉料理を指すのに対して、タッカルビは部位を指すというよりは、料理名を指すことがほとんどである。タッカルビは 1960 年代に江原道・春川で開発されたメニューであるが、鶏を丸ごと切り、サツマイモ、えごまの葉、お餅などと混ぜて炒めた料理である。最近は最初から骨を除いて提供することがほとんどである。

　話を牛肉に戻すと、カルビと並んで知名度が高い牛肉料理に「プルコギ（불고기）」がある「プル」は火、「コギ」は肉の固有語である。牛肉に味付けをしてから直火で焼く料理のことを言うが、プルコギという名称は、1950 年前後に登場したと言われており、由来も諸説ある。大衆化したのは 1970 年代以降のことである。ちなみに、日本で焼肉文化が定着したのは戦後のことであり、在日の方々が商売として始めて以降広がったことは有名である。よって、焼肉文化も韓国ルーツだとイメージする読者も多いかもしれないが、韓国では日本のような色々な肉を総合的に扱う「焼肉屋」は一般的ではない。最近でこそ様々なメニューを扱うお店も出てきているが、元々韓国では、「豚カルビ屋」「コプチャン（モツ焼）屋」「炭火プルコギ屋」など提供の仕方や肉の種類などを細分化した形態が大半であった。

　鶏肉（닭고기）も、朝鮮王朝時代には貴重な肉として特別な日に出される程度であった。ところが、植民地期の 1920 年代に朝鮮総督府が卵の増産を目的として、全国の農村家庭に養鶏を積極的に奨励したという。鶏肉を使った家庭用レシピが文献上に登場するのも、1920 年代が初めてである。以降、鶏肉消費が一般でも可能となり、様々なメニューが登場した。1960 年代に養鶏産業が本格化した際、当初は余り物だった鶏足が安価に取引されるようになった。これを利用したメニューがタッパル（鶏足：닭발）として、居酒屋のおつまみとして開発され、急速に浸透した。臭いを消すために味付けはかなり辛めだが、コラーゲンも豊富で美容にいいということで男女問わず気軽に食べるメニューとなった。この時期、様々な鶏肉メニューが各地で開発される

わけだが、前述のタッカルビは春川、他にも慶尚北道の安東には「チムタク（찜닭：蒸し鶏）」が有名である。これは 1980 年代に安東の市場で商人たちによって開発されたメニューで、2000 年頃に全国に急速に広がった。チムタクは鶏肉をぶつ切りにして、人参やジャガイモなどの野菜と春雨を入れ、唐辛子やニンニクで味付けした煮込み料理である。

　そして近年、国内外で最も有名な鶏肉料理と言えば、チキンではないだろうか。元々、1960 年代にソウルの市場などで「鶏の丸焼き（전기구이 통닭）」が売られていたが、1970 年代に入り食用油の流通が始まると、油で揚げる「フライドチキン（略してチキン）」が大衆化した。さらに、1980 年代には水あめとコチュジャンで味付けする「ヤンニョムチキン（양념치킨）」が登場し、チキン文化が一層浸透していったという。なお、1997 年の IMF 通貨危機の際には、リストラされた人たちが相次いでチキン屋さんを開業したことから、現在でも「脱サラしてチキン屋開業」ルートは珍しくない。配達サービスとも相まって、家でも外でも気軽に楽しめる代表的な韓国の食文化の一つとなった。また、チキンと一緒にビールを飲むことを「チメク（치맥：チキンとビールの頭文字）」と呼ぶが、これは 2002 年日韓ワールドカップを観戦する際に流行したことから定着した文化だと言われている（言葉の定着は 2010 年 W 杯以降とも）。

　豚肉（돼지고기）は昔からなかったわけではなく、平安道や黄海道など北部の人々は好んで食べていたという。しかし、南部の人々は解放後も牛肉を好み、豚肉には関心を持たなかった。1960 年代の新聞報道においても、様々な理由から豚肉が受け入れられず、結果として豚肉料理の可能性が広がらない現状が指摘されている。そこで韓国政府が主導となって、1970 年代以降、豚肉料理のレシピ開発や栄養学的価値を積極的に宣伝し、豚肉消費促進運動を展開した。それが徐々に功を奏したのか、1980年代初頭に牛肉の消費量を豚肉の消費量が上回ったという。現代においては、安価に美味しく食べられる料理として様々なメニューに用いられていることが分かる。国民的メニューとしては、「サムギョプサル（삼겹살：三枚肉）」が挙げられるだろう。豚肉の脂肪・赤身・筋肉が三層をなしていることからこの名称になった。分厚く細長くスライスした肉をそのまま焼き、葉野菜に包んで食べる。

3-4）パンチャン（副菜、おかず：반찬）

　主食に添えられるパンチャンこそ千差万別で挙げるときりがないので、ここでは調理法が料理名になっているものを紹介しながら整理してみたい。

【図4】調理法から見るパンチャン

調理法	意味	料理名例
〜ムッチム（무침）	和え	오이무침（きゅうり）、도토리묵무침（どんぐりのこんにゃく）、새우무침（エビ）
〜マリ（말이）	巻き	계란말이（卵）、김말이（のり）
〜クイ（구이）	（丸）焼き	생선구이（魚）、꼬치구이（串）
〜ポックム（볶음）	炒め	낙지볶음（テナガタコ）、멸치볶음（いりこ）、볶음밥（ご飯）
〜ッチム（찜）	蒸し	아구찜（アンコウ）、꽃게찜（ワタリガニ）、계란찜（卵）
〜ヂョリム（조림）	煮つけ	고등어조림（サバ）、장조림（醤油）、감자조림（じゃがいも）

　和え物は「〜ムッチム」であり、前に食材名を入れる。食材は野菜や海鮮、海藻など様々なものを用いることができ、ヤンニョムで和える。日本では珍しいどんぐりやききょうなども定番の和え物として食卓に並ぶ。ムッチムの一部とも言えるナムル（나물）は山菜に限られる。季節ごとに山で取れる旬な食材を利用する。また、味付けもムッチムとは違い、唐辛子やお酢はほぼ使わず、素材の味を活かした素朴さが感じられる。

　次に、「〜マリ」は巻くという意味で、日本語で言う卵焼きは「卵巻き（계란말이）」となる。他にも野菜を肉で巻いたりする料理もある。興味深いのは、日本語ののり巻き・巻き寿司と同形態の料理は「キムパプ（김밥：のりご飯）」と呼んでおり、文字通りの「海苔巻き（김말이）」は、韓国では春雨や野菜をのりで巻いて揚げたものを指す。料理のどこにポイントを置いているのか、で名称が少しずつ異なっている。

　火で焼く系では、まず丸焼きにする「〜クイ」がある。韓国でも海鮮はよく食べられるが、特に魚は〜クイとして食べることが多い。調理して炒めるものは「〜ポック

ム」と言う。肉でも野菜でも魚介類でも、炒め料理にはポックムが使える。ただ、ご飯を炒めたものは順序を逆にして「ポックムパプ（볶음밥）」と言うのと、お餅を炒めた料理は「トッポッキ（떡볶이）」と語尾を少し変える。「ポックム」は炒める「こと」に、「ポッキ」は炒めた「もの」にそれぞれ焦点が置かれているが、語源は同じである。

　油を使わずに長時間火にかけるものとして、「〜チム」がある。これは元々蒸し器を使って蒸していた料理に付けられた名称のようであるが、現在では水分少な目で長時間煮込んだ料理を言う。食材も魚介類、肉類に使え、野菜やキノコ類、卵なども加えることができる。一方、食材に調味料がしっかり染み込むように長時間煮込む料理を「〜チョリム」と言う。「チャンヂョリム（장조림）」も調味料である醤油に焦点が当たっているが、食材は牛肉のすじ、ウズラの卵、しし唐などを入れて煮込んだものである。チョリムは醤油で煮込んだものが多いが、魚介など臭いが気になるものにはコチュヂャンを入れたりもする。

　このように、食材名と調理名を韓国語で覚えておくと、料理名を聞いただけでどんな料理か想像できるので、韓国料理を食べに行った時に少し役に立つかもしれない。ちなみに、おかずの中でも、日持ちがよくいつでも取り出して食べられるおかずを「ミッパンチャン（밑반찬：常備菜）」と言い、家庭ではたくさん作っておいてストックしておくのが一般的である。料理するのが面倒な時や急に来客があった時など、ミッパンチャンをいくつか取り出して、ご飯と汁だけ作れば栄養のある食事が簡単にできるわけである。近年こそファストフードやジャンクフードが韓国内でも台頭してきているが、従来の韓国・朝鮮料理の根本には栄養重視・おもてなしの精神がよく反映されている。

【日本語参考文献・サイト】

・朝倉敏夫『世界の食文化①韓国』農山漁村文化協会、2005年。
・佐々木道雄『キムチの文化史』福村出版、2009年。
・鄭大聲『朝鮮半島の食と酒』中央公論社、1998年。
・諸昭喜「韓方医学における疾病の社会的構築：産後風を事例として」『人体科学』
　27巻1号、2018年、人体科学会。
・趙善玉『いちばんやさしい韓国料理』成美堂出版、2013年。
・周永河「韓国人のテーブルマナー：歴史人類学的視角からのアプローチ」『社会
　システム研究』特集号、立命館大学社会システム研究所、2017年。
・周永河　著、丁田隆　訳『食卓の上の韓国史：おいしいメニューでたどる20世紀

食文化史』慶應義塾大学出版会、2021 年。

・崔俊植　著、崔京国・荒井淑子　訳『やさしい韓国文化の話 52——チョガクポから儒教まで』かんよう出版、2016 年。

・服部津貴子　監修『世界遺産になった食文化 7 わかちあいのキムジャン文化　韓国料理』WAVE 出版、2015 年。

・韓福麗　著、守屋亜記子　訳、朝倉敏夫　監修『キムチ百科：韓国伝統のキムチ 100』平凡社、2005 年。

・尹瑞石　著、佐々木道雄　訳『韓国食生活文化の歴史』明石書店、2005 年。

・世界ラーメン協会（WINA）　　https://instantnoodles.org/

【韓国語参考文献・サイト】

・国立民俗博物館『韓国衣食住生活事典：食生活』国立民俗博物館、2018 年。

・韓食振興院　　https://www.hansik.or.kr/main/main.do

・全北飲食文化プラザ　　https://jbfood.go.kr/

第**9**章　日常生活における礼儀・マナー

　　マナーに関する考え方は国・民族によって様々で、非常に興味深いテーマの一つである。ただ、なぜそのようにするのか、由来がよく分からなかったり、はっきりと明文化された決まりがあるわけではないので、「よそ者」にとっては非常に苦労する部分でもある。その地域に住む人々が何となく行っている習慣やしきたりだったりするわけで、最も「国民性」「民族性」が現れる部分、と言ってもいいかもしれない。場合によっては、ある国では守るべきマナーとされていることが他の国ではタブーとされていることもあるだろう。

　　重要なのは、マナーに良し悪しの序列関係があるのではなく、国や文化によって違いがある、ということを理解することである。「日本の常識は世界の非常識」のつもりで、現代韓国のマナーについて見てみよう。本章では、日韓で特に差がある事象を中心に取り上げたい。

1．礼節：年長者に対する礼儀

　韓国語には、マナーの類義語として、礼節（예절）という言葉がある。これは、時・場所・相手に合わせて状況に合わせた言葉・行動を選択することを言う。つまり、公共の場で他人に失礼に当たらない行動を心掛けるマナーに比べて、人間関係における秩序や位階を遵守するという意味合いが多く含まれている。朝鮮王朝時代の長い間、儒教による社会構築が行われた結果、現代韓国においても年長者に対する決まり事が圧倒的である。ここでは、年長者に対するマナーとして代表的なものを挙げておく。

1-1）言葉遣い：敬語
　韓国語にも日本語と同様、敬語が存在するが、大きく分けて、「主体敬語法」と「相手敬語法」がある。主体敬語法とは、話題になっている人（主語）に対する尊敬語で、用言を「〜なさる・〜でいらっしゃる」というように尊敬表現に変える方法と、呼称に「様」を付ける方法、専用の助詞・動詞を用いる方法がある。重要なのは、日

本ではウチソトの概念で、取引先には自身の社長のことを低めて言ったり、自分の父母には敬語を使わなかったりするが、韓国語ではいずれも厳禁である。目上の方には、たとえ家族でも、そして外の人間の前でも、必ず主体敬語法を用いる必要がある。

　相手敬語法は、聞き手に対する尊敬語で、聞き手が誰であるかによって、語尾をタメグチか敬語か決定する。同じ敬語でも、例えば「〜ハシプシオ（하십시오）体」と「ヘヨ（해요）体」などがあるが、ハシプシオ体は格式表現として、公式的な場で用いるフォーマルな敬語である。一方、ヘヨ体は非格式表現と言われ、敬語ではあるもののよりカジュアルな言い方で、１対１で会話する場合や慣れ親しんだ間柄で使うことが多い。場面や相手によって、敬語の度合いをうまく使い分けるのである。

1-2）ヂョル（절：伝統的な挨拶姿勢）

　人と人が出会った時、挨拶の言葉とともに会釈をしたりお辞儀をしたりして姿勢を変える。韓国の伝統的な挨拶姿勢に、「ヂョル」という方法があり、日本語ではこれを「お辞儀」と訳している書物をよく目にする。しかし、ヂョルは日本式のお辞儀とは姿勢も意味合いも違い、むしろ姿勢だけだと「土下座」のようにも見えるので、ここでは安易に日本語訳を付けることを避けた。

　ヂョルとは敬うべき相手に対する基礎的な動作であり、冠婚葬祭の際や名節の際、年長者や亡くなった方に対して行う。基本姿勢は、直立状態で「拱手（공수）」をする。拱手とは、下腹部あたりの前で両手を下げた状態で合わせることである。手のひらを内側にし、親指を絡ませて両手を重ねる。注意が必要なのは、男女で手の上下が変わることである。男性の場合、通常は左手が上に来るように重ね、弔事の際には逆にする。女性は男性の逆で、通常時が右手を上に、弔事の際には左手を上にする。コンスは現代においても重要な礼節であり、子供たちには必ず「拱手！」と掛け声をして拱手姿勢ができてから挨拶をするように教育する。

　ヂョルの種類は、丁寧度が高い順から、①クンヂョル（큰절：大きいヂョル）　②ピョンヂョル（평절：平ヂョル）　③パンヂョル（반절：半ヂョル）がある。

①クンヂョル

　最も敬うべき相手、つまり父母や祖父母を始めとする８親等以内の目上の方や亡くなった御先祖様に行う。クンヂョルを受けた相手は返礼をしなくても良い。男性は、拱手状態から手を床につくと同時に左脚→右脚の順にひざまずき、左足が下に来るように深く座る。肘は床につけ額は手に当てたまま数秒間静止する。その後右脚からゆ

っくり起き上がり拱手姿勢に戻る。女性は、拱手を肩まで上げ腕を水平にし、額に手を当てたまま腰を下ろす。左脚からひざまずき座るのは男性と同様であるが、右足が下になるように座る。女性の場合、昔は頭に様々な装飾品を付けていたので完全にひれ伏す姿勢はとらず、額と手をつけたまま45度腰をかがめて数秒間静止する。その後、男性と同様に起き上がる。

②ピョンヂョル

　目上の方、あるいは冠婚葬祭などでお互いにヂョル（マッチョル：맞절）をする必要がある時に行う。男性はクンヂョルとほぼ同じ手順だが、床についた手に額に触れたらすぐに起き上がる。女性は、両手は横に下げた状態からひざまずき、横の床に両手のひらをつけて45度頭を下げれば良い。

③パンヂョル

　目上の人が年下の人に返礼をする時や簡略的に挨拶をする時に行う。男性はクンヂョルの手順で行うが、頭は深く下げずお尻と平行になるくらいの高さまでしか下げない。女性は、ピョンヂョルの手順で行うが、頭を少し下げるのみで良い。

　ヂョルの回数は、男性1回、女性2回が基本であるが、亡くなった方に対しては、その倍数だけ行う。

【写真1】結婚式での新郎のヂョル（左から右の流れで行う。2017年ソウル）

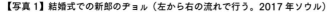

　この挨拶姿勢は、冠婚葬祭など特別な時に行うもので、普段は日本のようにお辞儀で済ませるが、拱手を意識するのと、相手によって頭を下げる角度を変える。

1-3) 握手・ものの受け渡し

　目上の方と握手する際やものを受け渡しする際は、片手で行うのは厳禁である。片

手でやり取りするのは非常にぞんざいな印象を与える。やり取りする方の手首にもう片方の手を添えるか、わきの下やわき腹あたりに手を添えるのが望ましい。日本に長年滞在し韓国語を教えるネイティブ講師なども、日本にはそういう文化がないことは知っているにもかかわらず、韓国語を学ぶ学生が片手でプリントを渡したりすると、「両手でね！」と注意したりする。そういった場面を目にする度、文化の違いとしては受け入れられないほど、深く根付いた本能のような感覚なのだと思われる。

2．食事マナー

2-1）基本的な食べ方

　まず、箸を使って食事をするのは日本と共通するが、箸はおかずを食べる際にのみ使い、ご飯とスープは匙を使うのが正しい。よって食堂に入ると必ず匙と箸がセットで出てくるようになっており、両者をせわしく持ち替えながら食事をすることになる。面倒くさいからと言って両方を持ちながら食べるのは厳禁である。また、スープは匙を使ってすくうので、日本のように器を手に持って食べてはいけない。

　前章で確認したとおり、ご飯とスープ以外のキムチ、おかず、メイン料理などは一つのお皿をみんなで一緒に食べる。日本ではマナー違反とされる直箸も問題ない。むしろ仲のいい間柄では、焼き魚などの身を自分の箸で取って自身の子供や恋人・配偶者のご飯の上にのせてあげるのが愛情表現だったりもする。体にいいものはどんどん食べてほしい、という気遣いなのだ。とにかく、みんなで分け合いながら楽しく食べるのがコリアンスタイルである。また、おかずなどは日本のように綺麗に食べ尽くさなくても良いとされている。全てのお皿を空っぽにしてしまうと、量が足りなかったのか、と食事提供者へ思わせてしまうことになるためである。ただし、近年は残飯をなくす動きが起こってきており、無制限に提供されるおかずなども、セルフバーとなって「自分が食べる量だけ持って行ってください」といった注意書きがなされるようになった。また、朝鮮王朝時代の支配階級が食べていた形式のようにおかずもすべて個人専用の小皿で食べる方法も、コロナ前の高級料理店などで提供されていたし、コロナ以降増えているような印象を受ける。

【写真2】 ソルロンタン屋さんのおかず提供（釜山、2023年筆者撮影）

テーブルにあるキムチや調味料などをトングで個人の専用プレートに取り飲食するスタイル

　食事中の注意点については、韓国ドラマなどを見るとかなり騒がしく会話しながらご飯を食べているイメージがあるが、基本的には口に食べ物を含みながらしゃべるのはマナー違反である。意外なのは、人前、特に食事中に音を立てながら鼻をかむ行為が韓国の人に想像以上の嫌悪感を抱かせるということである。日本であれば、春先には花粉症も流行するし、辛い物や熱い物を食べるとついつい鼻水が出てしまう、ということで鼻をかんでいる人がいても仕方ない、さほど気にならない、といった程度の軽い認識だと思うが、韓国の食堂でそれをやってはいけない。実際、日本の国際空港のうどん屋さんで「ブーブー」音を立てながら鼻をかむ日本人男性に、筆者の連れの年配の韓国人男性が激怒してしまい、一触即発状態になってしまったこともあった。

　では、韓国の人は食事中に鼻水が出たらどうするのか。なるべく音を立てずにティッシュで拭うか、席を立ってトイレなどで鼻をかむらしい。また、ここは日本人と違うと感じる部分であるが、韓国の人と共同生活（同居）をしてみると、洗面台や浴室で素手のまま鼻をかむ場面を度々目撃する。もちろん、人によって違うという意見もあると思うし、絶対ではないことは承知している。ただ筆者の実体験で例を挙げると、その日初めて学会で会った韓国の研究者の方とホテルで相部屋になった際、浴室から「ブー！ブー！」と素手で鼻をかむあの独特の音が割と長時間続いた。気を許している家族や友人だけではなく、親しくない人がいても見えないところであれば素手で鼻をかむことに抵抗はないのか、と感慨深かった記憶がある。「鼻をかむ」という行為について、日韓でこんなにも認識が違うとは驚きである。

2-2) 食事における「長幼有序（長幼の序）」

　食事の場面おいても礼節、特に目上の人に対する礼儀は気を使わないといけない。最も重要なのは「長幼有序」という観念である。「長幼有序」とは、儒教における5つの道徳法則（五倫）の一つで、年長者と年少者の間には明確な順序と秩序がある、ということである。よって、食事の際にも、目下の者は最年長者が食事に箸をつけるまで食事を始めてはならず、待機するのである。家庭内でも同様である。年長者が食べ始めるのを確認してから、自身も食べ始めるのが礼儀正しいとされる。さらに、最年長者より早く食べ終えてはいけないし、ましては先に席を立つということは考えられない。食べるのが遅くて一人だけ食べ続ける気まずさを年長者が感じないよう、目下の者はスピードも調整しないといけないのである。

3．お酒の席

3-1) 目上の方と飲む時

　お酒を飲む際には、食事以上に気を付けることが多々ある。本来、お酒を飲める年齢になった若者、特に男性は初めてお酒を飲む際には父親、あるいは年上の男性親族と共にし、「飲み方」を学ぶことが常である。失礼のない飲み方を学んだうえで、社会に出るのである。

　目上の方にお酒を勧められたら、両手でグラスを持つか、グラスを持っている方の腕や手にもう片方の手を添える必要がある。前述した通り、片手でお酒を受け取ることは厳禁である。目下の者が年長者にお酒をつぐ場合も同様で、両手で瓶を持ってつぐ必要がある。乾杯をする時は、自分のグラスは年長者よりも気持ち下にしてグラスをあてると良い。

　お酒を飲む時は、目の前に年上の人が座っている場合は顔を横にして飲む。年長者の方を向いて堂々と顔を見て飲む、ということは絶対にしない。周りが先輩だらけ、という時は本当に困ってしまうが、後ろを向いて、なるべく飲む姿を見せないようにするのが望ましいだろう。そしてお酒は基本一気に飲んでグラスを空け、空の状態からおかわりをもらう。まだ残っているのにつぎ足すことは死者へのお酒の注ぎ方と同じなのでタブーである。談笑中でも常に周りを気にして、相手のグラスが空になる頃にすかさず新しくお酒をつぐ。自分でお酒をつぐ手酌も基本NGである。日本で「乾杯」は最初の一回、が基本であるが、韓国の場合は途中でもちょくちょく「乾杯」が行われる。盛り上がっている席だと、お酒をつぐたびに「乾杯〜！」の声が響く。

3-2）お酒が飲めない時は……

　上記のような飲み方は、お酒が強ければ全く問題がないが、お酒が弱い、あるいはまったく飲めないという人は大変だ。目上の方に勧められたら、断らずに受け取るのが礼儀であるためである。筆者自身もビールや焼酎はあまり飲めないので、留学時代に非常に苦労した記憶がある。友人たちからのアドバイスは、とりあえず目上の方に勧められたらお酒は受け取っておいて、見えない場所（テーブルの下など）で空のコップに捨てるなどをすればいい、ということであった。お酒が少々もったいない気もするが、面と向かって断ると角が立つので、お酒代より人間関係を優先する、ということであろう。

　だが最近は日本でもアルハラという言葉があるように、韓国でもお酒の強要は問題視されている。自身の酒量を上回る場合は、角が立たない程度にやんわりと断るべきであろう。とは言え、曖昧な対応だと相手があまり理解してくれない可能性があるため、「お酒は飲めない」「この後仕事がある」「薬を服用している」等々、しっかりと理由をつけて断ると良い。

　一般的に食事をするお店では、ビール、焼酎類は必ず置いてあり、基本はどちらか、あるいは両方を瓶で頼んでみんなで一緒に飲むというスタイルである。お店によってはマッコリなども置いてあることがあるが、日本ほど選択の余地はない。そして、個々人で頼むことはしないので、「僕はレモンサワー」「私はピーチウーロン」なんていうこともできない。また、複数のお酒を混ぜて飲む爆弾酒も大好きだ。一般的にはビールと焼酎を混ぜて作る。

3-3）お会計

　基本的に割り勘という発想はなく、誰かがまとめてお会計するのが一般的である。おごるのは大抵、年上の人あるいは男性が払う習慣であるが、これも一種の儒教的道徳と言えるだろう。権力や経済力を持つ人がおごって当然、というわけで、おごることによって「力」を可視化することにもなる。逆に、年上なのにおごることもせず割り勘で、と言い出した暁には「あの人はケチでおごる器もない」というように年下の人から尊敬の念を受けられなくなってしまう。経済的負担を甘受する見返りが、年配者としての体面だと言うことができるであろう。

　同性で同い年、という友人同士の場合だと、「今日は私がおごるから今度はあなたがおごってね」というように交互に払ったり、「食事は私が払うから、食後のコーヒーはあなたが払ってね」というようにバランスを取る。そもそも、韓国料理はみんなでシェアするものであり、お酒なども一緒に飲むので、どこからどこまでが誰の支払

い、と決めるのが難しいようにも思う。日本のように合計額を1円単位で割り算し、お金を徴収する、なんてことは友達同士でもあり得ない風景である。しかし、最近では若い人を中心に割り勘（더치페이）への抵抗感が少しずつなくなっているようである。

　他にも、自身の誕生日だったり、自分にいいことがあった場合、「今日は僕がおごるから一緒にご飯食べに/お酒飲みに行こう！」という風に誘ったりもする。あるいは、試験に合格した友人に、「いいことあったんだから今日はおごってよ〜！」とおねだりしたりもする。主人公はおごってもらう、という発想になりそうなところだが、そうはならないのが面白い。いいことがあった人におごってもらうことによって、喜びを共有するということの他に、福（幸運）を分けてもらう、という意味もあるのかもしれない。

4. 公共の場

4-1) 公共交通機関の優先席

　韓国にも、バスや地下鉄には優先席がある。韓国語では「老弱者席（노약자석）」という。お年寄りの方や障害のある方、妊婦の方など身体的に弱い立場にある人のために設置された座席である。だが、優先席に限らず、お年寄りの方が乗ってきたら、優先席でなくても自分の座席を譲るのがマナーとされている。自分は若い、との自覚がある人は、席が空いていても最初から座らない人も少なくない。公共交通機関でも「長幼の序」の概念は浸透している。

　一方、妊婦や子連れに対する配慮はお年寄りの方に比べると薄い傾向がある。それを裏付けるかのように、優先席とは別に妊婦専用席の設置が2010年代以降、ソウル市から導入され始め、現在は全国的に広がっている。その理由は、あまりお腹が目立たない妊娠初期の女性でも、気兼ねなく座れる席を確保するためであり、逆に言うと優先席＝お年寄りの特等席、といった考え方が浸透していたためであろう。妊婦専用席は、人が座っていても分かるように、つり革から座席、足元までがピンク色になっている。

　ちなみに、2023年現在、日本の地下鉄と大きく違うのは、女性専用車両がないことである（釜山地下鉄1号線を除く）。以前、1990年代に首都圏でも試験的に実施されたことがあったが、全く浸透せず廃止になってしまったという。浸透しない理由は様々指摘されているが、一番大きいのは「男女逆差別」、つまり男性に対する差別ではないのか、という意見である。さらに、男性だけではなく、女性の利用客からも「女性専用車両の存在は、女性の人権が低いという現実を証明してしまっているのではな

いか」「女性が混合車両に乗った場合、痴漢行為されても構わない、という意図と捉えられてしまわないだろうか」といった理由から反対の声が寄せられた。

4-2）電話

　日本のバスや電車などで通話する行為は「遠慮」するよう、運営会社からお願いという形で出されており、実際に通話している人を見かけることはほぼないといっても過言ではない。もちろん、心臓ペースメーカーなどの精密機械が狂うのを防ぐ、という配慮もあるだろうが、「公共の場では他人に迷惑をかけない、騒いではいけない」という日本ならではの考え方も大きく影響しているだろう。

　一方、韓国ではバスでも電車でも、通話している人を見かけるのは普通である。日本の公共交通機関のような静寂さからは程遠い光景も珍しくないし、むしろバスの運転手が大きな音でラジオ番組を聞いていたり、好きな音楽をかけていたりすることもある。そういった中では、電話で話している人がいても、特段目立つことはないのである。また、以前韓国の人に言われたのは、電話がかかってきているのが分かっているのに出ないという行為は、電話をかけている人に失礼な行為だ、ということである。そう言われて、少し腑に落ちた気がした。要するに、日本のように車内で電話に出ないのは、目の前にいる他人に対する配慮であり、韓国のようにすぐ出る行為は、電話相手に対する配慮なのである。電話だけではなく、メッセージのやり取りをしていても、「既読」がつき返信がくるのが異様に速い人が多いと個人的には感じている。また、韓国の人は用事があってもなくても気軽に電話をする傾向が高い、というのも一因かもしれない。日本であればメッセージでやり取りするようなことも、電話でちゃちゃっと済ませてしまう。自家用車利用時を含めて、移動時間も関係なく四六時中電話が手放せないわけである。

4-3）帽子・上着

　日韓のマナーの違いを感じる一つに、服装がある。日本では、室内では帽子や上着は脱ぐのがマナーとされている。誰かを訪ねる際、帽子や上着を脱いでから、ピンポンを押す・ノックをする、というのが礼儀であると教えることも多い。しかし、韓国では日本ほど厳しくないように感じる。

　帽子は、大学生などはかなりの確率で被っている印象であり、疑問に思った筆者は留学時代、何人かの友人に質問したことがある。すると、「朝シャンしてきてないから」「寝ぐせついているから」「化粧していないから」など、自身の外見を気にして被っていると答える割合が高かった。帽子は男女問わずキャップを被る人が大半であるが、「フ

ードティー（帽子付きのパーカー）」も基本ファッションとして浸透している。韓国旅行に行くと、野外・室内問わずフードを被っている若者を目にするだろう。

　帽子を好んで被るのは個人の趣向なので問題ないが、トラブルになってしまう場面も度々目にしてきた。韓国人学生は室内でも、そして大学の授業中でも帽子を被ったままのことがあるが、日本に来た留学生が日本人教員の授業に帽子を被ったまま出席し、マナーが悪い、と日本人教員に怒られてしまうのである。

　また、上着も、授業中や会議中、など特段気にすることなく着たままの人を見かけることは珍しくない。筆者自身も反省していることは、筆者の結婚式を日本で行った際、夫の韓国人家族に事前に上着を脱ぐマナーを伝えていなかったことである。まさか結婚式で脱がないわけはないだろう、と甘く見ていたのかもしれない。結婚式当日、親族の記念写真や披露宴参列の際も終始コートを脱がなかった親族がおり、日本側の参列者から「あれはどうなんだ」とチクリと言われてしまったことは言うまでもない。

　この感覚の違いの要因をやや乱暴に歴史的に見てみると、朝鮮王朝時代の服装マナーに由来する可能性もあるのではないか。つまり、男性は外出時には必ず「カッ」と呼ばれる被り物と上着を身に付けるのが礼儀であり、訪問先が室内でもめったに脱がなかったという事情がある。また女性であれば肌を露出させないことが礼儀であったので、身分が高ければ高いほど、手先を隠したり、顔も見せないように衣服に工夫がなされていた。

　相手国の歴史や文化を知らないと、「マナーが悪い人たちだ」と目くじらを立てて終わってしまうかもしれない。国や民族によって良し悪しとするマナーは全く異なるので、自分の価値観が当然だと思わずに、他国の人の言動を理解するよう努めてみてほしい。この姿勢は、異文化理解の基本でもある。

【日本語参考文献】

・コリアンワークス『日本人と韓国人なるほど事典：衣食住、言葉のニュアンスから人づき合いの習慣まで』2002 年、php 出版。
・佐藤貢悦・斉藤智文・嚴錫仁『日中韓マナー・慣習基本事典　－プライベートからビジネスまで知っておきたい 11 章』2015 年、勉誠出版。

【韓国語参考文献】

・キム・ジョン（成均館副館長）編著『礼節教育』梨花文化出版、2015 年。

第10章　住文化

住文化は、韓服と同じように近現代にかけて急激に西欧化した日常文化である。現代では、伝統的な家屋より、「アパート」などの集合住宅に住む人が圧倒的多数である。しかしながら、伝統的な家屋には朝鮮固有の世界観が反映されており、文化理解に非常に役立つ。そこで、本章では現存している朝鮮王朝時代の家屋を中心に住文化について見るとともに、現代韓国の住宅事情についても概観したい。

1．住文化を形成する要素

1-1）気候と地形

　住居をつくる際に最も影響を及ぼすのは、その土地の気候や地形といった自然環境要因がまず挙げられる。朝鮮半島は北側が大陸とつながっており、東・西・南側は海に面しているため、大陸性気候と海洋性気候が混在した気候的特徴を持つ。また、四季の季節性が明確であり、年間の気候の違いが激しいことも特徴である。夏は高温多湿なため、地面にそのまま家を建てずに基壇を高くし風が通るようにし、夏冬の日差しをうまくコントロールするために軒を深くする、などといった工夫がなされたのである。地形については、国土の約70％が山地であるため、山をうまく活用する住居づくりがなされた。北からの寒風や雨を防ぐために後ろに山があり、付近に生活用水として利用するための河川がある場所に好んで家が建てられた。

【図1】左：密陽市退老里近代家屋の図面（文化財原形記録情報システム、文化財庁）を一部加工
　　　　季節による日射角度を計算して軒をつける。地面の上に基壇を造り、その上に柱を建て高床に。

【写真1】右：密陽市退老里近代家屋（国家文化遺産ポータル、2015年、文化財庁）

1−2）風水地理説

　朝鮮半島の住文化に最も影響を及ぼしているのが、風水地理説である。風水とは、自然環境や地形に対する宇宙万象の原理を「気」に求め、この「気」を活用して人間の健康と平穏・繁栄を達成しようとする観念である。「気」は、風にあうと散ってしまい、水があると留まるという性質を持つことから、「蔵風得水」が望ましいとするのが基本的な考えである。こうした世界観は、古代から中国・日本・朝鮮半島に存在し、空間デザインに大きな影響を及ぼしたが、朝鮮半島では統一新羅末期の僧侶・道詵（827−898）が王建（高麗初代王）の父に予言を残したことが隆盛の大きな契機となった。予言というのは、「ここに住居を構えれば、この家から三韓を統一する王が産まれる」というもので、後に本当に王建が高麗王朝を建国したことから、代々の高麗王が厚く信奉し、王朝の首都を決定する際も風水によって開京（開城）としたとされている。さらに、朝鮮王朝の建国時にも、首都（漢城：現ソウル）を決定する際や景福宮の配置へ大きな影響を及ぼした。朝鮮王朝時代には、王室だけではなく、一般の人々の住宅や、集落、墓地などの空間デザインに重要な役割を果たしたと言える。

　風水地理的に素晴らしい吉地を「明堂（명당）」と呼ぶが、最も代表的な明堂は「背山臨水」である。つまり、家や集落の背後に山があり、目の前に河川がある場所が最適とされた。これは、朝鮮半島の山川の地形の特徴とうまく合致しており、自然要素と思想要素が絡まり合って発展していったと思われる。朝鮮王朝の王宮も多分に漏れず「背山臨水」の場所にあるが、景福宮の場合、後ろに北岳山、西側に仁王山、西側に鷹峰によって囲まれており、南側には漢江が流れている。

　また、陰陽五行説も風水と深い関わりを持っている。万物には陽と陰があり、川、太陽、男性などが陽で、地、月、女性などは陰である。空間配置においても、陽と陰の調和が非常に重要である。例えば、高い山は陽であるが、すぐふもとに陽の性質を持つ家を高く建ててしまうと、陽と陽がぶつかり合ってしまい、そこに住む子孫は衰退してしまうという。そこで、高麗王朝から朝鮮王朝にかけて1000年弱の間、一般

家屋についても、家を低く建てるように王朝が制限を設けていた。伝統家屋に平屋が多い所以である。

　五行説では、基本の五方色・象徴動物・方角がそれぞれ定められているのだが、例えば色彩については、王宮や寺院の軒や壁面、天井などに装飾された「丹青（단청）」が関係している。五方色（赤・青・黄・白・黒）の色配合によって、文様などを施し、建築物の保護と威厳性の可視化という役割を果たしていた。ただし、一般家屋に丹青を施すことは禁じられ、自然色のまま建てられた。

【写真2】「背山臨水」の景福宮全景

（左：国家文化遺産ポータル、文化財庁）、丹青（右：束草市神興寺、2012年筆者撮影）

1-3）儒教社会

　現存している家屋を見ると、当時の儒教社会が反映された家づくりが至る所に垣間見える。朝鮮王朝時代の身分によって、家づくりに制限がかけられていたことはもちろんであるが、男女の区別・長幼の区別なども部屋によってなされていた。例えば、両班階級の家屋では、男性主人の部屋は一番入口に近い「舎廊房（사랑방）」、最年長女性は奥にある「アン房（안방）」、嫁や子供はアンパンの向かい側の「コンノン房（건넌방）」で過ごすようになっていた。

　また、目上の方に対する礼儀は、死んだ後も続く。つまり、亡くなった祖先に対する祭祀を1年に何回も執り行うことになるが、陰陽論に基づくと生と死は相反するもので、同じ空間に共存することは忌避された。よって、祖先の位牌は「祠堂（사당）」と呼ばれる独立した建物に納められた。場所も入口から最も離れた場所か北側に設置され、住人は朝夕の挨拶や外出時の出入りの際に挨拶をした。

２．韓屋の基本構造

　韓国では、伝統衣装のことを「韓服」、伝統料理を「韓食」と呼ぶように、伝統家屋を「韓屋」と呼んでいる。「伝統」という用語は非常にやっかいであるが、「韓屋」の場合、古くから朝鮮半島で継承されてきた建築方法による家屋を指していると考えれば差し支えないだろう。ただし、一般民家がどうであったのかを歴史的に探るには現存する家屋だけでは限界がある。よって、「韓屋」と言った場合、現存する朝鮮王朝時代後期の家屋で、瓦葺きの中流階級以上の家屋を指すのが一般的である。ただし、地域によっても気候や気温が違うので形態に違いがある。

2-1）身分による違い

　朝鮮王朝初期に、身分による服飾制度が細かく規定されたように、家づくりにも細かい制限が設けられた。例えば、『太祖実録』には、家の敷地面積について、最高位の官吏である正１品の両班家は 1,365 坪と定めたのに対して、庶民は 78 坪に制限したと記録されている。単純計算で 17, 8 倍の差がある。また、門の大きさや家の周りの塀の高さについても身分ごとに規定した。家の材質も、両班家は瓦葺きで美的な装飾を施したのに対し、庶民の家は藁葺きで労働・生活という機能性が重視された。

　家の内部の構造についても、両班家は小単位の基本空間（房など）が集合して一つの棟という建物を構成し、複数の棟が集合して敷地を形成していた。一方、庶民の家は、棟がいくつもあるというよりは、一つの建物に基本空間が連結して存在している、というつくりであった。当時は、家の外観だけ見ても身分や経済状態が一目瞭然だったというわけである。

【写真3】19 世紀末の平壌の瓦葺き屋根（左：中流）、黄海道の藁葺き屋根（右：庶民）の家屋再現
　　　　（束草市立博物館、2012 年筆者撮影）

2-2）配置

　敷地内の空間配置については、身分の他に気候が大きな影響を及ぼしており、地域によって様々な形態があるが、大雑把に言ってしまうと、まず朝鮮半島北部は冬が長く厳しい寒さに耐える必要があるため、「田」字型と言って部屋同士が隣接した形態をとっていることが多い。「田」というのは上から見た配置の形である。一方、「一」字型は通気をよくするための形態で、温暖な南部地方の平野地帯に多く見られる。ソウルや中部地方は、家の形態もその中間的であり、「L」字型や「口」字型のような構造になっている。

【写真4】L字型（左：楽安邑城吏房宅）と口字型（右：南原夢心斎古宅）（国家文化遺産ポータル）

　部屋ごとの配置を見ると、家の北側に山があり、南側は開かれた場所が好まれる傾向にあり、a)入口、使用人などが住む行廊房（행랑방）、 b)主人の部屋である舎廊房、庭などの解放空間、 c)女性の部屋であるアン房、台所などの閉鎖的空間に空間を分類することができる。また、生活空間から最も離れた場所に厠（便所）を設置した。

【図2】河回集落・念行堂古宅の配置図（文化財原形記録情報システム、文化財庁）※日本語表記は筆者による

2-3）構造

両班家の場合、前述のように複数の棟（建物）からなり、棟の中に複数の房（部屋）や空間がある構造であるが、庶民の家は、単純に房しかない場合がほとんどである。

①大門（대문）

家への入り口は、両班家でも庶民の家でも、全て「大門」と呼ぶ。庶民の家では連なる塀と同じ高さと規定され、比較的開放的であるが、両班家では、塀や行廊よりも高く造る。ちなみに、靴は大門で入ったところで脱ぐのではなく、そのまま庭を通り、用事のある房の前でそれぞれ脱ぐことになる。

②庭（마당）

韓国の庭は、マダンと呼ぶ。大門を通るとまず目の前に見える開放的な空間である。ここでは、婚礼や葬礼などの各種儀礼を執り行ったり、キムチを作ったり、多用途な「広場」である。また、自然は人口的に取り入れるのではなく、住宅が自然に溶け込むように家づくりをすることから、日本の庭園のように草花を植えて飾るということはほとんどしない。

③行廊棟（행랑채）

大門の両端に連なっている付属施設を行廊棟あるいは門間棟と言うが、中は両班家の使用人などが生活する行廊房になっている。他にも、物置場や作業場、厠があることもある。

④舎廊棟（사랑채）

本来、アン棟が家族の生活空間であったが、祭祀のたびに男性陣が家に集まるため、生活空間とは別途接客用の空間が必要になったことから発達した。舎廊棟として独立空間が定着したのは朝鮮王朝時代中期以降と言われている。男性の来客があることから、大門から近い開放的な空間で、かつ祠堂からも近い場所に配置されることが理想であった。

⑤アン棟（안채）

朝鮮王朝時代前期まではアン棟と舎廊棟に明確な区分はなく、家族の生活空間として使用され、祭祀の際にはアン房の横にある大庁（대청）という開放的な板の間が使われた。男性陣の独立空間が定着して以降は、アン房は姑の生活空間、大庁越しのコ

ンノン房には嫁と子供の生活空間というように固定されていった。ちなみに、アンは「中、奥」という意味で、血縁者以外の男性は入ることはできない閉鎖的な奥間となった。

⑥マル（마루）

　マルとは、地面から少し高いところに設置した板の間の総称で、韓屋を特徴づける重要な空間である。マルは、壁が全くない開放的な場所か、少なくとも一面は壁がない空間となっており、暑い夏を過ごす生活空間として、大庁のように祭祀空間として、あるいは倉庫のような収納空間として　等々、設置する場所によって様々な役割を果たすことが可能であった。もちろん、部屋と部屋を行き来する際の廊下のような役割もあった。

⑦コンノン房（건넌방）

　女性の生活空間であるアン棟の一部で、大庁を挟んでアン房の向かい側にあるのがコンノン房である。コンノンというのは、「超える」＝向かい側という意味である。アン房には姑、コンノン房には嫁と子供という序列があり、アン房より小さく造られるのが一般的である。姑が亡くなれば、嫁がアン房に移り住んだ。

⑧台所（부엌）

　アン房の横に設置されている炊事場である。炊事と同様に重要な役割が焚き火を利用した暖房であった。よって、台所には温突とかまどが設置されていた。ただし、夏は暖房をつける必要がないので、火鉢のようなものを台所以外で使用し調理を行うこともあった。あるいは、両班家では、台所とアン房を離して設置し、別々に使用していたという記録もある。

⑨温突（온돌）

　温突は、朝鮮半島に古くから存在した床暖房方式である。台所のかまどに火をくべると、部屋の床下の坑道に熱気や煙が伝わり、床から部屋全体が暖まる仕組みである。床に布団を敷いて横になると体がぽかぽかと暖まり、ご飯の蓋つき食器を布団や座布団の下に入れておくといつでも暖かいご飯が食べられた。ただし、温突を設置するには高度な技術が必要だったため、朝鮮王朝時代前期においても、両班家の患者の治療用や来客用などと、特定の部屋にのみ設置するという限定的な利用をしていたようである。しかし、17世紀以降、階級の区別なしに、全面温突の建築が徐々に進んでいったという。

ちなみに、日本語には上座・下座という言葉があるが、韓国では温突を基準にした用語がある。部屋の中で温突に近い方の床をアレンモク（아랫목）、温突から遠い方の床をウィンモク（윗목）というが、上座に当たるのはより暖かいアレンモクである。韓国語では「アレ」が下、「ウィ」が上である。

【写真5】（左上）左側が行廊棟、右側に温突の煙突、（左下）台所のかまど、（右上）アン棟で中央に大庁、左右に房、（右下）別堂の内部（いずれも安東・臨清閣、国家文化遺産ポータル）

　その他、両班階級であれば、4代祖先の位牌をお祀りする祠堂、主人のプライベート空間である別堂などがある。また、マルの一種で高床式の独立空間である楼抹楼も、主人が夏に涼んだり、茶室として使用したりした。

3. 伝統集落

　以上のような韓屋は、都市部を中心に集合住宅に居住する人が急増する中で現在は減少傾向にあるが、以前と変わらない暮らしを続け昔ながらの景観を維持する集落が全国に存在する。その中には、伝統文化の保護地区として国家に保護され、観光地としても注目され多くの人が訪れる場所も多い。伝統集落の形態としては、大きく分けて、「邑城」「自然を利用した集落」「都市部の保存地区」に大別することができる。

3-1）邑城

「邑城」とは、外勢の侵入を防ぎ、村民を保護するために政治・軍事目的で計画的に形成された集落のことを指す。邑城の敷地内には官庁や民家があり村全体を城壁で囲んだ。本格的に築城されたのは高麗時代からとされており、朝鮮王朝初期にあたる成宗（1457-1494）の代では、全国で330か所あった行政区域のうち、190か所が邑城だったという記録がある。また、邑城は咸鏡道・平安道・全羅道・慶尚道のような国境地域に約80％が存在していたとの指摘もあり、南部地方だと海岸沿いの集落に多く見られたという。こうした邑城の広がりは、高麗時代にモンゴル帝国や倭寇といった外勢が押し寄せて来たという事実と密接に関わっている。ところが、近代に入って日本による植民地支配の直前から城壁などの計画的撤去がなされ、朝鮮戦争も経たことによりそのほとんどが消失してしまい、現存しているのは全国にわずかである。

邑城として代表的なのは、京畿道・水原市の華城である。1796年に築造された邑城で、城壁は約5.7kmにも及んだ。西側に八達山があり、向かい側には丘陵、北から南に流れる河川もあり、風水地理説でいう吉地であった。軍事要塞としての機能を兼ね備えているだけではなく、築城を命じた王・正祖が父の王陵付近に建築させたこと、そして漢城の政治闘争からの脱却を狙ったことという孝行心や政治理念が現れた建築物として評価されている。技術面においても当時の学者たちが東洋・西洋の建築技術を研究して産み出したものとして非常に評価が高く、1997年にはユネスコの世界遺産に指定された。他にも現在の韓国では、保存状態が良好な全羅南道・順天市の楽安邑城や、大々的に補修・復元がなされて公開されている釜山広域市の東莱邑城が有名である。

【写真6】水原華城（2013年筆者撮影）

3-2）自然を利用した集落

　一方、山川や地形をそのまま活用し「自然を利用した集落」も全国的に存在するが、現在まで保存状態が良いのは、両班階級の同族集落で比較的規模が大きいものである。集落は儒教社会と風水地理説が融合した当時の世界観が反映された空間となっている。代表的なのは 2010 年にユネスコ世界文化遺産に指定された慶尚北道の安東市・河回集落と慶州市・良洞集落である。河回集落は、豊山柳氏の同族集落で、現在もその子孫たちが住んでおり、その地に足を踏み入れると当時にタイプスリップしたかのような光景が広がる。風水地理説的には、「太極形」と「蓮花浮水形」だと言われている。太極というのは、川が集落を S 字で囲む形となっており、太極のように陰陽の調和がとれていることを意味する。集落自体は、水の上に浮かんだ蓮の花のように見えるということで、子孫が円満で、華麗な生活を送ることができる地気とされている。

【写真 7】河回集落（左：村を囲う川、右：集落、2010 年筆者撮影）

3-3）韓屋保存地区

　他にも、現代の産業化・都市開発によって、歴史的景観を消失する恐れのある韓屋密集地域を保存・管理する動きが 1970 年代以降始まっている。よって保存地区は都市部にある傾向があるが、代表的なのはソウルの北村韓屋村と全羅北道・全州市の韓屋村がある。ソウルの北村は、景福宮と昌徳宮の間に位置しており、朝鮮王朝時代には王族や両班階級が住んでいた区域である。しかし、1970 年代以降、韓屋以外の建築物が建てられたり、韓屋が撤去されたりと景観が急変することとなった。そこで建築物の高さに制限を設ける、博物館や伝統工房、韓屋体験施設を設置するなど、景観の維持と伝統住文化の発信を続けている。北村同様、国内外でも観光地として有名なのが全州韓屋村である。ここに韓屋村が形成されたのは 1930 年代と比較的新しいが、700 軒あまりの韓屋が立ち並び、1977 年に保存地区に指定されている。お店の看板もすべてハングルで書かれており、民宿など韓屋での宿泊体験も可能である。

【写真8】ソウル北村（左：2010年筆者撮影）、全州韓屋村（右：2013筆者撮影）

4．現代の住宅事情

4-1）アパートへの転換

　前述の通り、1960年代以降の急速な工業化に伴い、農村から都市に移住する人口が急増し、住文化にも大きな影響を及ぼした。1960年に韓国の全人口のうち10％がソウルに居住していたのに対し、2018年には20％と倍増しており、首都圏には2人に1人が居住している計算になるという。人口移動の結果、1980年代以降はソウルを中心に深刻な住宅不足に陥り、各地で再開発が進んでいる。仁川国際空港からリムジンバスでソウルに向かったことのある人は、ソウルに近づくにつれ、同じような高層マンションがあちこちにそびえ立つ光景を見たことがあるであろう。韓国で「アパート」と呼ばれる高層マンションは、狭い土地に多くの世帯を入居させることができるという住宅不足解消のメリットに加えて、入居者にとっても利便性がよく、アパート所有嗜好が都市部居住者に急激に広がっていったのである。実際、1970年にアパートは全住宅の4％に過ぎなかったのが、2010年には60％も占めるようになった。

　このようにして、現在では外観も内観も画一的なアパートが住文化の標準となってしまったようである。韓屋にはなかった駐車スペースがアパートに地下駐車場として設置され、警備員も24時間常駐しているところが多い。部屋は30坪が標準サイズであり、多用途室という形でベランダ側に広いスペースが設けられているのが特徴である。ここでは洗濯をしたり、簡単な漬物などの調理をしたり、収納スペースとして活用する。窓から少し間隔を置いて部屋があるので、室内の防寒対策としても優れている。また、トイレは居間と寝室に2つある代わりに浴室とトイレ・洗面台が同じスペースにある場合が多い。韓屋に住んでいた時代から、浴槽を設けるということは念頭に置かれておらず、その名残なのか水回りは全て一か所に集約されている。韓屋形態から変わらなかったのは、温突である。もちろん、焚き火の煙によって部屋を暖め

るのではなく、温水を循環する形、あるいは電気によるパネル式と技術的変化はあるものの、床暖房設備は現代の住宅にも継承されている。また、生者の住居空間に死者のスペースを作らない、といった観念も引き継がれているように思う。日本では部屋に仏壇などを置いて先祖と日常的にコミュニケーションをとるが、韓国の住宅には仏壇に該当するものがない。死者のスペースは、常設するのではなく、祭祀などの際に臨時的に設置するのが一般的である。

4-2）2つの賃貸制度

　アパート所有嗜好が広まったとはいえ、アパートを購入するには当然莫大な資金が必要である。購入が難しい人は、賃貸により住居を借りることになるのだが、韓国には独特な賃貸システム＝伝貰が存在する。入居前に保証金（敷金）を払い、毎月決められた家賃を払うシステムは日本にもあり、韓国語ではこれを月貰（월세）という。一方、借りる前にまとまったお金（伝貰金）を大家に預けて一定期間の賃貸契約（最小2年）を結び、退去時に預けたお金がそのまま戻ってくるというシステムが伝貰（전세）である。これは、借りる人にとっては、購入価格の50-80％くらいの資金を入居時に大家に一時預けるものの、退去時にそのまま戻って来るという大きなメリットがある。大家は、預かったお金を運用して利益を得て、退去時に元金を返すという形になるので、貸す人・借りる人、いずれにもメリットがある賃貸システムなのである。

　伝貰は、近代開化期に都市部へ移動する人口が急増したことで発生した住宅不足を解消するために始まった制度だと言われている。朝鮮戦争直後の社会混乱とその後の都市人口増加により、その頃にはすっかり定着した制度となった。実際、解放直前の1945年6月のソウル人口が約95万人であったのが、1960年には約245万人と、たった15年の間に2.5倍以上に増加した。伝貰の割合は徐々に増加し、1995年に伝貰利用者が全国で29.7％とピークに達した。2018年の統計では、持ち家が57.7％なのに対し、伝貰利用者が15.2％、家賃暮らし（月貰）が19.8％となり、伝貰の割合は減ってきている。近年では、半伝貰（準伝貰）制度も登場していることも興味深い。これは、一部を伝貰金として預け、残りは少しずつ家賃として払うというシステムで、大家側が確実収入となる月貰を望む傾向にあることが最大の要因であるという。今後の社会情勢によっては、更に伝貰は減少するであろう。

4-3）住まいの二極化

　現在、都市部を中心に不動産価格は上昇し、富裕層によるマンション買占めが起こる一方、住むための住居を必要とする人が家を買えない、という状況が深刻化してい

る。韓国の格差社会を象徴するのがまさに住宅事情である。韓国ドラマでも、登場人物の住む家や帰り道の周辺環境は、キャラクターの社会的属性を描写するために必ず挿入されるシーンである。

　社会的ステイタスを表すのに住宅自体も重要な要素であるが、住んでいる地域も非常に重要である。例えばソウルだと江南一帯、龍山区漢南洞などが富裕層の居住地として有名であり、こうした地区は「富者ドンネ（부자동네）」と呼ばれる。ドンネとは、村・町などの意味合いである。一方、解放後、住む場所がない地方の人たちが都市近郊の山あいの急斜面に集まってきてできた町を「月トンネ（달동네）」と呼ぶ。山あいなので比較的高い場所にあり月がよく見えるということから名付けられた。月トンネは、貧困層の居住地区というイメージが強い。しかし、1980年代以降の再開発により、従来の住民は移住を余儀なくされ、跡地にアパートが建てられるという状況が発生した。以降、徐々に月トンネは姿を消したと言われているが、注目すべきなのは元々月トンネであった釜山の「甘川文化村」である。甘川洞の山あいにあった月トンネが、2009、10年の美術プロジェクトによって環境整備や壁画アートが大々的に実施され、現在は「釜山のマチュピチュ」として国内外から観光客が訪れる有名な観光地として生まれ変わったのである。

【写真9】釜山広域市・甘川文化村（2016年筆者撮影）

　他にも、経済的に住まいの問題を抱える辛さを象徴する新語として、「地屋考（지옥고）」がある。これは、「半地下」「屋塔房」「考試院」の一文字ずつをとったもので、「地獄苦」の同音異義語となる。賃貸でも住居費が高騰する中で、狭く薄暗い半地下部屋、建物の屋上に造られた仮部屋、主に受験勉強や国家資格・公務員の勉強をするために入るワンルームの考試院など、安いが劣悪な環境で生活せざるを得ない、特に若い世代の苦悩を表した言葉である。

4-4) 引っ越しパーティ

　現実の住宅事情は問題点も数多くあるが、住まいはそれだけ人々にとって重要な社会的・経済的目標でありステイタスとなる。韓国の人々は、新しい家に引っ越すと必ずと言っていいほど「チァトゥリ（집들이）」をする。家の主人が、新居祝いのために近隣住民や親しい友人・知人を招待し、新居を披露する引っ越しパーティである。元々は、引っ越して家に入る日の夜に「告祀（고사）」という儀礼的な行事として行われていたが、現代においてはお祝い・お披露目の意味合いが強くなっている。

　家の主人は、美味しいご馳走を準備して招待客をおもてなしし、部屋を一つずつ案内して回る。新しい家には、玄関やリビングに大きく家族写真が飾られ、素敵な家に大切な家族と暮らせることの幸せを招待客に披露するのである。招待客は、富や幸せは途切れることなく次々にあふれ出ますように、という意味を込めて洗濯洗剤をお土産に持参する。

　また、引っ越しのタイミングでなくても、新しく知り合いとなった人からは、お近づきの知り合いとしてまずマイホームに招待される。日本ではよほど親しい人じゃないと家に招待する、ということはあまり見られないが、これから家族ぐるみで仲良くしたい、という好意的な意思表示なので、招待された場合は臆することなく訪問すると良い。

　以上、朝鮮王朝時代の家屋から、現代のアパート事情までを見てきたが、伝統家屋建築の巨匠・申栄勲は、解放以降、大学などの専門教育などにおいても伝統建築技術が教授されることなく、西欧式建築技術のみを教えてきたことを批判した。韓屋の保存・継承という意味で、専門的な人材育成は必須であるし、西欧建築偏重の風潮が、アパート嗜好に拍車をかけてしまった可能性は否定できない。また、申はアパートと比較しながら、韓屋が山川などの自然を極力破壊しない、セメントではなく黄土など自然材質を使う、など自然環境の側面からも有用であることを主張した。現代生活にも合う「新しい韓屋」がこれからは必要で、画一的なアパート建築から脱出し、個性的な家を建てることが求められていくとした。今後100年、韓国にはどのような住まいが形成されていくだろうか。

【日本語参考文献】
・金香男「第7章　変化する韓国社会」、新城道彦、浅羽祐樹、金香男、春木育美 『知りたくなる韓国』有斐閣、2019年。

- 申栄勲著・金大璧写真、西垣安比古監訳、李終姫・市岡実幸訳『韓国の民家』法政大学出版局、2005 年。
- 朴贊弼『韓屋と伝統集落：韓国の暮らしの原風景』法政大学出版局、2022 年。

【韓国語参考文献・サイト】

- 李重根『韓国の住居文化史』宇庭文庫、2013 年。
- 権錫永『オンドルの近代史』一潮閣、2010 年。
- 韓国学中央研究院「韓国学資料統合ブラットフォーム」
  https://kdp.aks.ac.kr/
- 文化財庁「国家文化遺産ポータル」　　https://www.heritage.go.kr/main/

第 IV 部

大学文化・エンタメ

第11章 大学受験・大学生活

韓国の教育については、日韓ともに様々な学問分野において豊富な研究蓄積があり、特に日本では比較分析も多く存在するが、本章では「大学文化」に関連する部分だけ紹介する程度にとどめておきたい。現代の韓国の大学生がどのように大学生活を送っているのか、留学を検討中、あるいは韓国の大学生と交流を希望する読者に少しでも参考になれば幸いである。

1. 教育熱の正体

　大学生活についてみる前に、大学に入るまでの過程＝大学受験について簡単に概観する。韓国の大学生がどういった経緯で大学に入学し大学生活を営むのか、という問いに関わる社会的背景を見ておきたい。韓国はやはり「教育熱が高い」という認識が日本でも広がっており、なぜそんなに有名大学の入学にこだわるのか、と疑問に感じたことのある読者も多いと想像する。もちろん、教育熱が高いのは長い歴史の中で形成された価値観であり、要因も複合的である。ここでは、韓国社会の教育熱にある背景について、一部を紹介しておきたい。

1-1）学問による立身出世

　高麗時代・朝鮮王朝時代、官吏登用は科挙制度によって行われていた。当時は身分社会であり、事実上科挙への応試者は両班階級に限られた機会であったが、学問をしっかりと身に付けたものが社会的に出世することが可能な実力主義的なシステムが存在したことは確かである。特に文官になるために最も重要な儒教の経典を中心に勉学に勤しんだ。現在は大学となっているソウルの「成均館」は、高麗・朝鮮王朝時代の最高峰の公的教育機関であったが、ここでも儒学中心の教育を施していた。成均館で学ぶ学生たちは「儒生」と呼ばれる。一方、各地には「郷校」を設立し、成均館と同様に儒学を通した人材養成を担っていた。

　さらに、16世紀中盤以降、地方の官吏や学者が私的教育機関を設立し始めるのであるが、これが「書院」である。書院の設立は、性理学を信奉し地方で学問研究を行

っていた士林と呼ばれる勢力が中央政権にも影響を与えるようになった時期と重複しており、科挙教育への偏重を克服するため社会的道理の教育を担うことが掲げられた。その数は徐々に増加し、朝鮮王朝末期には全国に600か所ほど存在したという。書院の設立者・教育者は儒学を体得した「ソンビ」と言われる者である。ソンビは官職に就いていない、あるいは官職を辞して地方に隠居し学問をする学者のような立場であった。地方の科挙志願生や農民からは「先生」として尊敬される対象でもあった。ちなみに、初等教育は同じく地方のソンビなどが「書堂」を設立し基礎的な学問を教えた。

　成均館、郷校、書院は青少年への儒学教育のほかにもう一つ大きな役割があった。それは、地方の偉人をお祀りし、定期的に祭祀を執り行うことである。成均館の場合は文廟に孔子を始め儒学の先賢たちの位牌をお祀りしている。教育機関の施設内に儒学の先賢たちを祀る空間があったことは、儒学者を師として崇めるという観念が青少年に浸透する契機となっていただろう。実際に教育を施すソンビたちも含め「先生」と尊敬する姿勢も同様である。現在でも、「恩師の影も踏まない（스승의 그림자도 밟지 않는다）」ということわざが存在するほど、教えを施す者は偉大な存在だったのである。

　このように、学問を通した立身出世、あるいは社会的地位の上昇は切っても切り離せない関係であった。こうした風潮の反動で、肉体労働者や商売を行う者は非常に蔑視された。汗水流して必死にお金を稼ぐのはみっともない、とされたのである。実際に、成均館の儒生たちは勉学に集中できるよう寮と食事、学用品が提供されたほか、土地や奴婢も王朝から与えられ、「労働」せずに生活が可能な暮らしが保障されていた。学ぶ・学んだ者と労働する者という階層的区分が成り立っていたと見てとることができる。こうした労働忌避観念は少なくとも現代社会にも反映されており、小さい頃から一生懸命勉強し良い大学に入ることが子供たちの人生目標に設定されてしまう。良い大学に入らなければ良い職場も見つけられず、結局配偶者選択の可能性も狭められてしまうというわけである。大学受験は、まさに人生を左右する一大事として社会的に受け止められている。

　ちなみに、2022年の韓国の大学進学率は73.3％で、一般高校卒業者に限って見ると79.6％となる。同年の日本が56.6％、短大を合わせても60.4％であったことを考えると、非常に高い水準であることが分かる。また、韓国史上最も進学率が高かったのが2008年で、全体でも83.8％、一般高校で87.9％と9割近い一般高校の卒業生が大学に進学していたことになる。中学校から高校への進学率も、2000年以降99.6％以上をキープし続けている。

1-2) 現代の教育平準化政策

　韓国の教育制度は、日本の初等 6 年・中等 3 年＋ 3 年・高等 4 年と同じ年限である。ところが、決定的に違うのは、中等教育である中学校と一般高校において「平準化措置」がなされていることである。解放以来、中学校進学者の急増に伴い中学受験が激化したことを受け、まず 1970 年前後に各地で順次中学校無試験進学制を導入した。すると今度は高校入試の競争が激化したため、韓国政府は 1973 年に人文系高校の平準化措置を発表するに至る。具体的には、人文系高校に進学を希望する者は、学区内の高校に抽選で振り分けられるようにした。つまり、中等教育において教育機会の均等や質の平等性を保障する措置を講じたわけである。

　一方、大学入試の方は、大学の質低下を防ぐ目的で、公立私立に関わらず、1969年から「大学入学予備考査」の受験を国家が義務づけた。本試験に合格して初めて大学別の二次試験を受ける資格が与えられたのである。以降、名称変更などを経て、1994 年から現在まで「大学修学能力試験（以下、修能）」として実施されている。現在では大学の予備選抜という性格よりは、大学進学者選抜において学力を測定する重要な役割を担っており、中等教育が平準化された結果、修能を始めとする大学受験戦争がより熾烈化することとなった。修能は高校 3 年生の 11 月に実施されるのであるが、その日に向けて家族総出で受験生を支援し、試験当日は出勤時間を変更したり試験会場までタクシーやパトカーが送り迎えしたりと社会全体で応援するムードがあるのもそうした所以である。

　ちなみに、「良い大学」とは、主にソウル近郊の名門大学を指す。この点も、首都圏私立大学と地方国立大学が拮抗するような日本の状況とはかなり違うことが伺える。韓国政府は 1980 年前後から高等教育政策の一環として入学定員の緩和などを実施したのであるが、緩和されたのはソウル近郊以外の大学が対象であった。ソウル近郊の都市人口が増加しているにも関わらず、ソウルにある大学の入学定員が据え置きになった結果、ソウル近郊の大学への入学機会の希少性が高まり、首都圏の大学への受験戦争激化し、ソウル近郊と地方で大学の階層性が明確になっていったわけである。現在、韓国の名門大学と言えば空のように高い、という意味も込めて「SKY」が有名である。「Seoul Univ.（ソウル大）」「Korea Univ.（高麗大）」「Yonsei Univ（延世大）」と三つの大学の頭文字を取ったものである。

1-3) 私教育

　このように、中等教育では表面上皆同じレベルの学校に通うことになるので出身校名では差がつかず、結果、大学名によって自身の学歴が決まるという構図が生まれ、

何が何でも「良い大学」に入ろうとする動きが生まれてくる。しかし、中学や高校は色んな学力レベルの学生が混在していることになり、大学入試のための勉強は学校内ではなく、学校の外に求めていくようになった。学校外での教育の高額化や熾烈さが社会問題となると、1980年に韓国政府により進学準備のための「課外授業」が禁止されることとなったが、翌年から徐々に緩和され、2000年には課外授業禁止は違憲であるという判決が下されるに至った。上からの禁止にも関わらず、一般社会においては絶えず教育に関する欲求が存在し、そうした社会的熱量が制度を突き動かしている。

　学校など公的な機関が制度的に実施する教育を「公教育」と言う。その対比的な概念として「私教育」があるが、これは広義の意味では、学校外で行われる教育全般を指し、家庭教育も含まれる。ただし、一般的には、公的に受けられる教育とは別に、自身、あるいは家族が選択して主体的に学ぶことを指す場合が多い。日本で言えば、塾、習い事、家庭教師などをイメージすると良い。1980年代以降、一時期規制されたこともあったが、現在において私教育は特に中高生の間で拡大の一途をたどっている。私教育参与率に関する統計がある2007年から現在までの実施状況は【図1】の通りである。

【図1】私教育参与率（「初中高私教育調査」より筆者作成、2023年統計庁）

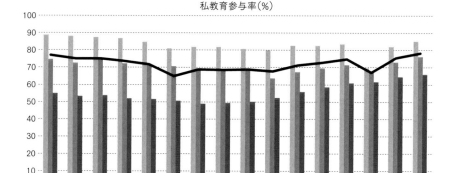

これを見ると、小（初等学校）→中→高の順番に比率が高いことが分かるが、高校が低めに出ているのは、特殊学校なども含めた高校全体の数値のため、進学を希望する一般高校だけを見ると、数％比率が上がる。2007年から私教育参与率が緩やかに減少しているは、2006年から全国で全面的に実施された「放課後学校」の設立と関連があると思われる。放課後学校は、私教育費削減と低所得層家庭の児童の教育支

援を目的として開始されたものである。しかし、2016年を起点に私教育参与率が再び増加しており、放課後学校は2018年以降減少に転じている。これは、参与者や父母が放課後学校のサービスに不満を持ち、私教育へ再び移行したためとの指摘がある。以降、放課後学校は教育のほかにも見守りサービスなどの福祉的役割を強調してきた。2020年にはコロナ禍で一時期参与率が減少したものの、私教育は概して70％以上の参与率を維持している。ちなみに、2022年の月平均私教育費は1人当たり41万ウォン、1週間当たりの参与時間は7時間前後となっている。

　次に、私教育の教育内容の内訳を見てみたい。【図2】は、私教育に参与している学生のうち、どの科目の教育を受けているかを学校種別の私教育参与者の割合から示したものである。科目については、いずれの年代でも国語・英語・数学・体育の割合が上位5位で共通しており、初等学校では音楽、中高では社会・科学が4, 5位に入っている。しかし、比率はかなり異なる。初等学校は、体育や音楽の割合も高く、勉強も趣味もまんべんなくやらせて才能を伸ばす、ということだと思われるが、中高では数学・英語の割合が圧倒的に高くなる。また、新たに社会・科学の割合が高くなっている。中学入学以降、本格的に大学受験に向けて準備を始める家庭の割合が大きくなることを暗示している。

【図2】2022年科目別・学校別私教育の教育科目（「初中高私教育調査」より筆者作成、2023年統計庁）

	初等学校	中学校	高校全体
1位	英語 (52.9%)	数学 (62.7%)	数学 (46.7%)
2位	数学 (50.5%)	英語 (60.0%)	英語 (42.1%)
3位	体育 (45.0%)	国語 (19.1.%)	国語 (25.8%)
4位	音楽 (31.3%)	体育 (16.3%)	社会・科学 (14.3%)
5位	国語 (27.5%)	社会・科学 (16.0%)	体育 (5.8%)

　以上、私教育について簡単に見てきたが、過度な私教育は子供たちの健康的な発達を妨げるだけではなく、家計を逼迫する一因ともなる。そもそも、私教育に投資できない家庭もあるわけで、教育の格差はますます広がっていく。

1-4）新たな大学入試制度

　このように、教育に関わる社会問題は1960年代から変わらず存在しており、これを解決すべく歴代政権は様々な方針を打ち出してきた。近年の大きな転換点としては、2008年から「入学査定官制」が導入されたことである。これは、内申点や修能など点数至上主義で行われて来た画一的な大学入試制度を省み、進学志望者の潜在的な能

力や素質、可能性を多角的に評価し入学選抜の判断材料に用いることに重きを置いた。中等教育の大学入試への偏重教育や、私教育の過度な負担を軽減するために打ち出されたものである。入学査定官は、志願者の学校生活記録簿に記載されている個人環境、特技、対人関係、特別活動など数値化できない項目を分析し当該大学への合否を決定する。本制度は、2008年にソウル大はじめ40の大学を皮切りに、2013年には65の大学で採択された。また、2015年からは本制度の名称を「学校生活記録簿総合選考」に変更し、高校生活の記録を重要視する姿勢が示された。

　【図3】は大学入試の募集形態の比率であるが、韓国の大学の一般募集は大きく分けて「定時募集」と「随時募集」がある。定時募集は募集時期が決まっており、修能後、だいたい1月に実施されることがほとんどである。定時募集の9割以上は修能の成績が必要である。一方、随時募集は定時より前に各大学で実施される様々な選考方法で、学校生活記録簿中心型、論述中心型、実技型などがある。従来は定時募集が一般的であったが、2008年の入学査定官制導入前後に比率が逆転し、年々随時募集の割合が高まっている。2025年度入試では、全募集定員の約68％が学校生活記録簿中心型で選考される予定である。

【図3】大学入試募集形態の比率の推移（「大学入試選考　施行計画」より筆者作成、大学教育協議会）

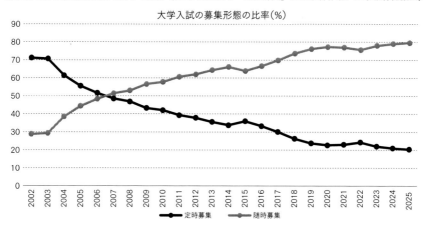

大学入試の募集形態の比率(%)

　人生で試験一発勝負の修能のために小学生の頃から勉強に励む、という一辺倒な教育システムを改善するという意味で、試験の点数以外の項目を入学選抜に利用すること自体には確かにメリットもある。しかし、点数が付けられない、という曖昧さゆえに対策も一筋縄ではいかなくなった。学校生活記録簿には、読書活動や校内活動、ボ

ランティア活動などが記録され、リーダーシップ、想像力、自己管理能力、共同体への貢献など、能力や個性を評価する方向にシフトしている。こうした評価を上げるため学生時代にあれもこれも経験する必要が出てくることになり、さらに修能対策も並行するので学生自身の負担は増したと言える。また、様々な経験をさせるにはやはりお金が必要で、私教育にお金をどれだけかけられるか、親の経済力が随時募集合格においてより重要となった。学校生活記録簿中心型の入試形態が「金のスプーン選考」と揶揄されることになった(「スプーン階級論」については第5章を参照)。

　教育システムや入試形態がどのように変わろうと、結局親はより良い大学に子供を合格させるための努力は惜しまず、競争激化の構図は変わらないように思う。いずれにせよ、こうして熾烈な競争をくぐってきた若者が、晴れて大学生として大学生活をスタートさせる。

2．大学生活

　前述したように、韓国の大学進学率は80%近く、「大学生」が韓国の若者の代名詞と言っても過言ではない。若者文化を先導するのも大学生である。彼らがどういった大学生活を送るのか、自身の経験も踏まえつつ紹介したい。

2-1）1年の過ごし方
　韓国の大学は2学期制で、前期が3月～6月、後期が9月～12月である。よって、長期休みは6月中旬～8月末、12月中旬～2月末となる。卒業式は2月末であり、日本より学年歴が1か月ほど早いことになる。入学前に、まず学科単位でMT(엠티)が実施される。MTとは、'Membership Training' の略語で、親睦を深めるために団体で1，2泊の旅行に出かける行事を指す。トレーニングといっても研修的なことはほとんどなく、親睦が目的なので自然の中でレクリエーションなどを楽しみ、夜の飲み会がメインとなる場合が多い。また、必ずしも学科単位ではなく、サークルや同期など、様々な組織でMTが行われるし、入学後も定期的に実施される。学科によっては、専門と関連のある形でMTに行くこともある。筆者が大学院時代に延世大学校に研究留学していた際、史学科の近代史ゼミでお世話になっていたのだが、そのゼミでは長期休暇ごとに大学院生がメインとなって、国内踏査と海外踏査に交互に出かけていた。史学科などは「踏査(답사)」が多く、教授などとともに現地で直接調査や見学をして学びを深める。もちろん参加は自由であるが、学生同士だけではなく、教授とも親

睦が深められる機会となる。

【写真1】踏査（左：忠清南道論山市・遯岩書院、右：中国敦化市渤海遺跡、2012年）
遯岩書院は2019年にユネスコ文化遺産に指定された書院の一つ

　他にも、学科単位の飲み会も定期的に開催される。新学期には開講パーティ（개강파티,개파）、学期末には終講パーティ（종강파티,쫑파티）が恒例イベントである。親睦を深めるのはもちろんであるが、韓国の大学は休学率が高く（後述）、学期ごとに講義に出る面々が変わる。なので、学期ごとに集まり交流を図ったり情報交換を頻繁に行う必要があるのである。

　大学生活の大きなイベントの1つが大学祭である。5月と10月のうち、大学によって片方だけ、あるいは両方行われる。日本の大学のようにサークル単位で出店、公演、展示などが行われるのは共通しているが、韓国の場合は何と言っても人気歌手によるコンサートがメインイベントとなる。大学生に人気の旬の歌手が複数組招待され、大学祭の夜を盛り上げる。歌手はソウル・地方を問わず全国津々浦々の大学祭に駆けつけてくれる。「江南スタイル」が大ヒットしたPSYのライブは非常に盛り上がることで有名であり、デビュー当時から現在に至るまで変わらず大学祭に出演し続けている。筆者が2007年に全州市にある全北大学校に留学していた際もPSYが駆けつけ、2,3曲歌って会場を盛り上げていた。ちなみに、大学祭のコンサートは一部の大学を除いて、学外者も無料で参加できる。大学祭の時期に、あちこちの大学に顔を出してコンサートを見て回るのも面白いだろう。ただし、こうした近年の大学祭文化には批判の声もあり、大学に納められた学費から人気歌手の莫大な出演料を捻出することや、本来は大学生主体で運営すべきところを歌手人気に頼ってしまっていること、などがその理由である。

2-2）講義

　大学生活の中心をなす講義については、日本と特に違う点を挙げておく。まず、開

講直前に行う履修登録はインターネットが普及し始めた 2000 年代前半には既にオンラインで行われており、ほとんどの場合が先着順である。韓国の大学生は非常に忙しく、また成績管理も熱心に行うので、自分の希望する時限や担当教員・科目の履修権を得ようと、それこそ命がけで履修登録に挑む。留学時代の友人たちは、最もネット速度が高い環境がどこかを事前に調査していたが、ある友人は特定の PC バン（피시방）に狙いを定め、午前 9 時開始の履修登録に合わせて、前日夜から PC バンに行き座席を確保し、履修登録を行っていた。良い成績を取るためにここまでするのか、と恐れ入ったものである。

　講義内容や形式は大学や科目、担当教員によって千差万別であることは間違いないが、筆者が聴講してまず驚いたのは学生の発表能力の高さである。ゼミだけに限らず、数十人規模の科目においてもグループ発表などが課せられる科目があるが、学生たちは臆することなく自分が調査した内容をハキハキと語っていた。また、パワーポイントの完成度の高さにも驚いた。少なくとも同時期に通っていた筆者の大学では学生がパワーポイントを使いこなして発表するという姿を見たことがなかった。韓国の大学生のプレゼン能力や自己表現力の高さは、日韓両方の大学に通ったことのある人は感じるであろう。なぜこんなにも発表がうまいのか、その理由は一つではないと思うが、大学の講義で発表や課題を課すことが相対的に多いということも関連している。特にティムプル（team play/project：팀플）と呼ばれるグループ課題は、調査力、表現力、協動力が問われる難題である。ペーパー試験などの暗記ものだけではなく、このようなアウトプット型の課題も出されることによって、韓国の大学生は日々訓練を受けているのである。

　授業で出される課題や予習・復習、試験対策など勉強に費やす時間はそれなりに必要である。韓国の大学施設は学習環境もよく整っており、図書館は 24 時間オープンのところも多い。試験期間になると、満席で座る席がないほどである。より多くの人が効率よく座席を見つけて勉強できるよう、座席予約制を導入している図書館がほとんどではないだろうか。また、全国的にも注目されるのが、大邱広域市にある啓明大学校の図書館「X-Space」である。ここは図書館内のワンフロアに 2023 年春オープンした開放型学習空間である。学生たちが自由に討論したりプロジェクトの準備をしたりするために、用途に合わせた様々な設備やスペースが設置されている。設置物の配置などを替えれば展示会や各種大会なども開催可能ということである。一人で机に向かって黙々と勉学に勤しむ、という固定観念を覆す新しい取り組みであり、「未来革新人材」を養成する、という大学側の意気込みを感じる空間である。

2-3）課外活動

　勉学以外の課外活動も活発的で、日本と同様、サークル（동아리）活動やアルバイトに精を出す学生もいる。ただ、基本的には卒業や就活のための活動を熱心に行う学生がほとんどである。まず、自主的に勉強するために同じ目的の仲間を募り、「勉強会（스터디 모임）」を実施する。大学生の場合、資格試験や外国語、専攻科目に関するスタディが多く見られる。筆者は留学生という立場であったため、「日本語スタディ」や「スペイン語スタディ」に参加し、主に会話中心の外国語学習を韓国の大学生と行っていた。2019年の統計によると、「自己開発スタディ・グループスタディ」への過去1年の参加状況について、大学生・大学院生は「参加していない」が56.6%、「1年に1, 2回」が10.6%、「1か月に1, 2回」が22.3%、「1週間に1, 2回」が10.3%、「ほぼ毎日」が0.2%であった。半数弱が何かしらの勉強系スタディに参加していることになる。趣味やスポーツ系の集まり（모임）に参加している学生が勉強系より全体で10%高くはあるが、勉強系の集まりは他の世代より突出して参加率が高い。趣味でも勉強でも目的意識が同じ人たちで自主的に集まるモイム文化も社会全体に広がっており、興味深い特徴である。

　また、海外留学への意識も高い。一時期は中高生の頃から海外の学校で学ぶことが行われていた時期があったが、現在では国内でも質の高い英語教育が受けられるということで、中等教育時点での留学は落ち着いてきている。一方、大学生の留学者は日本と比しても非常に多い。コロナ禍前の2019年の統計によると、日本の高等教育機関から短期・長期問わず留学をした学生が10.7万人であったのに対し、韓国は約21万人であった。単純に人口が日本の半分以下と考えても、いかに韓国の大学生が留学へ目を向けているか、ということがよく分かる。

　他にも、ボランティア活動も積極的に行う。ボランティアは韓国語で「自願奉仕（자원봉사）と言うが、各地方自治体では「自願奉仕センター」を設置しボランティア活動の振興や支援を行っている。中央の行政安全部では「1365自願奉仕ポータル」と

いうボランティア検索サイトを構築し、希望者が地域別・奉仕分野・対象など容易に検索・申し込みできるようになっている。このようにボランティア活動は社会的にも推奨する風潮となっているが、大学生は特に長期休みなどもあり時間に自由が効くので一層参加しやすい。筆者も留学中に大学内で募集していた複数のボランティア活動に参加したことがあるが、一つは大学のカトリック系のサークルが実施していた「発展途上国の新生児に手編み帽子を送ろう」という活動である。単純に使用済みの衣服を「送る」のではなく、手作りの毛糸の帽子を製作して「贈る」という活動に惹かれて参加した。参加者の中には手編み初心者や男性も半数以上含まれていたが、グループごとに分かれて毎週カフェに集まり、熟練者に指導を受けながら自分が編める個数をそれぞれ仕上げて寄付していた。

【写真3】 ボランティアで製作した手編み帽子（ソウル 2012 年、筆者撮影）

　授業だけでは経験できない様々なボランティア活動を通して、社会とのつながりや新たな学びを獲得できるという意味では良いと思うが、後述するように就職活動で有利にするためにポイント稼ぎが目的になってしまっている傾向があるのは少し残念でもある。

2-4）就職活動

　韓国の大学卒業者の就職率については厳しい状況が続いており、2011 年以降、60％前半を推移している。分野によっても差があるが、最も大きいのは、学生たちが大企業や公務員などの職を希望しているため、実際には充分に求人があるのにマッチングがうまくいっていないことが要因である。実は代表的な財閥企業 10 社の求人は、全求人に対して 1％程度に過ぎないにもかかわらず、そこに就活生が殺到してしまう。サムスン電子は倍率 700 倍以上とも言われ、就活においても熾烈な競争が繰り広げ

られるのである。公務員の方も同様で、在学中から準備しても合格できない場合は、卒業後も年齢制限まで粘り強く毎年受験する。第20代大統領の尹錫悦氏はソウル大学卒業後、9回チャレンジの末に司法試験に合格したという話は有名である。公務員準備生などの多くは「考試村（고시촌）」と言われる専用の宿舎や塾の密集地域で暮らしながら対策をする。

　企業に就職する場合は、「スペック（스펙）」を積むことが最大目標となる。スペックとは'specification'の略で、就職に必要な学力、各種資格、経歴などの総称である。最も基本な5スペックは、学閥、大学の単位・成績、TOEIC、語学研修経験、資格である。さらに、公募展での受賞歴、インターン経歴、社会奉仕、外見の4スペックを加える場合もある。外見もスペックになる、という意味でフェイスペック（페이스펙）という用語まで登場した。就職するためには、実に幅広い対策をしていかなければならないのである。大学4年間で講義も受けながらこれらの準備をすることは不可能なので、多くの学生が休学して時間を稼ぐ。ちなみに、2022年に20-34歳の大卒者に行った統計庁の調査によると、休学経験者は48.8%で、理由は兵役、就職準備・資格取得、語学研修・インターンの順に多かった。男性は兵役があるので、特別な事情がない限り大学時代に2年間休学する必要がある。

　休学してまで就職活動の準備をする、というのはまるで本末転倒な現象とも思えるが、こうした就活の競争激化や低い就職率を改善するためにも政府は方針を出している。例えば、2017年には「平等な機会・公正な過程のためのブラインド採用推進案」を発表し、全国の公的機関を中心に施行された。これは、採用基準とは無関係の出身地・家族関係・学歴・身体条件・性別などの部分を隠し、職務能力を純粋に評価するという採用方法で、一般的に「ブラインド採用（블라인드 채용）」と呼ばれる。これまでのスペック重視ではなく、実力中心の評価方法を提示した形になり、万が一企業側が職務遂行と関わりのない個人情報を要求したり収集したりした場合、罰金が科せられることも定められた。ブラインド採用はまだ施行されて数年しかたっておらず、尹政権に入ってからは一部廃止するなどの動きもみられる。今後ブラインド採用が就活市場にどういった影響を与えるのか、あるいは新たな改善案が出されるのか、韓国の若者にとって最大関心事であることは間違いない。

【日本語参考文献・サイト】

・有田伸『韓国の教育と社会階層：「学歴社会」への実証的アプローチ』東京大学出版会、2006年。

・松本麻人「韓国における大学入試改革―新たな「学力」の評価への挑戦―」『比較教育学研究』53号、日本比較教育学会、2016年。
・宮嶋博史『両班：李朝社会の特権階層』中央公論社、1995年。
・渡辺秀樹・金鉉哲・松田茂樹・竹ノ下弘久『勉強居場所：学校と家族の日韓比較』勁草書房、2013年。
・文部科学省報道発表、2022年12月21日付、総合教育政策局調査企画課
  https://www.mext.go.jp/content/20221221-mxt_chousa01-000024177_001.pdf

【韓国語参考文献・サイト】
・韓国教育開発院「韓国教育統計サービス」　https://kess.kedi.re.kr
・教育部「教育部公式ブログ」　https://if-blog.tistory.com/
・行政安全部「1365自願奉仕ポータル」　https://www.1365.go.kr/vols/main.do
・シム・ヒョンギ「放課後学校参与率及び私教育費推移探索」イシュー統計、教育統計サービス、2023年2月。　https://kess.kedi.re.kr/index
・統計庁「国家統計ポータル」　https://kosis.kr/index/index.do

第**12**章　韓流の歴史

　「韓流」の辞書的な意味は、「韓国の大衆文化が海外で人気を博し、その国の人々に影響を与える社会的現象」とある。つまり、韓国文化の中でも大衆文化が対象であること、そして韓国内というよりは海外におけるグローバルな現象であることが大きな特徴である。日本語でもすっかり定着した「韓流」という言葉は、韓国文化に関心がない人でも一度は耳にしたことがあるだろう。あるいは、韓国語や韓国文化に興味を持ち始めたきっかけがまさに「韓流」という人が大半かもしれない。そもそもなぜ、韓国の大衆文化が海外で人気を博することになったのだろうか？韓国文化を語る上で「韓流」は避けて通れないテーマだと思うので、まず本章では、「韓流」の歴史や変遷についてそのルーツを探り、「韓流」を俯瞰的に捉えることから始めたい。

1.「韓流」前史：1990 年代前後

　「韓流」は海外での社会的現象を指すが、その大前提として韓国の大衆文化が国外に進出することが必要である。そこで、本節では海外で「韓流」が誕生する以前の韓国社会に注目する。まず、韓国内の社会情勢として、1980 年代まではいわゆる軍事政権下にあり、文化活動についても様々な規制がかけられていた。しかし 1986 年のソウルアジア競技大会や 1988 年のソウルオリンピックを契機に文化開放政策や国内エンターテイメントの役割に焦点が当てられるようになるとともに、1990 年代を前後して徐々に様々な次元で民主化されていく過程で、人々は表現の自由を実現させていった。次章以降で見る代表的な大衆文化が花咲くきっかけとなったのも、この時期を分岐点と見ることができる。

　1990 年代以降、様々な大衆文化が産み出されていく中で、それが国外に出ていく大きなきっかけとなったのが、1997 年の IMF 通貨危機であった。国内の中堅企業が次々に破綻し、株価が暴落、その結果 IMF（国際通貨基金）が経済的救済を行った重大事件であった。当時、IMF 通貨危機は 1950 年の朝鮮戦争以来の国家存亡の危機と言われるほど経済的損害が甚大で、復興のためには国内だけではなく海外市場にも目を向け積極的に外貨を獲得する必要性が叫ばれるようになったのである。

1998 年に金大中政権が誕生した際には、政府として韓国の大衆文化を産業化し輸出する方針を打ち出し、それまでの文化の規制・統制から推進・振興へと舵を切ることになった。政策実現のため、「文化産業発展 5 か年計画」発案、関連法整備、文化コンテンツ振興院等の設立、伝達媒体としてのIT技術とデジタルコンテンツ開発に尽力した。つまり「韓流」は、韓国政府が明確な意図を持って政策・法制度・機関・人材などを導入・整備した輸出商品でありビジネス戦略だったということができる。

　以上のように、韓国政府による文化領域への政策的介入と国家的支援は、世界で「韓流」ブームを起こすきっかけとなったが、やはりそれだけではなく、韓国の大衆文化自体の魅力が世界的に認められたことが最大の要因であることは言うまでもない。大衆文化自体の魅力については、次章以降でコンテンツ別に詳述したい。

２．「韓流」の誕生：1990 年代後半〜

　「韓流」という用語の初出や由来には諸説あり明確にされていないが、中国で使用され始めたのが最初であるとの見方が強い。中国と韓国は 1992 年に国交を結び 1993 年から韓国ドラマを輸出し始めるのだが、1997 年頃に中国内で最初のブームが起こる。1991 年韓国で放映されたドラマ〈愛がなんだって（사랑이 뭐길래）〉は中国内で 1 億5000 万人も視聴したと言われている。さらに当時、ドラマだけではなく、男性歌手グループ「H.O.T.」が人気を博したことも大きかった。こうした社会的現象について、中国のマスコミが「韓流烈風」と名付けたことが由来であると言われている。ただし、韓国側の専門家によると、それ以前から自然と「韓流」という言葉が用いられていたとする見解もあるので、確実な語源については精査が必要である。

　韓国での公式的な使用例は、1999 年に文化観光部が大衆音楽の海外宣伝のために製作した音盤に「韓流」というタイトルをつけたのが最初であるとされている。ちなみに、中国語での発音は「Hanliu」であり、それに倣う形で日本でも「ハンリュウ」と言ったり、日本語式の漢字読みで「かんりゅう」と言ったりするが、韓国語では発音変化が起こるために「Hallyu（ハルリュ：한류）」と発音するのが正しい。

　1990 年代後半、韓流は中国、台湾、ベトナムなど主にアジアを中心に波及していったが、日本における韓流ブームは、かの有名な〈冬のソナタ（겨울연가）〉が始まりである。冬ソナの初回放送は 2003 年 4 月からNHKのBS放送であったが、翌年、NHK地上波でも放送されたことがきっかけで一気に火が付いた。日本では、冬ソナが最初に放送された 2003 年を「韓流元年」と呼んでいる。NHKが 2004 年 9 月に行

った世論調査によると、国民の90％が冬ソナのテレビ放映を知っており、うち38％が実際に見たことがある、と回答したということであった。

　このように、当初の韓流の特徴は、日本も含めアジア地域が中心であったこと、各国でドラマが圧倒的に人気で、音楽もブームの一役を担ったこと、支持層は中高年層の女性が大半であったことなどである。ただし、人気のドラマや俳優については、各国でそれぞれ差が見られたことも分かっている。

3.「新・韓流」の登場：2010 年代前後

3-1)「韓流」の多様化

　上述のような韓流ブームに、2010年代を前後して新たな潮流が生まれた。最も大きい変化が、「K-pop」の登場である。アイドルを中心としたダンスミュージックが海外で人気を博したことに伴い、支持世代（若年層）や消費国（欧米、アフリカなど）が一気に拡大したのである。従来のテレビ戦略ではなく、YouTubeやSNSなど、デジタルコンテンツを活かした文化普及が功を奏したと言える。2012年に発表されたPSYの楽曲〈江南スタイル〉のMVは発売後2か月で2億7千万回再生されるとともにアメリカのビルボードで7週連続2位を記録した。さらに、2014年5月にはYouTube史上初、再生数20億回を突破するという快挙を成し遂げた（2023年9月現在の再生数は48億回であり、記録を更新し続けている）。韓流は、まさに国境を越えたグローバル現象となったのである。

　このように、当初の韓流では見られなかった諸現象をひとまとめにして「新・韓流」と呼ぶ。支持層の多様化、消費国の多様化、K-pop人気の他にも、コンテンツの多様化が挙げられる。既存のドラマ、新・韓流の代名詞であるK-popの他にも、ゲーム、文学、eスポーツ、ウェブトゥーンなど、着々と多様なジャンルが輸出され続けている。中でも国内外で大きな成長を遂げているのがウェブトゥーンであろう。これはweb＋cartoonの合成語で、ウェブ上で閲覧できる漫画のことであるが、ネットが普及した2000年代以降、順調に成長を続けている分野である。実は日本の「LINEマンガ」や「ピッコマ」は韓国発の漫画閲覧サービスである。

3-2)「K-culture」への二次波及

　様々なコンテンツが海外で人気を博すと、作品や芸能人を通して、他の韓国文化に関する注目度にも波及効果をもたらした。ドラマや映画の食事シーンでは、さり気な

く出てくる料理の方へも関心がいき、「食べてみたい」という消費者の欲求を掻き立てた。また、YouTubeでひたすら料理を食べる様子を発信する「モクパン（먹방）」は、海外では「Meokbang」としてすっかり浸透した。モクパンとは、「食べる放送（먹는방송）」の略語である。映像コンテンツを通して様々な韓国料理が紹介され、サムギョプサル、ヤンニョムチキン、チーズハットグなどの食べ物から、チャミスル、マッコリ、ミチョなどのドリンク類まで、韓国語のまま商品化され売られているのも日常的な光景となった。他の国でも「K-Food」として親しまれている。

　また、好きなアイドルや俳優のファッションを真似して楽しむ「K-Fashion」も流通している。韓流スターは国内外をまたにかけて活動することから、日常的に空港を利用する。熱烈なファンやマスコミは空港でスターを待ち構え、私服姿を激写する。これが「空港ファッション（공항패션）」としてオンラインサイトやニュースに取り上げられ、ファンやネットユーザーから注目を集める。憧れの存在の私服姿はまさに貴重で、スタイルも含めて真似したいと思うようになるのは当然のファン心理であろう。日本では、2010年代頃から韓国発のファッションECサイトが複数立ち上げられ、韓国に行かずとも商品を購入することが可能になった。韓国のファッションはおしゃれで安い、というイメージがあるようである。化粧品・美容品も同様で、プチプラだということで「K-Beauty」が流行している。元々美容大国というイメージは韓流ブームの時からあったが、この時期になるとメイクや髪型も韓国風にするのが一部ファンの間でトレンドとなった。「オルチャン（얼짱：最高の顔）メイク」「ヨシンモリ（여신머리：女神ヘア）」など、特定のスタイルを表す言葉としての造語も誕生した。他国では美容法や健康法、体型維持のトレーニング方法まで注目されているという。

　このように、韓流の影響は他の文化へ関心が波及することが見られ、そういった意味で韓国の映像コンテンツや音楽は韓国文化の宣伝効果が絶大である。世界的には「K-Culture」という言葉まで登場しているが、「Culture」として何が注目されるかは未知数でありその可能性は無限に広がっている。また、近々、「韓流ワールド」なるものが京畿道高陽特例市で開業する見込みであり、新たな韓流発信地・観光地として注目されている。

3-3）韓流の影響

　韓流に関心を持った人は、「韓国語を勉強して字幕なしでコンテンツを楽しみたい」「韓国に直接行ってみたい」ということを考えるであろう。ここ数十年の間の海外観光客と韓国語学習者の増加には目を見張るものがある。もちろん、需要の増加がそのまま韓流の影響と捉えることはできないが、少なからず影響を与えていると思われるので、参考までに統計を示しておく。

まず、韓国語学習者の指針となる、韓国語能力試験（TOPIK）の受験者数の推移は【図1】の左の通りである。TOPIKは1997年に開始され、2019年時点で世界76か国において実施されている試験であるが、開始初年度は3,000人に満たなかった受験者が、2019年には約37.5万人と140倍近い増加率を記録した。特に初期韓流ブームと、2010年代後半の世界的K-POP人気の時期の急増が著しい。また、外国籍の学習者に韓国語と韓国文化を普及する目的で設立された公的機関の世宗学堂も、2010年代以降着々と設置国家と機関数を増加させている。

【図1】TOPIK 受験者数推移（左：韓国教育財団）、世宗学堂設置数（右：世宗学堂財団）

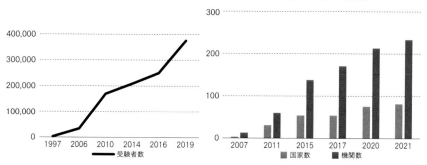

次に、訪韓観光客については【図2】を参照していただきたい。2005年に約600万人であり、特に2010年代以降、2015，17年を除いて毎年十数％ずつコンスタントに成長を続けている。コロナ禍で急減したものの、2023年8月現在で既に600万人を超えており、このまま行けば2010年代前半くらいの水準に回復することが見込まれる。

【図2】海外旅行入国者数推移（観光知識情報システム）

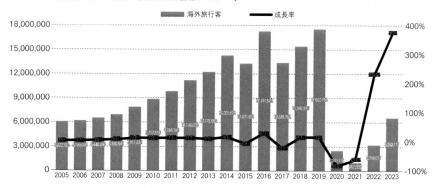

4．日本における韓流ブームの変遷

　前節までは、世界的な韓流ブームの傾向について概観したが、ここからは日本国内における韓流ブームの変遷について概観する。ただし、具体的なコンテンツ内容については、次章以降で詳述するので、本章では省略する。

4-1）ブーム前史：2000年前後
　ブームとして社会現象になる以前にも韓国文化への関心が高まった契機が2度あった。1度目は、1997年に韓国政府が韓国映画を日本に輸出し、《シュリ（쉬리）》などが国内でも上映された時期である。《シュリ》は2000年に日本で公開され、韓国映画で史上初100万人突破という記録を作り上げた。雑誌『月刊韓国文化』でも韓国映画特集が連載されるなど、この時期からコアな映画ファンが存在していたことは間違いない。
　2度目は、2002年のFIFA ワールドカップの日韓共催である。2か国で共催するというのはW杯史上初のことであった。この動きに乗って、日韓では様々な交流イベントが行われたが、大衆文化方面では、初めて日韓共同でテレビドラマ〈フレンズ〉の制作がなされた。脚本から撮影スタッフ、出演陣まで日韓の人材が関わり、日韓で同時放送するという試みが行われた。〈フレンズ〉は当時両国で人気だった深田恭子とウォンビンが主演を務めた恋愛ものであるが、日韓の文化や価値観の違いを見事に描写する作品だった。また、ソウルの各地や安東など、韓国の代表的な観光地や韓国語を習う主人公の姿も描写され、韓国文化紹介、という意味でもガイド的な役割を担ったと思う。

4-2）第1次ブーム：2004-05年
　前述のような韓国の大衆文化との接点を下地にしつつも、日本で大々的にブームとなったのは〈冬のソナタ〉である。主人公の2人に「ヨン様」と「ジウ姫」という愛称が付けられ、2人が来日する度に大々的に報じられ、ファンが空港に駆けつけた。冬ソナもそうであるが、この時期には「純愛もの」が流行し、〈天国の階段（천국의계단）〉〈秋の童話（가을동화）〉〈悲しき恋歌（슬픈연가）〉などが中高年女性の間で大人気となった。こうした作品に出演するイケメン俳優を「韓流四天王」と呼び、彼らの作品は瞬く間にファンの間で有名になった。ちなみに韓流四天王とは、ペ・ヨンジュン、ヂャン・ドンゴン、イ・ビョンホン、ウォンビンの4名である。
　また、NHKで〈チャングムの誓い（대장금）〉が放送されるとこれも瞬く間に人気

となり、以降、中高年視聴者を中心に時代劇のコアなファンが生まれた。

　この時期の日本国内のもう一つの特徴は、K-POPの前史とも言える動きが始まっていたことである。SMエンターテイメントは、徹底的にトレーニングされた歌手を日本に馴染む形でローカライズ化させ、J-POPアーティストとしてデビューさせたのである。それがBoAと東方神起である。当時はまだ、K-POPという言葉さえなかったが、日本で韓国人歌手が活動するという道を切り拓いた開拓者と言って良い。

4-3) 第2次ブーム：2010-2011年

　2006年以降日本国内では、全国民的な社会現象は一度影を潜め、コアなファンが様々な大衆文化を求める、という状況が続いていた。風向きが一気に変わったのは、アイドルグループの日本デビューである。KARAが〈ミスター〉、少女時代が〈GENIE〉をそれぞれ引っさげて2010年にデビューした。韓国ではひと足さきにヒットしていた楽曲であったが、日本語に完全リメイクするとともに、メンバーが日本語でテレビ出演するなどして、一気に知名度が上がった。2000年代から地道に取り組まれてきたローカライズ化が次々と花開いた形となる。男性グループもBigBangや2PMがテレビ出演やコンサートを行うなど、日本でも精力的に活動を行った。第1次ブームとの決定的な違いは、まず音楽分野が牽引したという点、それに伴い若年層へもファン層が広がったという点である。

　また、俳優としてはチャン・グンソクがドラマ〈美男ですね（미남이시네요）〉の大ヒットにより、ヨン様に引けを取らない人気を博した。愛称は「グンちゃん」で、幅広い年齢層から支持を受けた。この時期に活躍したイケメン俳優として「新・韓流四天王」がメディアで選ばれ、チャン・グンソクの他にイ・ミンホ、イ・ジョンソク、キム・スヒョンなどが選ばれた。俳優陣も世代が若年化し、ファンにとっては、選びたい放題という嬉しい状況が続いた。

　ところが、2012年、政治的な日韓関係の悪化により韓国勢のテレビ露出が一気に減少する。NHKの紅白歌合戦出演は東方神起とBoAを除き、2011年にKARA,少女時代が初登場するが2年連続出場とはならず、次に韓国勢が出演するのは2017年のTWICEを待たねばならない。

　2012年後半以降、表面上韓流ブームは過ぎ去ったように見えたが、やはりファンは自分たちの方法で追い続けた。

4-4) 第3次ブーム：2017年〜

　前項で説明したとおり、2010年代以降、韓国のアーティストは積極的にSNS戦略

を利用し、世界発信に努めた。その結果、テレビ露出に頼らないマーケティングが可能となり、若年層を中心に再びK-POPの社会的人気が話題となった。きっかけとなったグループは、男性だとBTSやSEVENTEEN、女性はTWICEやBLACK PINKである。特にTWICEは日本人メンバーが3名も所属しており、日本ではデビュー前後から注目度が高かったグループである。

また、こうしたアイドル人気に追随するように、アイドルのファッション、髪型、メイクなども注目されるようになり、日本で流行るきっかけとなった。デジタルコンテンツでアイドルの日常が視聴できるようになったことも大きい。極力私生活を見せずに神秘主義を保つ俳優とは違い、アイドルたちは積極的に自分たちをさらけ出し、憧れの対象と人間らしい部分、という両面をうまく見せることに成功したと言える。アイドル人気は、2023年現在まで継続的な人気を維持しており、まさにブームの真最中であると見ることができる。

4-5) 第4次ブーム：2020年〜

第3次ブームはSNSを通したK-POP人気が特徴的であるが、それと並行するように起こったのが第4次ブームである。これはコロナの爆発的流行とも深い関わりがある。自宅で過ごす時間が増えたことにより、Netflixなどのオンラインによる動画配信サービスが定着してくると、最も人気となったのが韓国ドラマである。〈愛の不時着（사랑의 불시착）〉や〈梨泰院クラス（이태원클라쓰）〉は、見たことがなくてもタイトルは聞いたことがある、というくらい社会現象をもたらしたと言っていい。

また、同時期には映画《パラサイト（기생충）》が第72回カンヌ国際映画祭でパルム・ドール賞を韓国映画としては初めて受賞し、コロナ直前から日本で公開され、2020年の海外映画の部門で最高興収を記録したという。こうして、韓国ドラマや映画が再び注目されるとともに、見たい時に自宅で見られるという状況が後押しして、社会的ブームとなったのである。第3次ブーム同様、ドラマや映画人気も継続中である。

以上、日本における韓流ブームの変遷を見てきた。「ブーム」と言ってしまうと、「一時的な流行」「いつかは廃れるもの」といった前提があるように思う。そういった意味で、ブームが起こるのは喜ぶべきなのか、慎重に考える必要がある。政治的な関係などに影響されず、また、一時的な関心に留まらず、今後は韓国のエンタメ文化が日常的な関心として定着し、日韓の相互理解に寄与してくれることを願うばかりである。

【日本語参考文献・サイト】

・菅野朋子『韓国エンタメはなぜ世界で成功したのか』文芸新書、2022 年。

・黄仙惠『韓国コンテンツのグローバル戦略』講談社、2023 年。

・三矢惠子「世論調査からみた「冬ソナ現象」」　NHK放送文化研究所
https://www.nhk.or.jp/bunken/summary/yoron/broadcast/004.html

【韓国語参考文献・サイト】

・ジャン・ギュス『韓流とアジア流』コミュニケーションブックス、2013 年。

・文化体育観光部「観光知識情報システム」　https://know.tour.go.kr/

第13章　映画

映画は、韓国人に根付く代表娯楽の一つである。コロナ禍前は国民1人あたり平均、1年で4回映画館に足を運んでおり、日常的関心も非常に高い。そんなこともあってか、韓国の映画界は国内需要が十分にあり、海外に向けて制作するというよりは、「韓国人が見たい映画」趣向が強い印象も受ける。よって、韓国映画は歴史・文化・社会的背景を知らないと理解するのが難しいが、逆に映画を通して学ぶことも数多くある。本章では、韓国人にとっての映画、という観点から変遷を探りたい。

1．映画は最も身近なエンタメ

現代韓国社会において、映画への関心・身近さは日本に比べると格段高い。解放後、紆余曲折を経て、1990年代後半から映画館で映画鑑賞する文化が復興し、コロナ前までは大変盛り上がりを見せるエンタメ分野であった。1990年代後半の様々な環境の変化は後述するが、この時期国内で国際映画祭が開始されるようになった点が挙げられ、1996年から毎年10月に釜山国際映画祭、2000年から毎年5月に全州国際映画祭が行われている。映画祭の時期は、市内全体がフェスティバルの雰囲気に包まれ、中心部の映画館で国内外の映画が多数上映されるとともに、監督や俳優など豪華なゲストが次々に登場する。

映画観覧を促すような仕組みも定着している。例えば、一つの映画が公開される際、まず「VIP試写会」というものが開催される。著名な監督や俳優、有名人などを招待し、当該の映画出演俳優や監督、スタッフなどと一緒に映画館で映画を鑑賞するイベントである。VIP試写会が本格的に登場したのは2000年代前半と言われており、例えば2004年に公開された《ブラザーフッド（原題：태극기 휘날리며）》の公開に際しては、ソウル・江南のメガボックス（映画館）に仲村トオルはじめ海外の映画関係者100名あまりを招待し、国際的なVIP試写会を行ったという。ちなみに仲村トオルは2002年に韓国で公開された《ロスト・メモリーズ》に出演している。映画開始前に招待客がレッドカーペットを歩き挨拶する様子はマスメディアでも大々的に取り上げられ、映画宣伝に利用されている。2018年には、《1987、ある闘いの真実》の試写会

に当時の文在寅大統領が出席し話題になったこともあった。もちろん、一般客向けにも「試写会」は実施される。

　また、公開時には「舞台挨拶」も行われ、出演俳優や監督は全国の映画館を目まぐるしく駆け巡るのが恒例である。例えば、2023年の秋夕連休に公開された話題作《チョン博士退魔研究所》の公開にあたっては、公式サイトによるとソウル43回、釜山15回、大邱16回、仁川16回、京畿道16回と大都市を中心に回っており、地方では1日15,6回も舞台挨拶をこなすなど驚異的なスケジュールであった。大都市で公開1,2週目に映画館に狙って行けば、高確率で出演者に直接会えるというわけである。

　韓国人が1年間に映画館に行く回数を見てみると、2000年には平均1.3回であったのが徐々に増加し、2013年には4.17回となり年間観客動員数2億人を突破、コロナ直前の2019年には4.37回となっている。1年間で4–5回足を運んでいることになる。異性との初デートと言えば映画であるし、友人同士、あるいは家族でも一緒に行くという人の話はよく聞く。

【写真1】釜山国際映画祭（2006年、筆者撮影）
　　　　会場や映画館には活気があふれ、街中には映画イベントブースの設置やラッピングバスなども走る

2．映画政策・産業の歴史的変遷

　では、なぜ現在のように映画文化が韓国の人々に根付いたのか、解放後の国家政策や映画産業界の動向について概観したい。

2-1）1950-60年代：成長期～隆盛期

　映画製作は、英語で言う'Motion Picture'つまり「活動写真」も含めると、既に20世紀初頭には始まっていたが、ここでは朝鮮戦争休戦後の1954年頃からの状況に言及する。その理由は、まず大型の映画スタジオが続々と建設され、製作本数が格段と増加したことから韓国映画の成長期と見ることができるためである。1957年に貞陵スタジオと三成スタジオ、1958年には安養スタジオが完成しており、ハリウッド式のスタジオ製作システムを志向し機材などもアメリカから輸入したという。

　政策面で見ると、1949年に公布された「大韓映画社管理規定」の中で、国策に順応する映画製作を管理する、との文言があり、国策に沿った映画づくりが大前提にあったことは確かである。その後、1954年に「国産映画の入場税免除措置」、1959年に「国産映画の奨励及び映画娯楽醇化のための補償特恵措置」を導入している。表現の自由に制限はあるものの、外国映画をけん制し、韓国内で製作される映画産業を推進しようと試みていたことが分かる。こうした政策もあり、1958年には72の映画会社が乱立することとなった。

　代表的なジャンルとしては、以前から定番であったメロドラマやコメディ、新派が主流であった。新派というのは、観客の涙を誘う感動やカタルシスを与える映画のジャンルを指す。また、終戦後の混乱や貧困などを描く作品なども登場した。

　朴正熙が軍事クーデターを起こし政権を掌握した1961年、72あった映画製作会社は16に統合された。翌年の1962年には最初の関連法令である「映画法」が制定された。主な内容は、映画業を登録制にすること、事前に製作内容を申告すること、外国映画の輸入と国産映画の輸出は政府による推薦を受けること、などがある。1966年に映画法の2次改正が公布された際には、スクリーン・クォーター制度を初めて実施したことがその後の映画界にも大きな影響を与えた。スクリーン・クォーター制度は、映画館において、一定数以上の割合、韓国映画を上映しなければならないという規定である。外国映画専用館でも1年に6編以上、90日以上のノルマを課せられた。検閲によって内容面において厳しく制限し、一部映画会社に特権を与えつつ、国産映画の保護と奨励を推進した二重政策であったと言うことができる。後述するように、韓国の三大映画賞の受賞式が始まったのもこの時期である。

構造面、表現の自由という次元では問題を抱えつつも、奨励政策によって1960年代には1500本ほどの映画が作られるという隆盛期を迎えた。ジャンルは、メロドラマ、スリラー、アクション、戦争系統が圧倒的に多かったが、コメディや時代劇なども制作され、多様化の時代を迎えた。1969年には年間観客動員数1億7300万人という記録を打ち出している。韓国の人々にとって映画が身近な大衆娯楽となった時代と言える。

2-2）1970-80年代：停滞期

　1973年の4次改正映画法は、「維新映画法」とも呼ばれ、シナリオと完成映像の二重検閲や国策映画の育成・支援を強化した内容であった。また、韓国映画3本製作すれば外国映画を1本輸入できる、という制度のために外国映画輸入を目的とした韓国映画の量産現象が起こり、韓国映画の質的悪化を辿ってしまう。加えて、テレビが一般家庭に急速に普及したことにより、娯楽メディアの座を奪われてしまったことも大打撃であった。60年代に確立した時代劇ジャンルもテレビに譲ることとなる。

　よって、ジャンルにも大きな変化が現れた。テレビでは見られない刺激の強いものが製作されるようになり、メロドラマはセクシュアルで露骨な描写をする「ホステス」ジャンルとして流行した。また、アクションものも都市の暴力団やスパイ、武侠ものを製作し息の根をつないだ。一方、若者の文化や社会抵抗を扱った「青年映画」が若者の間では人気となり、若者をターゲットにした映画が増加したという側面もある。

　1980年代も70年代の政策を継承したが、1984年〜1989年の間に映画法が4度も改正された。映画産業の停滞を打開しようと政府側も模索していたことが分かる。例えば、映画会社設立の許可制は登録制となり、映画館の形態も小劇場やシネマ・コンプレックスが登場した。人材育成の側面では、1984年に映画振興公社（現：映画振興委員会）の傘下として「韓国映画アカデミー」が設立された。本アカデミーは教育機関で、映画製作技術を実践的に学ぶことができる課程である。当時、大学にも演劇映画学科は多数存在したが、設備不十分の問題や、卒業後即戦力として働くには経験不足といったことが指摘され、専門教育機関の設立に至ったという。学生は在学中に短編・長編映画を制作するなどプロさながらの経験を積むことができるだけではなく、寮費無料・機材提供・制作費支援など、映画人を志す者にとっては最高の環境が整えられている。アカデミーの運営費用は、国家予算の他に、映画人からの寄付やチケット収入などによって賄われているという。本アカデミーの修了生としては、《8月のクリスマス（1998）》の許秦豪監督、《フランダースの犬（2000）》の奉俊昊監督が有名である。

　一方、海外の映画会社の参入が可能になったことにより、韓国映画製作側との葛藤

は激化することとなった。スクリーン・クォーター制度は日数の増減を繰り返しつつ、1985年に1年で146日以上と60年代の制定時より大幅に強化する形で落ち着いた。

ジャンルとしては70年代の傾向を引き継ぎ、全斗煥政権が3S（sports, sex, screen）政策を実施したこともあり、エロシズム映画が「進歩」・氾濫した。しかしながら、80年代後半からは民主化の風潮にのって社会批判や現代史を扱った作品や、作家性の強い芸術的な映画も生まれ、徐々に復興の兆しを見せていた。

2-3）1990-2000年代：復興期

1962年から国家統制下の映画製作を可能にしていた映画法が廃止され、1995年に「映画振興法」が制定された。以降、2002年まで4度改正されている。検閲制度は廃止され、視聴年齢を定める等級制度を採用した。「支援はするが干渉しない」という全面奨励政策に移行したのである。

一方、映画製作側は、カラーテレビの普及を逆手に取り、映画のビデオ版権による収益を狙った。また、1995年からケーブルテレビが放送開始されると、映画専門チャンネルなども新設され、映画が「産業」として成立する仕組みづくりに奔走した。大企業などの投資も積極的に呼び込むことにより、映画界が根本的に変革する機会となった。

政府の振興政策や製作側の努力により、大規模スケールの大衆映画の製作や全国同時公開が可能となり、映画は再び国民の代表大衆娯楽の地位に舞い戻った。姜帝圭監督の《シュリ（1999）》は金大中政権下の「国民映画」として大成功を収めた。さらに康祐碩監督の《シルミド（2003）》が初めて観客動員数1000万人を動員し、「観客動員数1000万人時代」に突入する。全国のスクリーン数も1998年に507だったのが、2006年に1,880と飛躍的に数を伸ばし、同年には年間観客動員数1億5,341万人と記録し、1968, 69年に続き3位に躍り出た。

その一方で、スクリーン・クォーター制度の葛藤は引き続き存在し、対立はさらに混沌を極めることとなる。韓国映画の最低上映日数を設けるのは、韓国映画の保護と言いながら、海外からの思想流入を防止するための策だという批判もあれば、外国映画と自由競争をさせることで韓国映画の質を高めるべきだ、という意見も存在した。劇場側は廃止を唱え、映画人は維持を要求するなど、政府間・映画界内部でも意見は異なり数年間論争が続いた。1998年に米韓投資協定締結に向けての議論においても紛糾し、映画人100名が頭を刈り上げて座り込みを行ったり、映画俳優も自身の霊前写真を手に持ちデモなどに参加した。結局、アメリカからの自由化の圧力は弱まることなく、2007年FTA（自由貿易協定）を結んだ際に、韓国映画の上映日数は73日

と半減することとなった。

　スクリーン・クォーター制度の縮小により、2007, 08 年は一時的に韓国映画の低迷期に入るが、韓国映画製作はより力強い奮闘を続けたと言えるだろう。質的な向上を図りつつも、より多くの大衆に訴えかけ「儲ける」ことのできる「ウェルメイド映画」が多く製作された。ジャンルも実に多様で、コメディ、メロドラマ、アクション、スリラーなどの定番ジャンルもありつつ、やくざものの《チング（2001）》がヒットしたり、コメディやアクションもない《おばあちゃんの家（原題：집으로、2002）》が400 万人を突破するなど、ヒットの常識が覆されつつあった。朝鮮戦争や南北分断ものは上位ランキングの常連となった。さらには、特定のジャンルに縛られない複合ジャンル化が進み、「韓国型ジャンル」としてその地位を確立した。

　2000 年代後半は、映画界の構図にも変化が見られ、CJ　E＆M、ショーボックス、ロッテエンターテイメント、N.E.Wの大企業投資配給会社が4 強体制を維持している。そして、映画の成功を示す指標としては観客動員数が用いられ、「いかに多くの観客を動員できるか」に焦点が当てられるようになった。より大衆に響く映画、「商業映画」の性格が徐々に増していくこととなる。

2-4）2010-20 年代：1000 万時代から新たな転換へ向けて

　2010 年代もそうした風潮に変化はなく、2012 年からは毎年 1000 万人動員する映画が出現するようになった。2000 年代前半に 1000 万人以上動員した映画は、映画史上に残る名作という栄光が与えられる価値があったと思うが、冷静に考えて、年間の観客動員数、及び 1 人当たりの映画館観覧回数が増加しているこの時期において、1000 万人突破のハードルは確実に下がっている。2000 年代と 2010 年代以降の 1000 万人映画を同列視することはできない。実際に、近年 1000 万人を突破した映画を見ると、重厚感のある映画・余韻が残る映画、というよりは瞬間的な爽快感を得られる作品が多くランクインしている。国民が映画に求めるものが娯楽性・エンターテイメント性にシフトしていることが分かる。よって、単純に観客動員数だけで映画のランキングを付けるには、限界が訪れていると言わざるを得ない。

　ジャンルについては、政治社会問題に真正面から切り込んだ作品が一層存在感を増している。興行的な意味とは別に、実話を基に社会問題を提起するものも果敢に作られている。文在寅政権になってからは、現代史の軍事政権下に関連する作品も続々と公開されており、やはり政治が映画界に与える影響は少なからず存在することを感じさせる。

　2023 年現在、映画界は大きな変革を迫られていると個人的に感じる。2020 年のコ

ロナ禍以降、観客数は大幅に減少したが、元の日常生活に戻りつつある 2023 年においても、映画の観客動員は不況が続いている。2023 年秋夕連休に公開された三大作はいずれも興行的に不発に終わったと言われた。執筆時点で公開 1 か月しか経っていないが、姜帝圭監督の《1947 ボストン》が 97 万人、ソン・ガンホ主演のコメディ《蜘蛛の巣》が 31 万人、前述の《チョン博士退魔研究所》は 190 万人と期待を大幅に下回る結果となっている。原因としては、チケット代の高騰なども指摘されているが、根底には、コロナ禍に定着したネット配信サービスが大きいのではないかと思う。映画館に行かなくても、見たい時に好きな映画が見えるという快適さを味わってしまったゆえに、わざわざ高いチケット代を払って映画館に行くことがためらわれるようになったのではないだろうか。映画館に行くのは、大きいスクリーンで見たい時だけ、と作品を選んでいるようである。実際に、2021 年の年間観客動員数 1 位は《スパイダーマン》、2022 年はアクション映画の《犯罪都市 2》、2023 年 10 月段階の 1 位も《犯罪都市 3》となっており、アクション映画を映画館で見る傾向が続いている。

　これらを踏まえ、今後は観客動員数を競う現状の映画界の価値観転換が必要だと思われる。観客動員数に拘らない作品づくりに回帰することも重要であるし、ボーダレス化になった現状を活かして、映画館以外での興行収入に積極的に参与していくことも求められるだろう。

3．受賞歴・動員数ランキングから見る年代別代表映画

　100 年の歴史を持つ韓国映画の作品を一つ一つ本章で紹介するのは不可能であるが、どの作品を取り上げるか、その選定基準も非常に悩ましい。ここでは、韓国内で毎年開催されている 3 つの映画賞の大賞、そして従来韓国で採用されている観客動員数の年間 1 位の作品を年代別に整理する形で、読者にお伝えしたい。

3-1）三大映画賞
　韓国では、1960 年代から 3 つの映画賞を開催しており、「三大映画賞」と呼ばれている。まず、1962 年から「大鐘賞」が毎年 11 月に開催されている。韓国映画人総連合会が主催しており、当初は政府が主幹していたが、1992 年からは民間に移管されている。軍事政権下においては「反共」や国家政策の広報に役立つ作品が受賞していたが、民間移管後は、映画界の映画祭として変貌した。90 年代には審査基準を「作品性」に重点を置いていたが、徐々に大衆向けの観点も加えられるようになった。大

賞には、大鐘賞を象徴するエミレー鐘（聖徳大王神鐘、統一新羅）をモチーフにしたトロフィーが授与される。

1963年からは、朝鮮日報（現在はスポーツ朝鮮）の主催で「青龍映画賞」が開催された。しかし、1973年映画法改定により、韓国映画の質が落ちたとの判断から一時廃止され、1990年に復活している。審査は専門家とネチズン投票によって行われ、地上波放送局が代わる代わる生放送を行ってきた。韓国社会に最も影響力のある映画賞である。

1965年からは、毎年5月に「百想芸術大賞」が開催されている。映画部門・TV部門・演劇部門からなる総合的な芸術賞である。中央日報が後援で、1990-2000年代には地上波が生中継を行っていたが、2012年からはJTBCが放送している。

以上、三大映画賞の歴代大賞を見ていくことにするが、時期は青龍映画賞が復活した1990年から全国統一的な観客動員数統計が始まる前の2003年までを【図1】に示す。

【図1】三大映画賞の大賞作品（1990-2003、筆者作成、以下同様）

邦題で記載しているが、意訳が分かりづらい場合は、韓国語の原題も併記する。

	大鐘賞 最優秀作品賞	青龍映画賞 最優秀作品賞	百想芸術大賞 大賞
1990	墜落するものには翼がある	追われし者の挽歌① 原題：그들도 우리처럼	ウムクペミの愛
1991	若き日の肖像	死の賛美②	
1992	開闢③	われらの歪んだ英雄	天国の階段
1993	風の丘を越えて／西便制③		われらの歪んだ英雄④
1994	二人の女性の物語	太白山脈⑤	Two Cops⑤
1995	永遠なる帝国④	美しい青年、全泰壱①⑥⑦	ハリウッド・キッズの生涯
1996	エニケーン②	祝祭⑦	学生府君神位
1997	接続 ザ・コンタクト	グリーンフィッシュ⑥	
1998		8月のクリスマス⑦	
1999	故郷の春 原題：아름다운 시절	NOWHERE ～情け容赦なし～	シュリ⑧
2000	ペパーミント・キャンディ⑥	共同警備区域JSA⑨	春香伝③
2001	共同警備区域JSA⑨	春の日は過ぎゆく⑦	リベラ・メ
2002	おばあちゃんの家 原題：집으로	酔画仙③	公共の敵⑤
2003	殺人の記憶⑪	春夏秋冬そして春⑩	おばあちゃんの家 原題：집으로

①朴光洙　②金鎬善　③林権澤　④朴鐘元　⑤康祐碩　⑥李滄東　⑦許秦豪　⑧姜帝圭
⑨朴賛郁　⑩金基徳　⑪奉俊昊

2作品以上登場する監督については囲み数字で表記した。韓国映画界を支える豪華監督陣の作品が並ぶ。この時期に圧倒的にノミネート作品が多いのは③林権澤監督である。1936年生まれで、1950年代から制作活動を開始しており、まさに韓国の映画界とともに歩んできた巨匠である。ノミネート作品は、歴史ものや伝統文化、韓国人の民族性を扱ったものが多い。《風の丘を越えて/西便制》は、朝鮮半島の民俗音楽であるパンソリを題材としており、映画史上、観客動員数100万人を初めて記録した映画である。他の監督は、②金鎬善監督（1941年生まれ）を除いて皆1950年代後半〜60年代前半生まれの若手監督である。芸術映画、メロドラマ、南北もの、現代社会の生きづらさ、犯罪ミステリーなど、ジャンルも多様である。俳優で言うと、アン・ソンギ、チェ・ミンシク、ハン・ソッキュ、ソン・ガンホなどが複数作品に出演している。

3-2) 2000年代後半〜2010年代前半

2004年からは統一的な観客動員数ランキングが始まるが、年間1位を記録する作品はスケールが壮大、迫力がある作品が大半である。新たにノミネートしている監督も前の時代と同様に1960年代中盤〜1970年代前半生まれの監督が多く登場しており、常に新しい気運が醸成されていることが分かる。

【図2】2004-2014の映画賞大賞受賞作品・観客動員数年間1位作品

	大鐘賞 最優秀作品賞	青龍映画賞 最優秀作品賞	百想芸術賞 大賞	観客動員数年間1位
2004	春夏秋冬そして春⑩	シルミド⑤		ブラザーフッド⑧ (1,175万) 原題：太極旗 揮ねるめ
2005	マラソン	親切なクムジャさん⑨	マラソン	トンマッコルへようこそ (801万) ※12月公開：王の男 (1230万)
2006	王の男⑫	グエムル⑪	王の男⑫	グエムル⑪ (1,302万)
2007	家族の誕生	優雅な世界⑬	タッチャ⑭	D-WARS (845万)
2008	追撃者	私たちの生涯最高の瞬間	追撃者	⑮グッド・バッド・ウィアード (669万)
2009	神機箭⑤	マザー⑪	カン・チョルジュン 公共の敵1-1⑤	海雲台⑯ (1,145万)
2010	ポエトリー アグネスの詩⑥	義兄弟⑰	海雲台⑯	アジョッシ (628万) ※1位はアバター (844万)
2011	高地戦⑰	生き残るための3つの取引⑲	悪魔を見た⑮	⑱神弓-KAMIYUMI- (747万) ※1位はトランスフォーマー3(778万)
2012	光海、王になった男	嘆きのピエタ⑩	犯罪との戦争	泥棒たち⑭ (1,298万)
2013	観相⑬	ソウォン/願い⑫	7番房の奇跡 原題：7병방の선물	(1,281万)
2014	バトル・オーシャン⑱ 原題：명량	弁護人		バトル・オーシャン⑱ (1,761万) ※12月公開：国際市場(1,426万)

⑫李濬益 ⑬韓在林 ⑭崔東勳 ⑮金知雲 ⑯尹斉均 ⑰張薫 ⑱金漢珉

2005 年に公開された《王の男》は、時代劇の新たな描き方を提示した話題作である。王の寵愛を受ける中性的な主人公を演じたイ・ジュンギは一気にスターダムにのし上がり、「可愛い男子」ブームや「王男廃人」などの社会現象を引き起こすほどの国民映画となった。作品を手掛けた⑫李濬益監督は、2010 年代後半にも話題作を数々制作しているが、劇的な演出などもない静かな展開の中でも、心に訴えかけるメッセージが伝わってくるのが特徴である。彼が手掛けた《ソウォン・願い》や羅泓軫監督の《追撃者》は韓国社会で実際に起こった児童性暴力事件や連続殺人事件がモチーフとなっており、国民的関心を引き付けるジャンルとして続々制作された。

3-3）2010 年代後半〜 2020 年代前半

観客動員数は、コロナ禍を除いて毎年 1000 万人突破する作品が出るのが当然となってきた時期であるが、《新感染 ファイナル・エクスプレス》や《神と共に》シリーズなど、ゾンビやファンタジーといった CG 作品が年齢問わず人気を博した。

【図3】2015-2023 の映画賞大賞受賞作品・観客動員数年間 1 位作品

	大鐘賞 最優秀作品賞	青龍映画賞 最優秀作品賞	百想芸術賞 大賞	観客動員数年間 1 位
2015	国際市場で会いましょう⑯	暗殺	バトル・オーシャン⑱	ベテラン⑲ （1,341万）
2016	インサイダーズ/内部者たち⑳		王の運命 原題：사도⑫ 空と風と星の詩人〜尹東柱の生涯⑫	新感染 ファイナル・エクスプレス 原題：釜山行 （1,157万）
2017	タクシー運転手⑰		アガッシ⑨	タクシー運転手⑰ （1,218万） ※12月公開：神と共に一罪と罰⑫（1,441万）
2018	バーニング⑥		1987、ある闘いの真実	神と共に一因と縁 （1,227万）
2019		パラサイト 原題：기생충 ⑪	証人	エクストリームジョブ （1,626万） 原題：극한직업
2020	パラサイト⑪	KCIA 南山の部長たち⑳	パラサイト⑪	KCIA 南山の部長たち⑳ （475万）
2021		モガディシュ脱出までの14日間⑲	茲山魚譜⑫	モガディシュ脱出までの14日間 ⑲（361万） ※1位はスパイダーマン （556万）
2022	別れる決心⑨		モガディシュ 脱出までの14日間⑲	犯罪都市 2 （1,269万）
2023			別れる決心⑨	

⑲柳昇完　⑳禹民鎬

また、実話をモチーフにした作品は依然として人気があり、《国際市場》、《タクシー運転手》、《1987》、《KCIA南山の部長たち》《モガディシュ》は、現代史の波に飲み込まれる主人公たちを力強く描いている。《バトル・オーシャン》、《空と風と星の詩人〜尹東柱の生涯》は日本とも深くかかわる歴史物である。俳優としては、90年代から活躍するソン・ガンホ、イ・ビョンホン、ファン・ヂョンミンなどがコンスタントにヒット作品に出演している。

3-4) 世界三大映画祭受賞作品

　最後に、国際映画祭で評価された韓国映画についても触れておきたい。

【図4】ベネチア・カンヌ・ベルリン国際映画祭における韓国映画受賞歴

	ベネチア	カンヌ	ベルリン
1987	シバヂ		
監督	林権澤③		
賞名	女優賞（カン・スヨン）		
2002	オアシス	酔画仙	
監督	李滄東⑥	林権澤③	
賞名	監督賞等	監督賞	
2004	うつせみ（原題：빈집）	オールドボーイ	サマリア
監督	金基徳⑩	朴贊郁⑨	金基徳⑩
賞名	銀獅子賞（監督賞）	審査員賞	監督賞
2007		シークレット・サンシャイン（原題：밀양）	
監督		李滄東⑥	
賞名		女優賞（チョン・ドヨン）	
2009		渇き（原題：박쥐）	
監督		朴贊郁⑨	
賞名		審査員賞	
2010		ポエトリー アグネスの詩	
監督		李滄東⑥	
賞名		脚本賞	
2012	嘆きのピエタ		
監督	金基徳⑩		
賞名	金獅子賞（最高賞）		
2017			夜の浜辺でひとり
監督			洪常秀
賞名			女優賞（キム・ミニ）
2019		パラサイト（기생충）	
監督		奉俊昊⑪	
賞名		パルムドール（最高賞）	
2020			逃げた女
監督			洪常秀
賞名			監督賞
2021			イントロダクション
監督			洪常秀
賞名			脚本賞
2022		別れる決心	小説家の映画
監督		朴贊郁⑨	洪常秀
賞名		監督賞	審査員グランプリ
		ベイビー・ブローカー	
監督		是枝裕和	
賞名		男優賞（ソン・ガンホ）	

国際映画祭で評価される監督は割と常連感があるが、2000年初頭から、⑥李滄東、⑨朴賛郁、⑪奉俊昊が国内外で定評を受けていることが注目される。3名とも描き方やテイストは三人三様であるが、予測のつかない緊張感とラストの衝撃、何とも言えない後味などは癖になるものがある。

　韓国という国は、歴史的にも多数の困難を乗り越えて成り立った経緯があり、「民族の悲劇」としての題材は豊富にあるし、こうした苦難を芸術作品に昇華させるという力強さも感じられる。ダイナミックな歴史や社会の動きと個人の心理・感情を見事に絡ませ、見ている者の心を揺さぶる。余韻を残す、長らく人々の記憶に残る映画を今後も期待したい。

【日本語参考文献】

・秋月望監修『韓国映画で学ぶ韓国の社会と歴史』キネマ旬報社、2016年。
・韓国映像資料院　編、桑畑優香　訳『韓国映画100選』クオン、2019年。
・佐藤忠男『韓国映画の精神：林権澤監督とその時代』岩波書店、2000年。
・鄭琮樺著、野崎允彦・加藤知恵訳『韓国映画100年史』明石書店、2017年。
・野崎允彦「記憶の作法：現代韓国映画の地平」『韓国朝鮮の文化と社会』第14号、2015年。

【韓国参考文献・サイト】

・映画振興委員会　https://www.kofic.or.kr/kofic/business/main/main.do
・韓国法制処　国家法令情報センター「法令」
　https://www.law.go.kr/LSW//main.html
・国家記録院「文化映画で見る大韓民国」
　https://theme.archives.go.kr/next/movie/movieConcept03.do
・国家指標体系
　https://www.index.go.kr/unity/potal/indicator/ProgressIndicator.do?cdNo=210

第**14**章　　　　　　ドラマ

韓国ドラマは、この本を手にした読者の大半にとって、最も慣れ親しんだ分野の一つではないだろうか。日本で韓流の火付け役となった代表的な韓国文化であるだけに、既に熟知している読者も多いはずである。さらに、近年は専門雑誌やドラマにハマった著者による解説本など、韓国ドラマを扱った書籍は枚挙にいとまがない。本章では、そうした書籍とは少し違った視点から、韓国内における韓国ドラマ文化についてその変遷をたどりたい。

1.　韓国ドラマの特徴

韓国ドラマは、なぜこんなにも人気なのか。誰しもが抱いたことのある疑問かもしれない。実際、そういった類の書籍が複数出版されている。まずは、韓国ドラマ人気を理解する上で役に立つ特徴を何点か挙げておきたい。

1–1）プロによるドラマ制作

こういった表現をすると他国はアマチュアが制作している、と誤解を受けてしまうかもしれないが、敢えて強調したい部分である。前章でも少し触れたが、ドラマ制作に関わる人材は、大部分がプロになるためのトレーニングを受けた人々である。高学歴思考が高い韓国では、エンタメ部門関連の大学や学部も多数存在し、制作についてしっかりと「学ぶ」ことが可能なのである。俳優はもちろん、脚本、撮影、音響など、それぞれ専門学部があるので、自身の希望に合わせて進学し、各分野の専門スキルを身につけることができ、結果として質の高い作品づくりが可能になるのである。例えば、ドラマ作家として著名である金秀賢（1943年生）は、高麗大学校の国語国文学科の出身である。〈愛がなんだって（사랑이 뭐길래、1991）〉〈愛と野望（사랑과 야망、2006）〉〈人生は美しい（인생은 아름다워、2010）〉など数々のヒット作を産み出しており、その時代時代において、それぞれ葛藤する家族が中心に描かれることが多い。また、より若い世代としては金銀淑（1973年生）の活躍が輝かしい。金銀淑は、この分野の最高峰と言えるソウル芸術大学校の文芸創作学科出身である。ソウル芸大の

出身俳優も多く、上の世代から、リュ・スンリョン、ファン・ヂョンミン、チャ・テヒョン、ユ・ヘジン、キム・ハヌル、ソン・イェジン、イ・ジュンギ、ヂョ・ヂョンソク、パク・ソジュンなど、枚挙にいとまがない。話を戻すと、金銀淑の代表作には、〈パリの恋人（파리의 연인、2004）〉〈シークレットガーデン（시크릿가든、2010）〉〈相続者たち（상속자들、2013）〉〈太陽の末裔（태양의 후예、2016）〉〈トッケビ（도깨비、2016）〉〈ミスターサンシャイン（미스터션샤인、2018）〉〈ザ・グローリー（더 글로리、2022）〉などと、海外でも大ヒットした作品が多く含まれる。韓国内でもこれらのドラマが社会現象となるほど人気で、恋愛を中心テーマとしていることから、2，30代女性が最も好む作家である。

　また、出演者で言うと、一昔前まで俳優は俳優、歌手は歌手としっかり棲み分けができていたということも大きいと思われる。演技をすることと歌を歌うことは全く異なるスキルであり、アイドルとして人気があるからといって演技ができるとは限らないのである。今でこそ多才なアイドルが豊富にいるので歌手も俳優もこなす芸能人が増えてきているが、少なくても20年ほど前までは一般的ではなかったように思う。歌に演技に、バラエティに、マルチにこなす人材としてチャ・テヒョン（1976年生、ソウル芸大放送芸能科　卒）は特異な存在であった。また、2000年代前半でも、モデル出身の男性俳優やオルチャン出身の女優に対する視聴者の目は厳しく、「顔がいいから演技は二の次」といったことが通用しないのが韓国ドラマである。

1-2）視聴者と制作陣が共につくるドラマ

　前項とも関わりがあるが、視聴者は非常に辛口である。放送局によるドラマであれば、HPの視聴者掲示板に意見投稿が可能で、視聴者は自由に感想などを載せることができる。ネット文化が発達した韓国だけに、放送後すぐにブログなどで批評などを行う視聴者も多い。こうした視聴者を意識して、脚本はますます洗練されていくのである。当初のストーリーが視聴者の反応によって変わってしまう、ということもある。有名なのは、〈冬のソナタ（2002）〉は元々主人公が死んでしまうという結末だったらしいが、「死なせないで」「ハッピーエンドで終わって」という視聴者の意見があまりにも多く、主人公を死なせない結末に変更されたという。

　社会現象になるドラマほど、内容についてネットで賛否両論が巻き起こることは珍しくなく、より良い作品になるよう視聴者と制作者が共につくり上げるという雰囲気がそこにはあるのかもしれない。ドラマの最終回で、最後のエンディングの際にドラマ出演者や制作陣のオフショットなどが流され、「これまで愛してくれた視聴者の皆様に感謝申し上げます」とメッセージが出ることがあるが、視聴者自身は制作に関わ

っていないのにこれまでの苦労や制作過程のスライドショーを感慨深く見つめながら、「最後まで見て良かった」と思わせてくれる演出効果になっていると感じる。

1-3）ドラマに集中できる構成

　日本のテレビドラマであれば、放送時間は50分程度で、合間に何度もCMが入るので実質1話あたり45分前後というのが慣例ではないだろうか。一方、韓国のドラマは放映中にCMが入ることはほとんどない。スポンサーの商品宣伝は、なんとドラマの中に組み込んでしまうのである。PPL（Product PLacement）広告という手法があるが、これは、映像の中で商品やロゴを映し出し視聴者に自然と意識させるマーケティングである。俗に間接広告とも言う。元々国内放送では禁止されていたが、2010年から法的な基準を設けた上で使用することが可能となった。主人公がセリフを喋りながらハンドクリームを執拗に塗っていたり、商品名がしっかり見える状態でドリンクの缶を開けてゴクゴクと飲んだりするシーンが度々挟み込まれている。ドラマを見るのは出演者のファンもいるわけで、出演者が使っている、あるいは飲食している商品を自分も試したいと思うのは当然である。こういった視聴者の心理を利用した巧みな宣伝方法であり、かつCMを入れなくていいのでドラマに集中できる、という一石二鳥なドラマ構成となっているのである。

　また、1話あたりの放送時間もその回ごとによってバラツキがあるのも面白い。「放映時間ありき」の作り方ではなく、「内容ありき」の作り方になっているというわけである。つまり、「ここで終わるの?!」という最も気になるタイミングで「次回へ続く」というテロップが流れ、「つづきが早く見たい」と視聴者に思わせるのが巧みである。これは時間できっちり測れるものではなく、その回によってタイミングが違うわけで、時間に柔軟なドラマ制作ができるからこそ可能な演出と言えるだろう。

1-4）感情移入できる登場人物の過去描写

　時代劇には必ずと言っていいほど導入される、冒頭の子ども時代回。主人公となる登場人物たちの子ども時代、あるいは過去の接点などを、まず丁寧に描写することによって、その後の人間関係や言動を理解しやすくする効果がある。どういう過去があって、今の自分がいるのか、あたかも主人公の人生を視聴者が歩んできたような感情移入が可能になるのである。初めは、背景説明や登場人物像に割かれる時間がとても長いので、本編を楽しみにする視聴者にとっては忍耐が必要であるが、後になればなるほど過去の描写があった方が説得力も増し、よりドラマの展開にハマっていくことになる。

また、主人公の子ども時代に登場する子役を見るのも韓国ドラマの醍醐味である。様々な作品に出演する子役が少しずつ成長していく姿を温かい目で見守る視聴者は多い。〈秋の童話〉でソン・ヘギョの子ども時代を演じたムン・グニョン、〈悲しき恋歌〉でグォン・サンウの子ども時代を演じたユン・スンホ、〈トンイ〉でハン・ヒョジュの子ども時代を演じたキム・ユジョンが代表的な子役出身俳優で、幼少期から演技の実績を積み成人後も女優・俳優として活躍中である。

1-5）ロケ地の聖地巡礼化

　韓国ドラマは、ドラマ中に放映するスポンサー商品にも気を使うが、撮影場所も綿密に計画されて意図的に演出されているという。ドラマの雰囲気や展開に合った場所が選定されて、見事に映像化されている。結果、ドラマ人気と相まってロケ地も話題となり、観光客が訪れるという付加価値が生まれるのである。日本で話題となったロケ地は、第1次ブームの頃から既に聖地巡礼化していた。〈冬のソナタ〉は主人公二人の思い出の場所である「南怡島」、ペ・ヨンジュンの最後の住まいがある「外島」などは都市から離れた地方にあるにも関わらず多くのドラマファンが訪れた。

　こうしたドラマ人気は撮影場所の認知度上昇につながることから、撮影場所の提供者にとってもメリットはある。大邱にある啓明大学校はキリスト教系列の私立大学であるが、キャンパスが広大なうえ多くの近代建築物があるため美しいキャンパスとして全国的に有名である。実際に、本学はこれまで100編以上の映画やドラマが撮影された「ドラマ・映画撮影の聖地」である。大学はこれまで撮影されたドラマや映画を積極的に紹介しつつ国内外への宣伝材料として活用している。ドラマとロケ地が相乗効果で知名度や人気が上がり、現地への訪問者が増加し、ドラマを見直すあるいは新たな作品が撮影される、という好循環が生まれる仕組みとなっている。

【写真1】冬ソナ最終回撮影地・外島（左：2007年筆者撮影）、啓明大学校正門（右：2023年筆者撮影）

1-6）韓国政府によるエンタメ産業支援と作品自体の魅力

　2010 年頃から韓国政府がドラマ制作への支援を開始しているが、当初その割合は
コンテンツ産業全般の 10 分の 1 程度だったという。国家的支援を受けているのだか
ら人気が出るのは当然、という意見もあるが、政府関係者はこれを明確に否定する。
つまり、政府による支援はあくまでも韓流持続のための「サポート」であり、韓流人
気はコンテンツ自体の実力の賜物である、ということである。また、とあるドラマ制
作者は、ドラマ人気の秘訣を以下のように説明する。ドラマで扱われるテーマは、世
界的に普遍性を持ったものであり、どんなバックグラウンドを持った視聴者でも入り
込める世界観である一方、その中に韓国独自のローカル要素が散りばめられており、
見ているうちに韓国というものに興味を持つつくりになっているというのである。例
えば、〈キングダム（킹덤、2019）〉はネットフリックスが初めて制作した韓国ドラマ
であるが、国内外で大成功を収め、次々に韓国ドラマが制作されるきっかけとなった
作品である。本作品の背景は朝鮮時代の王室であるが、ゾンビが大量に発生するとい
うスリラーテイストが加味されている。ゾンビという世界的に知名度のある刺激的な
存在と朝鮮王朝の時代劇を組み合わせることによって、斬新さが評価される一方、韓
国独自の文化要素を世界の視聴者に伝えるきっかけとなった。

　以上のように、韓国ドラマが人気の理由は、単純に「俳優がカッコイイから」「面
白いから」「政府が支援しているから」などというような一元的なものではなく、様々
な要素が複合的に絡み合って成り立っているということができる。次節では、具体的
に日韓で人気を博したドラマを時系列で追いながら、さらにその魅力に迫ってみたい。

2.　韓国ドラマの変遷

　1980 年代後半までは、法律に基づく言論統制やドラマの事前検閲制度が存在してい
た。つまり、国家の方針に反する番組制作が不可能であったのである。1980 年に
言論関連の法律を統一的に制定した「言論基本法」では、大統領が任命する委員から
構成される放送委員会を設置し、委員は放送に関わる調査を行い、必要と認められた
場合には放送局から資料提出を要求することも可能にした。「公共性」「公益」を主張
しつつ、言論の自由というよりは「言論の公的責務」を強調していた。本法は 1987
年 6 月の全国的な民衆化運動の影響を受けて廃止されている。よって、韓国ドラマ市
場は 1990 年代以降急成長してきた分野なのである。そこで、韓国国内でのドラマ成

長の変遷を時代別に区切って見ていきたい。合わせて、同時代に日本では韓国ドラマがどのような位置づけにあったのかも紹介する。具体的に人気ドラマを見ると、日本と韓国では違った動きが見られると同時に、特にネット視聴時代以前は火がつくタイミングも異なることに注目してほしい。

2-1）1990年代 —— 自由競争化

　民主化により徐々に言論統制も軟化し、1993年の金永三大統領就任以降は本格的に自律的な番組制作が可能になったと言われている。以前は時代劇、メロドラマ、ホームドラマ程度しか認められていなかったジャンルも、政治社会的なテーマを始めとする多様な作品が製作できるようになった。特筆すべきドラマは、1995年の〈砂時計（모래시계、SBS）〉である。本作品は1970年代から1990年代の現代史について3人の主人公を中心に描写したものであるが、以前はタブーであった5・18光州民主化運動をドラマで初めて大々的に扱った。当時の実際の映像をドラマに挿入するなど、言論統制からの解放の象徴として位置づけることができる。放映当時、ドラマをリアルタイムで視聴しようと放送日には国民が早く帰宅しようとする社会現象も起こり、「帰家時計（귀가시계）」という言葉まで誕生した。

　また、言論業界の急速な産業化もドラマの質向上に貢献した。それまで、KBS（韓国放送公社）とMBC（文化放送）の公営放送が独占していた放送体制が、1991年民営放送のSBS（ソウル放送）開局により、地上波3社体制になったことで視聴率競争が激化したという。より高い視聴率を獲得するため、各局はドラマ制作に尽力したのである。1990年代は視聴率至上主義とも言える時代だったのかもしれない。実際に、ドラマの歴代最高視聴率の順位を見ると、ベスト20は全て50％超えしており、そのうち16作品が1990年代、4作品が2000年代前半のドラマである。歴代1位は65.8％を記録した〈初恋（첫사랑、1996、KBS）〉で、1980、90年代を背景にした若者の恋愛や兄弟愛を描いた66部作である。ペ・ヨンジュンやチェ・ジウなど、後にトップスターとなる俳優が多数出演していることも話題となった。ちなみに、歴代2位が前述の〈愛がなんだって〉で64.9％、3位が〈砂時計〉で64.5％であった。歴代4位は、実在した朝鮮王朝時代の医学者を描いた〈許浚（허준、1999、MBC）〉の63.7％である。時代劇はどの時代においても人気があるが、その中でも断トツの視聴率を獲得した。

2-2）1990年代〜2000年代中盤 —— 日々の娯楽として

　1997年以降、政府の産業政策もあり大衆文化の積極的に海外輸出が行われたが、

当初、ドラマ業界では海外輸出商品としてはあまり期待されていなかったという。海外で人気が出たとしても収益はさほど得られないとされ、主に映画輸出が念頭に置かれていた。よって、基本的には韓国国民が視聴することを前提にドラマが制作されており、特にメインターゲットは中高年の女性であった。

　国内向けドラマとして有名な言葉が「マクチャンドラマ（막장드라마）」である。マクチャンとは直訳すると「（行き場のない）突き当たり」くらいの意になるが、マクチャンドラマと言えば、次から次へと非現実的なことが起こる刺激的な展開が繰り広げられるドラマのことを言う。具体的には、出生の秘密（愛した人と父が一緒　など）、嫁姑問題、三角関係、不倫、犯罪、罠や復讐、財閥など、一般人はなかなか経験しないようなことが次々に展開される。メインキャストの中に、道徳的に理解できない登場人物がいることもよくある。マクチャンドラマはドラマのジャンルというよりは「要素」のようなもので、2000 年代後半にドラマジャンルが多様化する頃まで、よく取り入れられたものであった。例えば、2008 年から放映された SBS の〈妻の誘惑（아내의 유혹）〉は、夫と友人が不倫し、見捨てられてしまった主人公が、再び夫を誘惑し 2 人に復讐を仕掛ける、という内容で、最高視聴率 37.5％を記録したという。実際にはありえない設定や人物がいるにもかかわらず、次の展開が気になってしまい視聴し続けてしまう、あるいは刺激的な展開を見て楽しむという、一種の中毒的な魅力があるのかもしれない。しかし、道徳的・教育的に好ましくないといった批判があるのも事実である。ドラマジャンルが多様化した現在においては、マクチャンドラマ要素は主婦層の視聴時間帯である日日ドラマ（毎日）、朝ドラマ（平日午前中）で依然として顕著に見られるが、一般的なドラマでは重要な展開・キーポイントとして効果的に用いられている程度ではないだろうか。

　マクチャンドラマとは全く違う「笑い」の要素を取り入れたのが「シットコム（시트콤）」である。これは、'situation comedy' の略語で、元々はアメリカのドラマのジャンルであったという。家庭や学校、職場での日々の些細なことを面白おかしく描く手法で、劇中には観客の笑い声が挿入されることも特徴である。また、1 つのエピソードが独立的に描かれることが多いので、見られる日・見たい日だけに見るという視聴者にとっての利便性もある。韓国では 1993 年に初めて制作され、2010 年頃までがシットコム全盛期であった。特にシットコムの地位を確立させたのは、1998−2000 年まで放映された〈順風産婦人科（순풍산부인과、SBS）〉である。産婦人科の院長を主人公に、その家族や周辺の人たちとの日常を描いたドラマであるが、なんと 3 年にわたり 682 話まで放送された。とはいえ、シットコムは基本的には日日ドラマに属し、1 話も 30 分程度と短い。ドラマ人気に伴い主要人物の認知度も急上昇し、広

告出演依頼も多数あったという。シットコムに出演すれば社会的認知度も上がり人気も得られる、ということで、新人や無名俳優の登竜門となるほどにジャンルが確立されていった。ちなみに、順風産婦人科にはデビュー間もないソン・ヘギョが出演している。

2000年代のシットコムと言えば、2006-07年放映の〈思いっきりハイキック（거침없이 하이킥、MBC）〉である。韓方医院の院長が主人公で、その家族や隣人の姿を面白おかしく描きつつも、三角関係や友情、対北問題なども取り上げ、笑い以外の要素も巧みに組み込んで視聴者をくぎ付けにした。また、若者の視聴者層を得られたことも成功の秘訣とされており、マクチャンドラマと違い、家族みんなでお茶の間で楽しめる健全なドラマとして人気を得た。本作には、今や韓国ドラマの常連スターとなっているヂョン・イルウやパク・ミニョンが新人として出演しているほか、2PMとしてデビューする前のファン・チャンソンも演技に初挑戦している。また、本作の大ヒットを受けてハイキックシリーズが誕生し、ハイキック2が2009年から、ハイキック3が2011年から放映された。

また、日本でも人気ジャンルの一つであるラブコメが誕生したのもこの時期である。韓国語では'Romantic comedy'を訳して「ロコ（로코）」という。〈フルハウス（풀하우스, 2004, KBS）〉〈私の名前はキムサムスン（내 이름은 김삼순, 2005, MBC）〉〈宮（궁, 2006, MBC）〉と2000年代前半に先駆的なドラマが次々登場し、若者を中心に人気を博した。ちなみに、〈フルハウス〉と〈宮〉のような漫画が原作の作品も見られるようになってきた。

他にも、以前からあった時代劇や恋愛ものもコンスタントにヒット作が生み出されていた。紙面上、この時期の国内でのドラマ需要をマクチャンドラマとシットコムを中心に取り上げたが、韓国の視聴者にとってドラマは日々の娯楽であり、ストレス発散や代理満足の対象としての消費物という役割を担っているのではないかと思う。

・その頃日本では……

繰り返しになるが、2004年の韓流第1次ブームがきっかけとなり、テレビで韓国ドラマが放映されることが頻繁に見られるようになった。冬ソナ人気に伴い、ユン・ソクホ監督による他の四季シリーズ〈秋の童話（2000）〉〈夏の香り（2003）〉〈春のワルツ（2006）〉（いずれもKBS）が注目されたり、他の純愛系〈天国の階段（2003, SBS）〉〈オールイン（2003, SBS）〉〈悲しい恋歌（2005, MBC）〉も人気であった。この時期の「韓国ドラマ」と言えば、「悲恋」が一つのキーワードであったように思うが、韓国ドラマが全てそうであったわけではなく、日本で人気になったのが純愛や悲恋ス

トーリーであった、ということに過ぎない。

　他には、韓国でも定番の人気を誇っていた時代劇は日本でも広く受けいれられたようである。〈チャングムの誓い (2003, MBC)〉〈朱蒙 (주몽, 2006, MBC)〉〈ファンジニ (황진이, 2006, KBS)〉〈太王四神記 (태왕사신기, 2007, MBC)〉などが代表的である。

　韓国ドラマ流通の側面から見ると、一つはテレビ放映によって受動的・能動的にドラマを視聴しファンとなる場合がある。二つ目は、ファンとなった人がレンタルビデオ屋で借りてきて視聴するという方法である。いずれにせよ、韓国で放送され日本語字幕版ができてからの輸入、ということになるので、自然と本国とタイムラグが生まれていた。

2-3) 2000年代後半 ── ジャンルの多様化

　2004年の日本における冬ソナブームは、韓国内でも驚きを持って迎えられた。ブームによってOST, DVD販売や関連記念品販売、ファンミーティングやイベントの実施、さらにはロケ地の観光地化によって、想像以上の経済的波及効果をもたらした。国内ドラマが海外輸出商品として十分な価値があることが証明されたのである。韓国ドラマの海外人気が、ドラマ制作者側の意識を変える大きなきっかけとなった。さらに、ドラマ制作環境にも変化が見られた。それまでは、俳優や脚本家は放送局に所属する形で活動していたのだが、人気・実力のある俳優・脚本家が独立し、個人事務所設立する動きがでてきたのである。例えば、ペ・ヨンジュンとユン・ソクホ監督は2004年に、イ・ビョンホンは2006年に、それぞれKBSから独立している。脚本やキャスティングにより柔軟性が生まれるきっかけとなった。

　一方、韓国内のドラマ視聴者からは、ありきたりな設定に対する批判があったことも事実である。純愛、お金持ちと貧乏人、不治の病、交通事故、記憶喪失、出生の秘密など、どのドラマでも同じような展開で、新鮮さを求める声が大きくなったわけである。こうした視聴者側の需要と、前述のドラマ制作業界の変化がマッチし、多様なジャンルのドラマが誕生することにつながった。例えば、刑事ものや医療もの、法廷ドラマなど、特定の職業を主人公にする作品は、人間関係や恋愛を描きつつも、事件や事故を通してハラハラやスリルを味わえる、複合的な娯楽を提供することに成功した。韓国初の医療ドラマ〈総合病院 (1994, MBC)〉の続編として制作された〈総合病院2、(종합병원、2008)〉、コミカルさとシリアスさを兼ね備えた刑事ドラマ〈H.I.T (히트、2007、MBC)〉、司法研修生として友情を育んだ主人公たちが実は加害者と被害者の恋人だったという事実に苦悩する〈神の天秤 (신의 저울、2008、SBS)〉、南北

の諜報員が活躍する〈IRIS（아이리스、2009、KBS）〉などが続々と登場し、いずれも高視聴率であった。

〈神の天秤〉もそうであるが、これまでの復讐劇のような単純な構図から脱却し、「加害者」「被害者」となったそれぞれを主人公として、より複雑な関係性や心理描写、根本にある社会問題などを描き出す作品も話題となった。以上のように、この時期のドラマジャンルの多様化・複合化により、韓国ドラマは劇的な発展を遂げたと言える。

2-4）2010 年代 ── 放送チャンネルの多数誕生による競争激化

従来、ドラマ人気は地上波の 3 社が独占している状態であったが、2009 年のメディア関連法採択に伴い、新聞社や大企業が「総合編成チャンネル」を所有することができるようになった。2010 年から東亜日報の「チャンネルA」、中央日報の「JTBC」、毎日経済の「MBN」、朝鮮日報の「TV朝鮮」が相次いで開局した。さらに、以前からあったケーブルテレビチャンネルも本格的にドラマ制作に乗り出し、熾烈なチャンネル争い時代が到達する。

視聴方法についても韓国ならではの環境があった。日本では最近になってようやく「見逃し配信」などが定着してきているが、元々、韓国では地上波ドラマも公式HPでストリーミング再生が可能であったし、ケーブルTVや総合編成チャンネルも柔軟な番組編成や再視聴ができた。2010 年のOECD調査によると、高速通信網の普及率がアメリカで 65％であったのに対し、韓国は 94％であったという。速度も 4 倍ほど速く、ドラマのストリーミング再生やダウンロード環境が既に整っていたのである。ドラマ人気は単純に視聴率だけでは測れなくなった時代、と言ってもいいかもしれない。

時代的な特徴としては、「ニュートロ（뉴트로）」ブームが到来したことが挙げられる。ニュートロとは、New ＋ Retro の合成語で、昔の文化をその時代の世代や若い世代が新たに楽しんだり懐かしんだりする現象が起こったのであるが、そうした現象はドラマとも相乗効果で流行していった。いわゆる「応答せよ（응답하라）シリーズ」と言われる 3 部作がニュートロブームと密接に関係しており、ケーブルチャンネルのtvNが、〈応答せよ 1997〉（2012）、〈応答せよ 1994〉（2013）、〈応答せよ 1998〉（2015）と次々に制作した。当時の大衆文化、学生文化、恋愛模様などを描き、様々な世代から人気を博した。

もう一点、大きな時代変化としては、ウェブトゥーン原作のドラマが制作されるようになったことである。韓国内では 2000 年代前半にウェブトゥーン市場が急成長し安定しつつあったが、そこに目を付けた製作者がドラマ化を図ったのである。2010年の〈メリーは外泊中（매리는 외박중、KBS）〉を皮切りに、〈ミセン（미생、2014、

tvN）〉〈私のIDは江南美人（내 아이디는 강남미인、2018、JTBC）〉と各局で次々と
制作されていった。現実では起こりえないファンタジーものや、若者目線の現代社会、
ロマンスなどの作品が目立つ。2020年代も継続してウェブトゥーン原作の作品が制
作され続けている。

　他にも、この時期に話題となったドラマは枚挙にいとまがない。チャンネル競争時
代突入直後の2010年代前半に社会現象となったドラマは地上波が目立つ。〈製パン
王 キム・タック（제빵왕 김탁구、2010、KBS）〉〈シークレットガーデン（시크릿가든、
2011、SBS）〉〈太陽を抱いた月（해를 품은 달、2012、MBC）〉〈相続者たち（상속자들、
2013、SBS）〉〈太陽の末裔（태양의 후예、2016、KBS）〉などが挙げられる。ケーブル・
総合編成チャンネルの話題作としては、前述の〈応答せよ〉シリーズのほかに、〈ト
ッケビ（2016、tvN）〉〈スカイキャッスル（스카이캐슬、2019、JTBC）〉などがある。

・その頃日本では……

　第1次韓流ブーム以降、韓国ドラマのファンになった女性たちが自身の好きな俳優、
あるいはいわゆる「イケメン」俳優が出ている作品を視聴する傾向が強かった。ジャ
ンルもやはり恋愛ものが人気であった。そんな中、第2次韓流ブームの真っただ中に
〈美男ですね（2009、SBS）〉が日本で大ヒットし、主演のチャン・グンソクが「グン
ちゃん」として当時メディアに引っ張りだこであった。

　2000年代後半から10年代にかけては、〈美男ですね〉のように、イケメン男子た
ちに囲まれる主人公女子、という胸キュンものが代表的人気作で、〈コーヒープリン
ス1号店（커피프린스1호점、2007、MBC）〉〈成均館スキャンダル（성균관스캔들、
2010、KBS）〉〈花郎（화랑、2016、KBS）〉などはドラマ人気と出演俳優人気が相乗
効果を生み出していった。

　また、韓国ドラマのリメイクも数多く制作されるようになり、リメイク版がきっか
けで韓国ドラマを見るようになった、という視聴者も現れるようになった。〈魔王
（2008）〉〈銭の戦争（2015）〉〈グッドドクター（2018）〉〈シグナル（2018）〉〈知って
るワイフ（2021）〉など、多彩なジャンルの作品が入ってきている（年度は日本放送年）。

2-5）2020年代 ── 世界中いつでもどこでも視聴できる韓国ドラマ

　以前から既にネットストリーミングでドラマ視聴することは一般的になっていた韓
国であるが、2016年のNetflixの韓国上陸はそういった傾向をさらに後押しした。また、
国内でまず放映した後、Netflixで独占配信することによって、二度収益が得られる流
れを作ることに成功した。Netflix配信は、海外視聴者を取り込む絶好の機会となった。

さらには、2019年に〈キングダム〉がNetflixオリジナル作品として成功を収めると、〈イカゲーム（오징어게임、2021）〉〈D★P（2021）〉〈ザ・グローリー（더 글로리、2022）〉とオリジナル作品を制作・ヒットさせてきた。Netflix制作の作品は制作費負担がなくなり、成績がイマイチであってもリスク回避することができる、という制作側のメリットがあるが、大ヒットした場合でも版権はNetflixにあるため制作側にリターンされることはない。〈イカゲーム〉は視聴可能な83か国すべてで視聴回数トップを記録するほど全世界的に人気を博したが、国内収益はさほど得られなかったという。こうしたジレンマに加え、海外市場が韓国ドラマから手を引いた場合のリスクなどもあり、現在韓国国内では独自の動画配信サイト確立の模索を行っている。2020年にサービスを開始した「TVING」は、2023年現在、日本や台湾などの海外でも配信できるよう準備段階にある。

作品の特徴としては、地上波以外の媒体でドラマ製作が可能になったということもあり、社会的タブーなども取り入れた作品、刺激的な作品など自由度がより高くなったことである。軍隊からの脱走兵をテーマに扱った〈D★P〉、不倫復讐劇という点では既視感があるがサスペンス調の展開と露骨な描写で話題となった〈夫婦の世界（부부의 세계、2020、JTBC）〉などは、これまでなかなか描けなかった部分まで正面から扱っている。また、2022年に大ヒットした〈ウヨンウは天才肌（이상한 변호사 우영우、ENA）〉は、主人公が障害を抱えている、という点ではこれまでの作品にもあったし、ストーリー展開もほのぼのとする恋愛を描いているという点で真新しさはない。しかし、障がい者、性的マイノリティ、脱北者、再開発、子供の人権など、現代韓国で社会問題となっているテーマが毎回目白押しで、視聴者に訴えかける内容となっていた。

・この頃日本では……

2020年は、動画配信サービスによるドラマ視聴が一般化し、第4次韓流ブームが起きた。〈愛の不時着（2019、tvN）〉〈梨泰院クラス（2020、JTBC）〉は日本で冬ソナ並みの知名度を得たのではないだろうか。このように、超国家的な動画配信サービスの登場により、韓国で話題となったドラマがすぐに日本でも見られるということが可能になり、以前までの本国との時差はほぼなくなってきている。

同時に、こうした媒体では過去の作品も数多く配信されているので、最近韓国ドラマに関心を持った人でも、昔の作品をさかのぼって見ることができ、無限に楽しむことができるようになった。ジャンルも実に多様化しているので、自分の好みに合わせて自由に作品を選択でき、終わることのない、日常的な趣味として定着しつつある。

以上、非常に限定的ではあるが韓国ドラマの日韓における歴史を概観してきた。ここ30年ほどで韓国ドラマは華麗な急成長を遂げた。以前は、ありきたりな設定と批判を受けたこともあったが、この30年の積み重ねがあってこそ、既存の要素に新しさをプラスしていく、という手法で作品を洗練させることが可能であったと思う。今後も、社会情勢や海外視聴者まで視野に入れてニーズを敏感にキャッチし、数々のヒット作を生み出していくのではないかと展望する。

【日本語の参考文献】

- 菅野朋子『韓国エンタメはなぜ世界で成功したのか』文藝春秋、2022年。
- 黄仙惠『韓国コンテンツのグローバル戦略』講談社、2023年。
- 山下英愛『女たちの韓流——韓国ドラマを読み解く』岩波書店、2013年。

【韓国語の参考文献・サイト】

- 韓国法制処　国家法令情報センター「法令（沿革）」
  https://law.go.kr/lsSc.do?menuId=1&subMenuId=17&tabMenuId=93
- キム・ユンジ『韓流外伝』アクロス、2023年。
- MBC　　www.imbc.com
- Nielsen Korea　　www.nielsenkorea.co.kr
- SBS　　www.sbs.co.kr
- tvN　　https://tvn.cjenm.com/ko/

第15章

大衆音楽

　近年、韓国の大衆音楽であるK-POPが世界的に大流行している。しかし、K-POPというのは韓国の大衆音楽の一部であり、韓国社会全体の音楽シーンを表しているわけではない。韓国では、解放以降実に多様な大衆音楽が生まれており、その先にK-POPがある。K-POPに関連する書籍は近年日本語でも多数刊行されているので、ここでそれらをなぞることはしない。本書の共通した目的である、韓国でどのように文化が変容してきたのかという観点から、国内の大衆音楽の歴史的変遷を辿りたい。

1. 大衆音楽とK-POP

　大衆音楽とは、'popular music'の訳語で、特定のジャンルというよりは、「大衆が媒体を通して享受する音楽」程度の意味合いになる。つまり、「伝統音楽」「民俗音楽」などとは区別され、また音楽に関する専門知識がなくても楽しむことができ、娯楽性・産業性・流行性を有していることが特徴的である。よって、大衆音楽はその時代・その国の世相や社会情勢を大いに反映している。

　大衆音楽の起源をいつと見るかについては複数の意見があるが、時空間を超えて多くの人が音楽を享受できるようになったレコードが発売され、ラジオ放送が始まった1920年代と見るのが大半である。次節で、主に解放後からの韓国の大衆音楽について時代別特徴を概観したい。

　一方、K-POPは、広い意味では、'Korean popular music'、つまり韓国の大衆音楽全般を指す言葉ということになるが、現在では、「アイドルのダンスミュージック」という狭義の意味で世界的に通用している。第IV部に出てきた韓流やドラマでもそうであるが、'K-'が接尾辞となる文化は、概して「世界から見た韓国」という意味合いが大きくなり、K-POPも海外輸出用に商品化された2000年代後半以降のアイドルミュージックを指すことが多い。

　K-POPという言葉がいつから使われるようになったか、新聞記事や雑誌を見てみると、「K-POP」という用語自体は、1999年がまず一つの起点であるようである。当時のビルボード特派員によると、この用語が使われたのは1990年代だとした記事が

確認できるのと、従来のCDではなくmp3形式で音源を発売した『（私はこう聞く）K-pop music 歌謡100選』がある。歌謡100選は60年代以降の人気歌謡をmp3という媒体で発売した画期的な音源資料ということになるが、この時点ではやはり広義の「韓国の大衆音楽」という意味で用いられていたことが分かる。また、1999年10月には日本で韓国文化院とTBSが日本の大衆歌謡の文化開放を記念して「Super Star from SEOUL」というイベントを開催したが、2001年の雑誌『月刊韓国文化』で、CLON（1996年デビュー、男性ダンスデュオ）、1TYM（1998年YGからデビュー、男性4人組）、オム・ジョンファ（1993年ソロ歌手デビュー、「韓国のマドンナ」と呼ばれる）、パク・ミギョン（1985年MBC「江辺歌謡祭」でソロ歌手デビュー）が出演し、「今をときめくK-ポップ・スター」が出演したとして紹介されていた。

さらに2006年には大衆音楽雑誌『52street』の「21世紀の新しい音楽の巨匠たち」特集の「K-Pop」回でBig Mama（2003年YGからデビュー、女性4人組R&Bボーカルグループ）、イ・スヨン（1999年デビュー、女性バラード歌手）、才州少年（2003年デビュー、男性2人組バンド）、フィソン（2002年YGからデビュー、男性シンガーソングライター）などが言及された。2006年時点でも、様々なジャンルの歌手がK-POPの範疇に含まれている。

転機は、2007年、2009年である。雑誌・新聞記事のビッグデータによると、2007年から2009年にK-POPという単語が徐々に増加傾向を示している。2007年は、JYP所属の女性ダンスグループ・Wonder Girlsが〈tell me〉を発表し、リズムや振り付けなどが話題となり韓国内で社会現象となった。既にアイドルグループは多数登場していたが、質的・量的に飛躍した年、との見解がある。また、2009年は少女時代が〈GEE〉、KARAが〈ミスター〉を発売した年で、世代・性別を問わずアイドルミュージックに親しむようなきっかけを作った代表的な曲である。以降、こうしたアイドルミュージックを指す単語としてK-POPが用いられるようになり、K-POP＝アイドルのダンスミュージックとして定着していったと思われる。2010年以降、その使用例は激増した。

冒頭でも述べたように、本章では韓国内での「大衆」音楽に着目したい。その理由は、その時代の世相を反映し、社会的な雰囲気を感じることのできる鏡のような存在として「大衆音楽」があるからである。ただ、その時代に「流行した」歌手や曲目を単純に羅列するのではなく、「大衆」化するに至った社会的背景や要素（媒体）などに着目して、時代別にかいつまむ形で紹介したい。

2．音楽が「大衆」化される時代別要素

　前項で、大衆音楽の起源は 1920 年代頃までさかのぼることができるとしたが、ここで見るのは解放以降、韓国の大衆音楽の変遷に限定したい。

2-1）1950-60 年代

　世界的に見てポップスの代表と言えばアメリカとイギリスであるが、韓国は朝鮮戦争の際に駐屯した米軍が大衆音楽界に大きな影響をもたらした。米軍の各地駐屯地を慰問する「米 8 軍ショー」なるものが開かれ、多くのポップス歌手を輩出した。特に、1960 年前後からは、人気のポップスを翻訳して発表する「翻案歌謡」が全盛期となった。一方、植民地期の日本の音楽については、李承晩政権によって「倭色歌謡」として排除の対象となったが、戦時期ということもあり「軍国歌謡」の名残は見られたという。戦後、1957 年には政府が「健全歌謡」を推進し始め、専門家のみではなく大衆歌謡作家にも新曲製作依頼を行うなど、門戸を解放した。

　上記のポップスや翻案歌謡を一般向けに届ける媒体として登場したのが、「音楽鑑賞室」である。文字通り、音楽を楽しむための空間であるが、歌手の演奏を聴いたり、音盤を鑑賞することができた。また、後にミュージックボックスなるものも登場し、ガラス張りの空間中にいる DJ に曲をリクエストしてかけてもらうなど、双方向的な楽しみ方が可能となった。また、MBC 放送局や DBS（東亜放送）ラジオ放送局などが相次いで開局し、放送歌謡界の発展も見られた。

　この時期の曲調と人気歌手としては、ポップスや翻案曲のほかに、オリジナル作曲を行い韓国独自のロックミュージックを生み出した Add4 がいる。また、日本との国交正常化により、それまで「ポンチャク（뽕짝）」と卑下されていた演歌風の大衆歌謡が「トロット（트로트）」として再登場することになる。トロットとは、英語で「速く歩く」程度の意味合いで社交ダンスのリズムを表す用語として使われている。植民地期に朝鮮に流入していた演歌のような曲調を感じさせつつも、独特の歌唱技法を用いたジャンルとしてその後韓国社会に定着していく。70 年代にかけてトロット歌手として活躍した南珍と羅勲児がいる。

2-2）1970-80 年代

　軍事政権の真っただ中であるこの時期、当時の朴正熙政権への抵抗精神を根底として、若者を中心にフォーク・ソング、フォーク・ロックソングが花開いた。「青年文化」の力を抑制しようと、政府は政権を風刺する内容を含んだ曲を禁止にしたり、長髪や

ミニスカートなども取り締まるようになっていた。極めつけは1975年の「大麻スキャンダル」である。大麻吸引常習犯として歌手が逮捕されたり音楽活動を禁止されたりし、全盛期を迎えていた大衆音楽の没落のきっかけになった、と指摘する関係者もいる。米8軍ショー出身で、後に外国人として初めて紅白歌合戦に出演することになる趙容弼も連行・出演禁止の経歴を持つ。大麻スキャンダルにより、海外に移住する歌手や地下活動に転じる歌手が相次いだ。

　一方、放送界では大衆音楽の復興を企図し、1977年からMBCが「大学歌謡祭」をスタートさせた。これは大学生による創作歌謡大会で、新人歌手の登竜門となるほど人気を博した。出身歌手としてはシム・スボン（1978年参加）シン・ヘチョル（1988年大賞）がいる。本大会は2012年に第36回で幕を閉じたが、学生の反対運動や署名運動を経て、2019年に復活している。さらに、同じくMBCによって1979年からは毎年夏に京畿道や江原道で「江辺歌謡祭」を開催した。当初は大学生を中心に募集し、1999年からは参加者の幅を広げたが、2001年に大学歌謡祭に吸収される形で幕を閉じた。本大会からはイ・ソニ（1984年大賞）、ヂャン・ユンヂョン（1999年大賞）などを輩出している。

　朴正煕政権が1979年に倒れ、全斗煥政権が引き継いで以降も、各地で民主化運動は継続された。そうした運動家たちの間で歌われたのが「民衆歌謡」である。政権の厳しい検閲をクリアした「大衆歌謡」を批判し、自ら社会問題を認識し立ち向かう、といった意志を込めて「民衆」と名付けた。1980年の光州民主化運動の犠牲者のために製作された〈あなたのための行進曲（임을 위한 행진곡）〉は民主化の象徴としてその後大衆化したと言えるが、政界では度々この曲を巡って論争になっていた。毎年行われる5・18記念式典において、大統領が遺族などとともに斉唱するかどうか、が焦点化されてきたが、2022年には保守政権としては初めて尹錫悦大統領が拳を振り上げ斉唱したことが話題となった。

　1980年代の社会情勢はまだまだ不安定であったが、一方で大衆歌謡の方は最初の全盛期を迎えたと言える。70年代のグループサウンドやアンダーグラウンドで力を付けていた実力派がソロ歌手として活躍し始めた。イ・ムンセ（1983年デビュー、江辺歌謡祭MCも）、ビョン・ジンソプ（1987年MBC新人歌謡祭でデビュー、バラード歌手）、イ・スンチョル（1985年ロックバンドでデビュー、1989年〜ソロ歌手）、キム・グワンソク（1989年ソロデビュー、フォーク・ソング系）などがいる。ジャンルも、バラード、ロック、ダンス、ヘビーメタルなど多様化が進んだ。ダンスミュージックは、見て楽しむという視覚的要素が大きいため、やはりテレビを通した大衆化が特徴的である。キム・ワンソン（1986年デビュー、元祖「韓国のマドンナ」）、

消防車（1987 年デビュー、男性 3 人組）が代表的である。

2-3）1990-2000 年代

　第 12 章で触れたように、1990 年代は大衆文化の民主化が徐々に進み、音楽界でも規制が緩和され、CD の売れ行きや音楽番組が勢いをつけ始めた時期に到達した。CD 販売枚数の歴代トップ 10 のうち、7 枚が 1990 年代制作であった。そんな中、「彗星のごとく」現れたと形容されるのがソテジ・ワ・アイドゥルである。ダンスミュージックに初めてラップを導入しただけではなく、ボーカルのソ・テジは若くして作詞作曲からプロデュースなど音楽制作の全てを担い、若者から「文化大統領」として絶大な人気を誇った。多くの専門家がソテジ・ワ・アイドゥルこそ K-POP の嚆矢的存在であったと分析する。

　他にも、1990 年代はダンス、ラップ、R&B、レゲエなど多様なジャンルをミックスさせた歌手が雨後の筍のように出現した。グループ構成も男性グループ、女性グループ、混成グループなど様々で、ソロ歌手も活躍した。この時期はまさに混沌とした音楽シーンであり、既存の音楽ジャンルは苦戦を強いられた。こうした背景の中、アイドルのプロデュースシステムが確立される。フォーク・ソング歌手出身のイ・スンマンによる SM エンターテインメント（1989 年–）、ソテジ・ワ・アイドゥルのメンバーであったヤン・ヒョンソクによる YG エンターテインメント（1996 年–）、ダンスソロ歌手のパク・ジニョンによる JYP エンターテインメント（1997 年–）が相次いで設立され、アイドル歌手の「商品化」に成功する。SM の H.O.T.（1996 年デビュー）や S.E.S（1997 年デビュー）、YG のジャックスキス（1997 年デビュー）、g.o.d（1999 年デビュー、その後 JYP に移籍）などはアイドル第 1 世代とされている。当初から、煌びやかな外見と派手なパフォーマンスだけで内面的なエンターテインメント性や歌唱力が不足しているなどと音楽界の一部から批判を浴びたが、そうした指摘とは裏腹に、彼らの人気は日に日に増し、熱烈的なファン文化まで誕生した。

　媒体の側面から見ると、この時期に発達した文化としてまず「ノレバン（노래방：カラオケ）」がある。ノレバンは直訳すると「歌部屋」という意味になる。1991 年に釜山で初めて登場したというが、瞬く間に流行し 1 年で 1 万か所以上のカラオケがオープンしたという。歌を歌う、ダンスを踊る、みんなで共有する、といった特徴を持つ国民性を満たすのにピッタリな娯楽である。学生同士でも、会社員の二次会でも、年代やコミュニティの区別を問わず、まさに全国民に浸透した大衆音楽の楽しみ方として定着した。

　次に、「OST」文化がある。OST とは、'original sound track' の略語で、日本語だと

サントラや挿入歌、とした方が分かりやすいかもしれない。OSTは元々、映画やドラマのためにオリジナル制作された楽曲を指す言葉であったが、現在では作中で使用される音楽全般を指すのが一般的である。映画やドラマのストーリーに合わせた曲調や歌詞は、作品を盛り上げる聴覚装置として絶大な役割を果たすとともに、曲人気にも相乗効果をもたらす。90年代以降のアイドル偏重傾向の中でも、特にバラード歌手などは歌唱力でostを担当し、知名度や人気を保っていると言える。

　また、「MV」文化もostと同じ1990年代後半に本格化した文化である。MVは'music video'の略語で、日本語だと「PV」と呼ばれるものに近い。韓国のMVは、歌手本人が出演することもあるが、俳優などが出演し一編のショートムービーのように物語性を持ったMVが制作される。ostとは逆の発想と言えるかもしれないが、これも曲調とストーリーの相乗効果が期待された。他にも、歌唱バージョンやダンスバージョンなど、1曲で様々なMVを制作し何度も楽しめる「観る音楽」を作り出した。

　2000年代に入ると、CD市場が失速し始め、オンライン市場の発達とともにmp3音源が主流となり始めた。すると、ネットに精通し、かつCD購買力を持たない若年層が大衆音楽の享受者として台頭するという現象が起こった。こうした意味で、音楽業界がこぞってアイドル育成にシフトしたことも自然の流れと見ることができる。2000年代前半こそ、ソロ歌手の活躍が目覚ましかったが、2004-08年デビューのアイドルグループは第2世代と称せられ、アイドル黄金期を築き上げることになる。1990年代後半から2000年代前半のソロ歌手を挙げておくと、バラード中心のキム・ボムス、パク・ショシン、ソン・シギョン、LYn、Gummy、ダンス歌手のPSY、RAIN、イ・ヂョンヒョン、イ・ヒョリ、その他ホン・ギョンミン、ペク・チヨン、Wax、ユン・ミレ　などがいる。

　第2世代のアイドルの特徴は、海外進出を目標に育成されたという点である。東方神起や少女時代を輩出したSMは、当初から現地ローカライズを念頭に歌とダンスの実力を身に付けることに加えて外国語力も鍛えた。また、メンバーの多国籍化も本格化し、少女時代にはアメリカ出身のジェシカとティファニーが、JYPの2PMメンバーにはタイ出身のニックンが加入している。

2-4）2010-20年代

　2010年、総合編成チャンネルの開局に伴い、テレビチャンネル・番組が多様化することになった（第14章参照）。よって、TVによる大衆音楽番組制作の全盛期に突入する。2010年代以降のトレンドとしては、公開オーデション番組が各局で制作されていることである。2009年からMnetで放送された〈スーパースターK〉は、一般

人から新人歌手を発掘するという番組であるが、応募者が最多で134万人に達したこともあったという。アイドルオーディション・育成番組としては同じくMnetの〈プロデュース〉シリーズがあるが、この番組から11人男性グループのWanna One、12人女性グループのIZ*ONEが輩出された。こうしたオーデション番組はアイドルだけに限らず様々なジャンルのものが放送されており、2020年からTV CHOSUNで放送された〈ミスタートロット〉シリーズは、最高視聴率35.7％という驚異的な数字を記録し、国民的関心の高さをうかがわせた。実はこうしたオーデション番組は、1970年代の大学歌謡祭などでも既に見られていたシステムであり、誰にでも開かれた道であるという大衆音楽の根本的な存在意義は形を変えて続いている。

　また、プロによる本人、あるいは他の歌手の楽曲を歌い、改めて歌唱力の高さや名曲を思い起こさせるという趣向の音楽番組も人気を博した。2012年に放映された「私は歌手だ」や、2015年からの「ミステリー音楽ショー・覆面歌王」などがそれである。新旧の歌手や楽曲を通して、全世代的に楽しめる大衆音楽が実現した。

　一方、アイドル業界においては、2009−13年デビュー組を2.5世代と呼ぶが、この時期はアイドル戦国時代と化した。デビューグループは年間50チームにも達しており、非常に熾烈な争いを繰り広げることになった。そんな中、グループが積極的に活用したのがSNSである。PsyのYouTube成功経験に倣い、YouTube戦略をとったことはもちろん、SNSを通してメンバーの個性や私生活が垣間見えるようなコンテンツ制作が行われた。また、NAVERが開発した「V LIVE」（2022年からWeverseに統合）は、いつでも「推し」とつながれるだけではなく、多言語支援も手厚くなっており、世界中のファンがK-POPを享受できることを可能にした。その後、アイドルの区分はデビュー年度によって第3世代〜第4世代まで登場している。

　以上、韓国成立以降の大衆音楽について見てきたが、自由に歌えなくても、歌うという情熱はどの時代にも通底しており、心情・信念を音楽に込めるという欲求も、それ以前のアリランやパンソリと共通するものが感じられる。また、音楽を「聴く」のはもちろん、自らが「歌う」、あるいは「踊る」ことによって人々と共有する文化は様々な時代、シーンで見られる。韓国の人々にとって、音楽は特別な存在であろう。

【日本語参考文献】

・金成玟『K-POP新感覚のメディア』岩波書店、2018年。
・田中絵理菜『K-POPはなぜ世界を熱くするのか』朝日出版社、2021年。

- まつもとたくお『K-POPはいつも壁をのりこえてきたし、名曲がわたしたちに力をくれた』イーストプレス、2021年。
- 山本浄邦『K-POP現代史——韓国大衆音楽の誕生からBTSまで』筑摩書房、2023年。
- 「特集：韓国のポップス」『月刊韓国文化』258号、韓国文化研究院、

【韓国語参考文献】
- キム・グワンチョル『韓国大衆歌謡と文化』ハナク文化、2023年。

《あとがき》

　本書を通して、様々な文化現象の歴史的由来から現在までを概観してきたが、総じて、韓国文化には「力」があると感じる。「力」というのは、魅力、精力、勢い、生気、影響力、パワー、など色々と考えられるが、どの文化を探っても、ただただ圧倒される。数々の文化的受難を乗り越えながら洗練された結果なのか、いずれにせよこれが世界中の多くの人を惹きつける根源となっているのかもしれない。筆者は、今後もこの「力」の根源を探求し続ける所存である。読者の皆さんも、本書の中で少しでも興味の湧いた分野が見つかったら、参考文献を探してより深く掘り下げてみてほしい。

　また、文化は国家の枠組みにとらわれない柔軟な存在であることも改めて確認できたと思う。昨今、中国と韓国の間で文化的由来を巡って様々な論争が展開されているが、そもそも国境は歴史の中で流動的に形成されてきたものであるし、文化は国境を越えて伝播し、相互作用しながら変容していく。どこの国の文化か、という議論は不毛であり、それぞれの文化がどういう変遷を辿って現在に至っているのかに注目して研究を進める必要がある。

　最後に、本書は紙面の制限上、書きたいことを全て含めることができずに各章をやや強引にまとめている。中途半端な記述になっているのではないか、その点が最も心残りである。今後、さらに研究を進展させ、別の機会に発表することとしたい。

《韓国文化を知るのに役立つ参考図書・サイト》
【日本語】

- 石坂　浩一・福島　みのり 編著『現代韓国を知るための 60 章』明石書店、2014 年。
- 伊藤亜人　監訳 『韓国文化シンボル事典』平凡社、2006 年。
- 緒方義広、古橋綾 編『韓国学ハンマダン』岩波書店、2022 年。
- 韓国文化院　監修『月刊韓国文化』自由社、1979 年～ 2004 年。
- 金漢『韓国の伝統文化：日本文化とのかかわりの中で』風媒社、2005 年。
- 金容権『韓国を知る事典』東海大学出版会、2005 年。
- 国立国語院編、三橋広夫ほか編『韓国伝統文化事典』教育出版、2006 年。
- 新城道彦、浅羽祐樹、金香男、春木育美 『知りたくなる韓国』有斐閣、2019 年。
- 須川英徳、三ツ井崇『韓国朝鮮の歴史と文化：古代から現代まで』放送大学教育振興会、2021 年。
- 舘野哲『韓国の暮らしと文化を知るための 70 章』明石書店、2012 年。

- 池明観『韓国文化史（新版）』明石書店、2011 年。
- 崔俊植　著、崔京国・荒井淑子　訳『やさしい韓国文化の話 52 ：チョガクポから儒教まで』かんよう出版、2016 年。
- 野崎充彦『コリアの不思議世界』平凡社、2003 年。
- 片茂永編、『韓国の社会と文化』岩田書院、2010 年。
- 古田博司、小倉紀蔵　編集『韓国学のすべて』新書館、2002 年。

【韓国語】
- 韓国民俗大百科事典、国立民俗博物館　https://folkency.nfm.go.kr/main
- 韓国民族文化大百科事典、韓国学中央研究院　https://encykorea.aks.ac.kr/
- 民俗アーカイブ、国立民俗博物館　https://www.nfm.go.kr/paju/archive/intro

　本書で引用している写真資料の一部は、Korea Open Government License の定める第 1 類型の公共著作物を利用しており、写真に出典を付記している。
https://www.kogl.or.kr/index.do

　本書は、広島修道大学テキストシリーズとして学術出版助成を受けて刊行されたものである。

広島修道大学テキストシリーズ

韓国文化の昔と今
—— 「何となく知りたい」から「もっと知りたい」へ！ ——

2024 年 4 月 1 日　初版第 1 刷発行

— 著　者 —
宮内 彩希

— 発行所 —
株式会社　三恵社
〒 462-0056
愛知県名古屋市北区中丸町 2-24-1
TEL 052-915-5211　FAX 052-915-5019
URL https://www.sankeisha.com/